教育部高校示范马克思主义学院和优秀教学科研团队建设项目

北京经济管理职业学院学术专著出版项目

李定毅 · 著

中国特色立法协商研究

知识产权出版社
全国百佳图书出版单位
—北京—

图书在版编目（CIP）数据

中国特色立法协商研究 / 李定毅著 . —北京：知识产权出版社，2023.3
ISBN 978-7-5130-8538-0

Ⅰ.①中…　Ⅱ.①李…　Ⅲ.①立法—协商—研究—中国　Ⅳ.① D920.0

中国版本图书馆 CIP 数据核字（2022）第 253302 号

内容提要

协商民主是我国民主政治的特色制度，立法协商是协商民主在立法领域的表现形式。本书较为系统地阐释了我国立法协商的概念、基本要素和价值，介绍了我国和西方立法协商的理论基础、表现形式和实践，分析了立法协商中存在的问题，辨析了我国和西方协商民主的差异，在此基础上，提出了建立和完善我国立法协商的法治化路径及其对策。

责任编辑：龚　卫　　　　　　　　　　　　　责任印制：孙婷婷
封面设计：张国仓

中国特色立法协商研究
ZHONGGUO TESE LIFA XIESHANG YANJIU

李定毅　著

出版发行：	知识产权出版社 有限责任公司	网　　址：	http://www.ipph.cn
电　　话：	010-82004826		http://www.laichushu.com
社　　址：	北京市海淀区气象路 50 号院	邮　　编：	100081
责编电话：	010-82000860 转 8120	责编邮箱：	gongwei@cnipr.com
发行电话：	010-82000860 转 8101	发行传真：	010-82000893
印　　刷：	北京中献拓方科技发展有限公司	经　　销：	新华书店、各大网上书店及相关专业书店
开　　本：	880mm×1230mm　1/32	印　　张：	9.125
版　　次：	2023 年 3 月第 1 版	印　　次：	2023 年 3 月第 1 次印刷
字　　数：	200 千字	定　　价：	48.00 元

ISBN 978-7-5130-8538-0

目录 C*ontents*

导　论

一、问题的提出及研究意义

（一）问题的提出

民主既是一种制度，又是一种议事的方法。古希腊雅典时代，民众直接参与政治，成为直接民主的典范。17 世纪以来，西方资本主义国家纷纷建立，推行自由主义民主政体。现代绝大多数国家建立了民主的政体，民主成为衡量现代国家的一个基本标准，往往也成为西方国家攻击其他所谓"非民主国家"的靶子。但 20 世纪以来，西方的代议制民主已经显示出明显的弊端，如选民参选率下降、政权被精英阶层把持和中下层人民的利益遭到忽视等。在这种情况下，20 世纪 80 年代，西方一些学者提出了协商民主（deliberative democracy）的概念，大多认为合法性来源于协商，法律也应是协商的结果。协商民主与集体决策密切相关，与决策有利害关系的公民或代表都经由论争的方式参与了该集体决策。[1]协商的目的在于理性地达成共识，而不是偏好的聚合。于是他们开始探索并进行推广，将其付诸实践，如在立法、公共决策、地方治理甚至区域政治等领域，以此来矫正和补充代议民主，古典民主在现代开始部分得以复活。

中国历史上选举民主基础比较薄弱，但协商的历史悠久，有着深厚的文化和历史积淀，如中国古代和合文化、清议和谏官制度，近代以来的两次国共合作、共产党与民主党派及无党派人士的合作与协商，均为中国式协商的典型例证。中华人民共和国成立时期中国人民政治协商会议（以下简称"人民政协"）的召开，正式建立了中国人民政治协商会议制度，其后，中国式协商不断发展。在立法领域，一直遵循群众路线和民主的原则，如中华人民共和国成立初期制定的法律均是由代行人大作用的人民政协通过协商方式制定的，1954年《宪法》的制定也经过了全民讨论。改革开放后，向社会公众公布法律草案、征求公众意见和建议，逐渐成为通行做法。我国2000年通过的《中华人民共和国立法法》（以下简称《立法法》）更是明确规定立法要发扬民主，法律案审议要通过各种方式征求公众意见。[2]行政法规的起草也要遵循类似的程序。

---

❶　约·埃尔斯特. 协商民主：挑战与反思[M]. 周艳辉，译. 北京：中央编译出版社，2009：9.

❷　2000年《立法法》第34条第1款规定，列入常务委员会会议议程的法律案，法律委员会、有关的专门委员会和常务委员会工作机构应当听取各方面的意见。听取意见可以采取座谈会、论证会、听证会等多种形式。第35条规定，列入常务委员会会议议程的重要的法律案，经委员长会议决定，可以将法律草案公布，征求意见。各机关、组织和公民提出的意见送常务委员会工作机构。

　　进入 21 世纪，我国学者已经注意到西方民主新的发展动态，在挖掘我国协商资源基础上，开始研究协商民主理论。2004 年，上海三联书店出版了陈家刚选编的《协商民主》文集，这可以说是国内较早的关于介绍西方协商民主的著作。2005 年，俞可平主持编译了有关西方协商民主的系列书籍，引起国内的关注。同年，对其的访谈录中他提出"民主是个好东西"❶，激发了人们对协商民主的遐想，并引起学者们对协商民主研究的兴趣。一些学者认为，我国的政治协商制度也是一种协商，而且刚开始是国家制度层面意义的，是我国实行协商民主的主渠道。❷也有学者认为，我国的政治协商与西方的协商民主有着本质的区别。❸

　　与此同时，官方也开始强调协商的作用，并把中国的协商民主拓展到政治协商之外。1987 年党的十三大报告提出，要建立社会协商对话机制，使重大情况让人民知道，重大问题要经过人民讨论。2006 年中共中央通过的《关于加强人民政协工作的意见》（以下简称《政协工作意见》）把票决和协商并列作为我国民主的方式。❹ 2012 年党的十八大报告提出要推进协商民主广泛、多层、制度化发展，并提出国家政权机关、

❶　闫健. 民主是个好东西——俞可平访谈录［M］. 北京：社会科学文献出版社，2006：1.

❷　李君如. 人民政协与协商民主［J］. 中国人民政协理论研究会会刊，2007（1）：34.

❸　王洪树. 国内关于协商民主理论的研究综述——现实启迪、实践探索和理论思考［J］. 社会科学，2008（3）：101.

❹　《中共中央关于加强人民政协工作的意见》指出："人民通过选举、投票行使权利和人民内部各方面在重大决策之前进行充分协商，尽可能就共同性问题取得一致意见，是我国社会主义民主的两种重要形式。"

政协组织、党派团体等协商渠道。2013 年党的十八届三中全会通过的《中共中央关于全面深化改革若干重大问题的决定》（以下简称《十八届三中全会决定》）提出，要建立协商民主体系，增加协商渠道，并提出立法协商等五种协商形式。❶ 2014 年，在庆祝中国人民政治协商会议成立 65 周年大会上，习近平同志指出，社会主义协商民主是我国民主政治特有形式和独特优势，并且要推进协商民主广泛多层制度化发展等，这些为我国协商民主的发展进一步指明了发展方向。❷ 2015 年中共中央发布的《关于加强社会主义协商民主建设的意见》（以下简称《协商民主建设意见》），把协商渠道拓展至政协协商之外，如人大和政府工作领域等。❸ 2017 年党的十九大报告，进一步强调了党的十八大提出的发展三原则和《协商民主建设意见》列举的七种协商渠道。2019 年习近平总书记提出人民民主是全过程民主之后，协商民主成为全过程民主的重要组成部分。这些在官方层面已达成共识，但仍然有一些关于协商民主的基本问题需要加以研究和阐释，如西方协商民主与选举民主的地位，我国的协商民主与西方协商民主的联系与区别，我国的票决民主与协商民主的关系，协商的效果如何等。

随着立法实践的推进，为总结民主立法的经验，适应形势

---

❶ 《十八届三中全会决定》提出，要构建程序合理、环节完整的协商民主体系，拓宽国家政权机关、政协组织、党派团体、基层组织、社会组织的协商渠道。深入开展立法协商、行政协商、民主协商、参政协商、社会协商。

❷ 习近平. 在庆祝中国人民政治协商会议成立 65 周年大会上的讲话 [N]. 人民日报，2014-09-22.

❸ 中共中央印发的《关于加强社会主义协商民主建设的意见》列举的协商渠道有政党协商、人大协商、政府协商、政协协商、人民团体协商及基层协商，并探索开展社会组织协商。

发展的变化，贯彻党的十八大和十八届三中全会、十八届四中全会的精神，2014 年全国人大对 2000 年《立法法》进行了修订，新法于 2015 年 3 月通过并实施。在该法修订过程中，其修正案草案首次提出立法协商的原则，坚持立法公开，拓展公民有序参与立法的途径；在第二次修正案草案中的第 10 条、第 11 条和第 18 条分别增加规定了论证会和听证会的具体内容、公布法律草案的规定、立法过程中对重大分歧的协调处理情况，这些增加的规定分别体现在 2015 年《立法法》第 36 条、第 37 条和第 54 条中。因此，新修订的《立法法》继承了立法民主的原则和吸收了协商民主的相关规定。

至此，有关协商民主的党的纲领文件、政协章程和立法法等为立法协商作了宏观的原则性规定；地方的探索也在大力开展，如北京、南京等地制定了立法协商办法或意见，广东出台了公众参与规章制定办法。但在规范上，全国尚无统一的立法协商规定，各地规定不一，甚至出现偏差，影响了立法协商的健康发展。在实际运行中，立法协商也面临着主体范围受限和效果有待提高等问题。这些表明立法协商在理论和实践上仍然存在一些重大问题需要加以解决：①立法协商的内涵（包括与协商民主、公众参与和政治协商的关系），立法协商的理论背景和基本要素的界定（包括参与主体、协商范围、渠道和表现形式等）；②我国与西方的协商有何异同，在我国立法中票决民主与协商民主有何关系；③立法协商存在哪些问题，如何解决；等等。

（二）研究意义

1. 理论意义

立法协商是新近提出的概念，学者研究不多并且存在一些认识误区，如许多学者认为立法协商就是人民政协参与立法协商等。本书对立法协商理论作了较为系统的研究，试图厘清立法协商与公众参与、政治协商等相关概念的关系，分析了立法协商的理论背景和基本要素（范围、参与主体和渠道）等，并对我国和西方立法协商的表现形式和实践进行了类型化的解析。

2. 实践意义

目前，全国尚无统一的立法协商规定，各地规定不一，实践与规定甚至出现偏差，影响了立法协商的健康发展。在实践中，立法协商也面临着一系列问题，如参与主体范围受限、有效参与不足等，这些都需要加以研究和规范。本书在厘清中西协商理论基础上，分析我国立法协商实践存在的问题，由此提出法治化解决路径，其无疑具有现实意义。

二、相关研究回顾

（一）国内文献资料梳理

我国的协商源远流长，有着深厚的文化传统和历史积淀。例如，古代的和谐文化和民本主义思想，前者蕴含着和而不同、多元共存、协调统一的理念；后者则是在封建专制的背景下，统治者仍然要听取百姓意见，中国古代的乡校（清议）、谏官等制度则是在这种思想指导下的实践。近现代以来新民主主义革命时期，国共两党两次合作，先后商议反封建和共同抗日大计；共产党与民主党派及无党派人士相互协作和协商等，成为党派之间进行协商合作的试验田。

及至中华人民共和国成立前中国人民政治协商会议召开，协商建国，建章立制，此举开辟了人民政协政治协商制度，可以说是中国式协商民主的典范。1954 年后，随着《宪法》的颁布和人民代表大会制度的确立，人民政协被定性为统一战线组织、协商咨议机构。1957 年后，尤其是"文革"期间，人民政协的职能受到严重限制。及至党的十一届三中全会后，人民政协的政治协商职能才逐渐恢复并不断发展。

1987 年，党的十三大报告提出建立社会协商对话制度，总的原则是坚持群众路线，扩大政府等部门工作的透明度，要让社会公众有渠道知悉重大情况和商讨重大问题。社会协商对话制度的提出拉开了协商研究的序幕，开始有著作涉及协商话题，如 1987 年徐心华的论文《对话与政治民主》和 1988 年沈荣华主编的《社会协商对话》一书等。

进入 21 世纪，随着西方协商民主的勃兴，国内学者对协商民主研究不断深入。他们在挖掘我国协商传统基础上，开始介绍和研究西方的协商民主理论。2004 年，上海三联书店出版了陈家刚选编的《协商民主》一书，介绍了西方一些重要学者的文章；2005 年后，俞可平主持编译了有关协商民主的系列书籍，如詹姆斯·博曼的《协商民主：论理性与政治》等系列著作❶，使读者能从更广泛的角度来了解协商民主。其后，协商民主的相关研究进入了一个新的阶段。2006 年社会科学文献出版社出版的《民主是个好东西——俞可平访谈录》，成为党的十七大召开前的热点思潮。2007 年谈火生的《审议民主》介绍了一些西方学者研究协商民主较权威的论文。2008年韩冬梅的《西方协商民主理论研究》从哲学的角度深刻剖析了西方协商民主理论。2010 年，高建和佟德志主编了《法治民主》和《协商民主》等系列文集，收集了近年来一些学者的论文。与此同时，国内召开了一些有关协商民主的研讨会。例如，2004 年浙江大学召开"协商民主国际研讨会"，邀请国内外学者探讨协商民主问题；2007 年复旦大学举办会议，探讨了我国的协商民主与选举民主及其关系；2009 年武汉大学举办了"中国式民主国际研讨会"，对协商民主有所涉及。

　　国内关于协商民主的研究主要集中在政治学领域。学者发表了相关论文，如林尚立深入分析了我国的协商政治，燕继荣探讨了协商民主的价值及意义，李君如把协商民主作为一种重要的民主形式进行研究分析。❷ 陈剩勇的《协商民主的发展》，何包钢的《协商民主：理论、方法和实践》，陈家刚的《协商

---

❶　参见詹姆斯·博曼：《协商民主：论理性与政治》、塞拉·本哈比（Seyla Benhabib）：《民主与差异：挑战政治的边界》、伊森·里布（Ethan J. Leib）：《美国民主的未来：一个设立公众部门的方案》、詹姆斯·博曼：《公共协商：多元主义、复杂性与民主》、毛里西奥·帕瑟林·登特里维斯：《作为公共协商的民主：新的视角》、约翰·S.德雷泽克：《协商民主及其超越：自由与批判的视角》、约·埃尔斯特：《协商民主：挑战与反思》、詹姆斯·菲什金《协商民主论争》等著作。

❷　林尚立. 协商政治：对中国民主政治发展的一种思考 [J]. 学术月刊，2003（4）：19-25；燕继荣. 协商民主的价值和意义 [J]. 科学社会主义，2006（6）：28-31；李君如. 协商民主：重要的民主形式 [J]. 世界，2006（9）：4-5.

民主与当代中国政治》和《协商民主与政治发展》等文集或专著也从不同角度介绍或研究了国内外的协商民主理论与实践。中国台湾地区学者也对协商民主进行了研究，如陈东升、林国明积极引入协商民主理论并用来分析科技和社会保健问题❶，许国贤的文章对商议民主的有关理论及其在民主谱系中的定位进行了分析论证。❷

国内学者多认可协商民主的价值，但对我国的政治协商是否为西方的协商民主等问题则存在争议。例如，李君如、庄聪生认为中国的政治协商是协商民主的形式，是内生的；俞可平、郑宪则认为中国的政治协商与西方的协商民主有重大差异。❸金安平则对国内关于协商民主的误读（如词汇翻译、协商民主与自由民主关系、中西的差异等方面）进行了介绍分析。❹

对于立法领域的协商，学者们研究不多，相关的研究主要体现在以下几个方面。第一，从公众参与角度关联到民主立法等问题。例如，蔡定剑的《公众参与：风险社会的制度建设》和王锡锌的《公众参与和中国新公共运动的兴起》主要从公众参与角度论及协商民主的理论和实践问题；朱景文教授的《关于立法的公众参与的几个问题》《法治基础的系统性思考》等

❶ 陈东升，林国明. 公民会议与审议民主：全民健保的公民参与经验[J]. 台湾社会学，2003（6）：61–118.

❷ 许国贤. 商议式民主与民主想象[J]. 政治科学论丛，2000（13）：61–91.

❸ 李君如. 中国民主政治形式和政治体制改革[N]. 文汇报，2006-09-24；庄聪生. 协商民主是中国特色社会主义民主的重要形式[J]. 中共中央党校学报，2006（4）；郑宪. 运用好人民政协的协商民主形式——学习《中共中央关于加强人民政协工作的意见》的体会[J]. 山西社会主义学院学报，2006（1）.

❹ 金安平. "协商民主"：在中国的误读、偶合以及创造性转换的可能[J]. 新视野，2007（5）：63–67.

论文对公众参与立法的意义、主要形式和法治化等问题进行了深入分析❶；李林主编的会议文集《立法过程中的公共参与》收录了国内外一些学者关于立法参与的文章；刘作翔教授的《扩大公民有序的政治参与——实现和发展社会主义民主的一条有效途径》一文从民主的本质角度论述了公民对立法的有序参与❷。第二，从立法民主的原则出发进行研究，如周旺生的《立法学》、朱力宇的《立法学》、何军的《民主立法的理论与北京市人大的实践》和李林的论文《立法权与立法的民主化》等。❸第三，从人民政协角度研究协商。例如，罗豪才等著的《软法与协商民主》一书从软法的角度论及协商民主尤其是政协协商制度；侯东德主编的《我国地方立法协商的理论与实践》一书专门针对地方立法中的协商进行研究，但其将立法协商参与的主体重心放在人民政协身上，大部分内容是从地方政协参与立法活动的角度进行论证的。❹第四，相关具体制度研究，如李楯的《听证：中国转型中的制度建设和公众参与》、彭宗超的《听证制度》等。第五，其他研究。例如，戴激涛的《协商民主研究：宪政主义视角》主要从宪法角度进行研究，高鸿钧教授的著作《商谈法哲学与民主法治国——〈在事实与规范之间〉阅读》和李龙教授的《论协商民主——从哈贝马斯

---

❶　朱景文. 关于立法的公众参与的几个问题[J]. 浙江社会科学，2000（1）：73-75；朱景文. 法治基础的系统性思考[J]. 人民论坛，2013（14）：16-18.

❷　刘作翔. 扩大公民有序的政治参与——实现和发展社会主义民主的一条有效途径[J]. 求是，2003（12）：42-44.

❸　李林. 立法权与立法的民主化[M]//高鸿钧. 清华法治论衡：第1辑. 北京：清华大学出版社，2000：251-289.

❹　侯东德. 我国地方立法协商的理论与实践[M]. 北京：法律出版社，2015：12.

的"商谈论"说起》一文则从研究哈贝马斯的商谈理论论及协商民主及立法等。❶

　　以上这些研究，有利于推进我国的立法民主化和协商民主建设，部分涉及立法协商的内容，但系统的研究不足，如立法协商内涵、范围、主体和程序等。相比较而言，立法协商的实践探索已经在多地展开，甚至走在理论的前面。我国一直重视群众路线在立法中的运用，如中华人民共和国成立初期人民政协协商制定法律，1954 年、1982 年《宪法》制定的全民大讨论。改革开放后，强调发扬民主和开门立法，尤其是 2000 年《立法法》的颁布，其后征求公众意见成为人大立法和行政立法的惯例和明确要求。在协商民主兴起之际，它也随之进入立法领域当中，如党的《十八届三中全会决定》《十八届四中全会决定》、中共中央《关于加强社会主义协商民主建设的意见》（2015）提出了立法协商，紧接着 2015 年《立法法》引入立法协商。尽管它们还是原则的规定，但地方的探索走在了国家层面的前方，如北京等地制定了立法协商的规则。这些都极大地推进了立法协商的发展，但实践中也存在诸多问题亟须解决和予以规范和完善，如立法协商的具体程序，协商范围和参与的主体，由于缺乏国家层面的规则，各地规定不一，反而在一定程度上制约着其健康发展。

　　❶ 高鸿钧，等. 商谈法哲学与民主法治国——《在事实与规范之间》阅读[M].北京：清华大学出版社，2007：112-121；李龙. 论协商民主——从哈贝马斯的"商谈论"说起[J]. 中国法学，2007（1）：31-36.

（二）国外文献资料梳理

"民主"一词源于希腊文，demos 意为人民或公民，cracy 意为统治或权威，democracy 即人民的统治。古希腊是古典直接民主的起源地，公民大会、五百人议事会（抽签产生）、民众法庭是其代表形式。● 此后，民主基本沿着共和主义和自由主义民主路径发展。在共和主义民主当中，法国的让－雅克·卢梭（Jean-Jacques Rousseau）提出人民主权论，认为人民是国家权力的主人，倾向于直接民主制。自由主义民主代表詹姆斯·麦迪逊（James Madison）、约瑟夫·熊彼特（Joseph Schumpeter）等人提出精英式民主理论，安东尼·唐斯（Anthony Downs）提出社会选择理论，罗伯特·A.达尔（Robert A. Dahl）提出多元主义民主理论等。自由主义民主政体普遍采用代议制，强调选举和精英的作用，公民有效的直接参与受到限制，导致出现公众对政治冷漠的倾向。

20 世纪六七十年代，在代议制存在缺陷、遭受批评的状态下，参与民主理论兴起。阿诺德·考夫曼（Arnold Kaufmann）、卡罗尔·佩特曼（Carole Pateman）等提出参与民主理论，C.B.麦克弗森（C.B. Macpherson）和本杰明·巴伯（Benjamin Barber）提出强势民主的概念。他们认为在精英主义民主下公众参与是不充分的，因此强调公众直接和充分参与到工厂、社区和学校等场所公共事务当中。但由于参与民主过于关注微观领域，存在效率问题的批评和如何塑造积极公民的

● 王绍光. 民主四讲[M]. 北京：生活·读书·新知三联书店，2008：4.

质疑等，使得其无法成为主流的理论。

20世纪80年代，为矫正自由主义民主的弊端，在吸收直接民主和共和主义民主理论基础上，学者们开始提出协商民主的概念，对其研究正式登上舞台。代表性人物及论文主要有：约瑟夫·M.毕塞特（Joseph M. Bessette）《协商民主：共和政府中的多数原则》、伯纳德·曼宁（Bernard Manin）《论合法性与政治协商》、乔舒亚·科恩（Joshua Cohen）《协商民主的程序和实质》、约翰·罗尔斯（John Rawls）《公共理性的观念》、尤尔根·哈贝马斯（Jürgen Habermas）《作为程序的人民主权》和爱丽丝·M.扬（Iris M. Young）《沟通及其他：超越审议民主》等。出版的专著主要有：詹姆斯·博曼（James Boman）《协商民主：论理性与政治》、约翰·S.德雷泽克（John S. Dryzek）《协商民主及其超越：自由与批判的视角》和詹姆斯·费什金（James S. Fishkin）《协商民主论争》等。❶

协商论者的著作主要涉及协商民主以下的观点。第一，试图对协商民主内涵进行界定。乔舒亚·科恩提出，在协商中参加者是自由的，能够陈述自己的观点；参加者在形式上、实质上是平等的；协商的目的在于理性地达成共识等。第二，从合法性角度论证协商民主。伯纳德·曼宁认为，合法性的来源不是业已决定的个人意志，而是存在于意志的形成过程当中，即协商的自身；法律是普遍协商的结果，而不是公意的表

---

❶　主要的专著，包括詹姆斯·博曼的《协商民主：论理性与政治》和《公共协商：多元主义、复杂性与民主》、毛里西奥·帕瑟林·登特里维斯的《作为公共协商的民主：新的视角》、约翰·S.德雷泽克的《协商民主及其超越：自由与批判的视角》、约·埃尔斯特的《协商民主：挑战与反思》、詹姆斯·菲什金的《协商民主论争》等。

达。❶詹姆斯·博曼则探讨了多元文化主义下的协商价值。第三，为精英主义民主辩护，认为其本身蕴含着协商的因素。约瑟夫·毕塞特于1980年提出协商民主的概念，反对把宪政作精英主义的解释。❷约翰·罗尔斯也认为，受公共理性指导的协商与宪政事务相关，与立法和基本正义（机会和物质产品分配的平等）相关；公共理性在实践中必须有宪法安排。第四，论者设计和强调协商民主的理想程序。乔舒亚·科恩提出了理想的协商程序的特征和条件；尤尔根·哈贝马斯认为，现代社会的核心问题、工具理性大举入侵、交往理性潜力未发挥、交往理性的内容是协商民主真实性的标准，将公共舆论转化为管理决策，法律制定是唯一正确的机制，民主是公民领域对国家影响的主要渠道。❸尤尔根·哈贝马斯提出了商谈原则，认为一种行动规范的有效性一般来说取决于参加"合理商谈"的人们（相关者）的同意。❹把商谈原则运用于法律形式就会产生民主原则，从而保证法的合法性。❺基于此，尤尔根·哈贝马斯提出理想的商谈式的程序主义范式，以实现法的事实性与规范性的统一。第五，其他学者纷纷提出了有关协商民主的话语

❶　陈家刚. 协商民主与政治发展[M]. 北京：社会科学文献出版社，2011：128.

❷　JOSEPH M. BESSETTE. Deliberative Democracy: The Majority Principle in Republican Government[M]//Robert A. Goldwin and William A. Shambra. How Democratic Is the Constitution?. Washington: American Enterprise Institute, 1980：102–116.

❸　约翰·S. 德雷泽克. 协商民主及其超越：自由与批判的视角[M]. 丁开杰，等译. 北京：中央编译出版社，2006：18.

❹　哈贝马斯. 在事实与规范之间：关于法律和民主法治国的商谈理论[M]. 童世骏，译. 北京：生活·读书·新知三联书店，2003：194.

❺　高鸿钧，等. 商谈法哲学与民主法治国——《在事实与规范之间》阅读[M]. 北京：清华大学出版社，2007：112.

体系。安东尼·吉登斯（Anthony Giddens）在其代表作《超越左与右：激进政治的未来》中提出了对话民主，主张克服自由民主的局限，建立一种对话主义的民主。约翰·S.德雷泽克提出了话语民主，爱丽丝·M.扬提出了沟通民主。

与学者们着力探讨协商理论相比，实践的探索则略显不足。学者们主要关注公共领域、决策和地方治理，如共识会议、公民陪审团、城镇协商大会等，尤其是詹姆斯·费什金的协商日和协商民意测验，享有盛名。

对于立法领域的协商，相比其他领域，学者们的研究较少。他们多从宏观方面进行阐释，如前述伯纳德·曼宁和约瑟夫·毕塞特从合法性角度，约翰·罗尔斯等人从协商宪政的角度进行研究。其他一些学者观点及其书籍涉及立法协商和利益集团游说问题，如詹姆斯·麦格雷戈·伯恩斯（James MacGregor Burns）的《民治政府：美国政府与政治》等。在实践运作领域，协商的形式比较丰富，如协商宪政、公民参与国会（议院）立法，这些从西方国家的宪法及国会运行规则中不难得出结论。具体的代表形式如美国的公民提案、利益集团游说、听证会、通知评议程序，德国的立法请愿和立法听证，英国的全民公决和公民评审会，日本的审议会和中国台湾地区的公民会议等，都比较有特色。另外协商超出了国家的范围运用于区域性立法当中，如欧盟制宪；在全球治理领域，环境保护和反恐等离不开实体国家和组织的协商。

一些学者对协商民主发出了不同的声音，如爱丽丝·M.扬认为大多数协商民主论者预设了在文化偏见的基础上的讨论，这将会造成某些群体的失语甚至对他们的贬低。❶ 林·M.桑德斯（Lynn M. Sanders）认为，协商理论并未能完全解决很多人被排斥在协商之外这一问题，因为民主实践面临着问题、诊断及药方之间存在巨大的脱节的问题。❷

三、概念、研究范围与研究方法

（一）相关概念的界定

与立法协商相关的主要概念有民主立法、公众参与和协商民主。

民主立法主要是票决方式和公众参与协商方式的结合。在协商民主兴起的背景下，不仅要求公众参与立法活动，更强调公众参与到立法协商当中来，这是公众参与立法的进一步深化，即体现了民主立法的一个明显趋势：从立法公众参与到立法协商。

公众参与的概念界定存在争议，本书认为公众参与是指公共权力机构在立法和决策过程中，公众（个人和组织）通过各种参与手段（信息获取、意愿表达和利益诉求等）影响并促进立法和决策民主化的过程。

西方的协商民主（deliberative democracy）可以表述为，地位平等的公民基于公共利益，通过讨论、沟通等理性的方式

---

❶ 爱丽丝·M.扬. 沟通及其他：超越审议民主[M]//谈火生. 审议民主. 南京. 江苏人民出版社，2007：110.

❷ 林·M.桑德斯. 反对审议[M]//谈火生. 审议民主. 南京. 江苏人民出版社，2007：328.

进行协商来达成共识，以此实现立法及决策合法性。基于中国式协商的理论及实践的发展，中国的协商民主是在党的领导下，在选举、投票之前，以及作出立法和决策前进行充分协商（参与、讨论、沟通、协调等），以达成共识或取得一致的一种民主形式。

立法协商建立在协商民主的背景下，是其在立法领域的体现。关于立法协商的概念，理论与实践上存在一定偏差，本书表述为：具有立法权的各类主体，在立法过程中就立法有关事项与内容，按照一定程序和方式，与各种组织、团体及公民进行讨论、沟通、协调等各种协商活动，以寻求达成共识或取得一致的过程。

需要注意的是人民政协的政治协商。一方面，人民政协职能确实包括了对法律法规草案的协商，且人民政协参与立法协商有很大的优势。另一方面，参与立法协商活动的主体范围广泛，除了人民政协之外，其他机关、团体、组织乃至公民个人均有权参与协商。从这个角度看，人民政协参与立法协商是立法协商的一种重要渠道，但二者不能等同。

因此，立法协商是民主立法的内在表现和要求，协商民主是其理论基础和前提。立法协商建立在公众参与的基础上，是公众参与立法的深化。人民政协参与立法协商地位特殊，但只是立法协商的重要渠道之一。

（二）研究的问题及范围

在协商民主勃兴的大背景下，立法协商被提出并付诸实践，但其背后仍然存在一些问题需要解决。例如，立法协商的内涵；立法协商与协商民主、公众参与和政治协商的关系；立法协商的理论基础和基本要素界定（包括参与主体、协商范围、渠道和表现形式）；我国与西方的立法协商有何异同；票决民主与协商民主的关系及其在立法中的作用；立法协商存在哪些问题，如何解决。关于这些问题，学者们或是研究不多，或是存在争议。另外，实践中一些地方性的公众参与立法协商的规则存在不统一，甚至偏差的问题，亟须解决并予以规范。

　　有关立法协商的问题很多，本书主要针对以下立法协商的重点和难点问题进行分析论证。第一，中西协商民主的理论基础和背景。第二，中国协商民主及其立法中票决民主与协商民主的关系。第三，中西立法协商的实践。此外，本书分析我国立法协商运作中存在的问题，寻求法治化解决路径，以克服随意性。至于实践中有观点认为立法协商等同于人民政协参与的立法协商活动，本书认为人民政协参与立法协商具有重大意义，但只是立法协商的一种渠道，因此并未对此进行全面论述。

（三）研究方法

　　第一，文献分析方法。本书对西方协商民主理论基础、产生和发展，中国立法协商产生的背景、理论及发展采用了文献分析方法。对于中西立法协商的实践和存在的问题及挑战也在不同程度上采用相关文献进行研究。

　　第二，历史研究方法。一个制度的产生与发展必然是特定的历史时期的产物。本书对西方的协商民主理论及实践发展的过程（如古典民主、共和主义和自由主义），以及中国的立法协商的背景、理论及实践的发展等采用了历史研究的方法。

第三，比较分析方法。本书关于中国立法协商的特色是通过与西方国家的协商民主及其立法协商理论及实践进行对比分析而得出的结论；在国内票决民主与协商民主之间的关系上，本书也同样采用了比较分析的方法。

第四，实证分析方法。对于西方协商民主的实际运作，中国公众参与立法协商活动的形式（如公布法律草案、举行听证会）等，本书采用了数据分析的方法。对于我国立法协商的实践，本书对人大立法、行政立法和政协参与立法协商等采用了案例分析的方法。

第一章 立法协商概念、基本要素及价值分析

一、相关概念界定

立法协商的基础概念或与其相关的主要术语有民主立法、公众参与、协商民主、立法协商辨析等。

（一）民主立法

法律有狭义与广义之分，相应的立法也可分为狭义的立法和广义的立法。狭义的立法专指国家权力机关及其常设机关依照法定职权、法定程序，制定、修改、废止和认可规范性法律文件的活动❶；广义的立法指有关国家机关制定、修

❶ 朱力宇，叶传星.立法学[M].4版.北京：中国人民大学出版社，2015：18.

改和废止法律规范的活动。● 本书采广义的立法概念。

民主大体上可以分为直接民主和间接民主，民众在这两种形式下参与立法活动表现也不一致。在直接民主状态下，如雅典政治中，人民通过公民大会直接参与制定法律，但这种方式难以适用于广阔的疆域和复杂的社会。近代以来的资本主义政体中，多采用代议制，由民众选出代表行使国家权力，如通过议会进行立法，民众可以通过选举、投票这种间接民主的方式来行使监督等权利，即所谓的选举（票决）民主。同时，一些国家保留了民众直接参与立法的形式，如公民创制和全民公决等。代议制民主在一定程度上可以对专制进行预防，但这种由精英主导并掌控国家权力的政体往往把广大民众排斥在政治参与之外，因此，协商民主应运而生。

协商民主在一定意义上可以说是直接民主在现代的复活，以弥补代议制之不足。协商民主不仅要求民众参与到立法中来，而且有机会进行协商，以期达成共识。

在中国，一方面按照《立法法》规定，立法是由专门的国家立法机关组织进行制定法律规范的活动。这既是现代社会日益复杂化和专业化的体现，也是我国根本政治制度——人民代表大会制度的要求。人民通过选举出各级代表，组成国家权力机关，实行民主集中制，以此来间接参与到国家立法活动

● 按照 2015 年《立法法》，有关国家立法机关制定的法律规范，指全国人民代表大会及其常务委员会制定的法律，国务院制定的行政法规和国务院各部委、直属机构制定的规章，设区的市以上（包括设区的市、其他未设区的地级市和自治州）的各级人民代表大会及其常务委员会制定的地方性法规、自治条例、单行条例，设区的市以上（包括设区的市、其他未设区的地级市和自治州）的人民政府制定的规章等。

当中，这成为最重要的公众政治参与方式。因此，由立法机关进行立法可以看成一种票决民主。然而，除代表制外，公众参与还有其他形式，存在很大的空间❶；同时由于代表制度本身也存在一些缺陷，扩大民众参与立法活动的渠道成为必然的趋势。

另一方面，人民群众参与立法活动既是人民当家作主的内在要求，又是立法的首要原则。一直以来，我国重视群众路线和协商在立法中的运用，如中华人民共和国成立时期人民政协参与协商立法，1954 年制定《宪法》时的全民大讨论等。2000 年《立法法》第 5 条强调，"立法要发扬社会主义民主，要保障人民通过各种渠道参与立法"，从此开门立法成为常态。随着对社会主义协商民主理论研究的深入和实践的广泛运用，协商民主和票决民主成为社会主义民主的两种方式。协商民主在立法领域进一步深化，立法协商被党的纲领性文件和 2015 年的《立法法》所采纳。

因此，实践中我国的立法是在发扬民主的基础上，由有关机关作出适当的、正确的集中。❷本书认为，民主立法大体上是票决和公众参与协商两种方式的结合。在协商民主复兴的背景下，不仅要求公众参与立法活动，更强调公众参与到立法协商当中来，这也是公众参与的进一步深化。从我国民主立法实践发展路径来看，呈现出一个公众从参与到协商的明显趋势。它主要体现在立法决策（如立法规划和计划等）、立法起草和

---

❶　刘作翔. 扩大公民有序的政治参与——实现和发展社会主义民主的一条有效途径[J]. 求是，2003（12）：43.

❷　朱力宇，张曙光. 立法学[M]. 2 版. 北京：中国人民大学出版社，2006：76.

立法程序等方面，而公众参与及其协商贯穿其中。❶

（二）公众参与

公众参与是当今流行而又难以准确界定的词语，它在英语中多被表达为"Public Participation"，西方传统上多用"Political Participation"，一般认为公众参与是在组织决策或公共决策中，组织成员或公民要求分享权力和直接参与决策的过程。❷在我国，俞可平认为，公众参与通常又称公民参与或公共参与，是公民试图影响公共政策和公共生活的活动。❸这是一种比较宽泛的界定，他所指的西方的公民参与形式多样，如投票、竞选、公决，请愿、游行、示威，以及宣传、动员和对话等。❹学者王锡锌把公众参与界定为公众通过提出信息、表达观点和诉求等方式参与立法决策的一种机制。❺蔡定剑则认为，公众参与指公共权力机构在立法、决策或进行公共治理时，通过各种途径从社会公众中获取信息，收集各种意见，并进行沟通互动等对立法、决策和公共治理行为产生影响的各

---

❶ 李林. 立法权与立法的民主化[M]// 高鸿钧. 清华法治论衡：第1辑. 北京：清华大学出版社，2000：271.

❷ 除此之外，与公众参与相关的概念还有"public involvment""publiccorcitizen engagement"，参见约翰·克莱顿·托马斯. 公共决策中的公民参与[M]. 孙柏瑛，等译. 北京：中国人民大学出版社，2010：9.

❸❹ 俞可平. 公民参与的几个理论问题[N]. 学习时报，2006-12-18（05）.

❺ 在（行政）立法和决策中，相关利害关系人和一般社会公众通过提供信息、阐述观点和利益诉求等方式参与到立法及决策过程中，以建立立法及决策公正性、正当性和合理性的制度和机制。参见王锡锌. 行政过程中公众参与的制度实践[M]. 北京：中国法制出版社，2008：2.

种行为。● 他还把公众参与的内容分为三个层面，即立法层面（如立法听证和利益集团参与立法）、公共决策层面和公共治理层面的公众参与。

党的十七大报告提出，要提高科学和民主执政水平，在各个层次和领域，增加公民有序参与政治的机会，增强决策公众参与度。党的《十八届三中全会决定》也提出公民参与问题，要扩大公民有序参与立法的途径。这两个文件提出了公众参与和公民参与，二者相比较，公众参与的主体包括公民个人和组织，而公民参与则不包括组织。另一个相关术语公共参与则强调参与的公共性，未能突出参与的主体。

结合学者观点和我国的相关政策文件，本书把公众参与表述为，公共权力机构在立法和决策过程中，公众（个人和组织）通过各种参与手段（信息获取、意愿表达和利益诉求等），以影响并促进立法和决策民主化的过程。实践中，公众参与立法活动的途径主要有公开法律草案、征求公众意见和举行座谈会、论证会等。

理论上，可以把公众参与立法划分为三种形式，即全面地直接参与，如古希腊；西方代议制下的选举与投票（票决），这是一种间接参与；公众参与立法协商活动。从人民主权和公众参与的理论和本义出发，公众参与立法强调公众尽可能直接参与到立法及协商活动当中，因此，在一般意义上，它把代议制下的公众的间接参与排除在外。

● 蔡定剑. 公众参与：风险社会的制度建设[M]. 北京：法律出版社，2009：5.

（三）协商民主

"deliberate" 一词，西方多强调讨论（discussion）、慎思和审议（consideration），朗文高级英语词典将其解释为仔细考虑、商议、讨论，将 "deliberative" 一词解释为慎重的、商议的、讨论的。

在我国，汉语中 "协商" 一词主要是讨论、商议（negotiation）和咨询（consultation）之意。《辞海》把 "协商"解释为 "共同商量以便取得一致意见"，把 "审议" 解释为"审查讨论"，把 "审查" 解释为 "检查核对"，多为有权机关单位的行为（笔者加）。❶中国人民政治协商会议，其中的 "协商" 英文用词是 "consultative"，主要意为咨询、商议，尽管与西方协商民主当中平等参与的协商理念不太相同，但都包含商议的成分。

协商民主（deliberative democracy）是由西方国家学者在20 世纪 80 年代提出的理论，并在有限的领域加以适用。西方学者多认为，协商民主是自由平等的公民通过讨论作出决策的过程。例如，美国著名哲学家、教授约·埃尔斯特（Jon Elster）认为，"该观念与立法和集体决策相关，那些将受到这一决策影响的群体及代表都应参与到该集体决策中，这是其民主的部分；具备理性和公正品德的参与者对该决策进行争论，是其协商的部分"。❷大体上西方的协商民主可以这样界定，即

---

❶ 辞海编辑委员会. 辞海[M]. 6 版. 上海：上海辞书出版社，2010：2098.

❷ 约·埃尔斯特. 协商民主：挑战与反思[M]. 周艳辉，译. 北京：中央编译出版社，2009：9.

地位平等的公民基于公共利益，运用讨论、沟通等理性的方式进行协商以达成共识，以此实现立法及决策合法性。

国内学者对于"deliberative democracy"一词并没有统一的认识，现有解释包括协商民主（陈家刚等）、审议民主（谈火生等）、慎议民主（刘莘）和商谈民主（童世骏等）等。谈火生主要从审议民主与政治合法性的角度论证协商民主●，大多学者采用"协商民主"一词并进行论述，如陈家刚作了类似于西方协商民主的解释，把协商民主看成一种民主制度，在立法及决策中，公民可以通过各种方式投入理性协商当中，以达成共识。❷本书主要对"deliberative democracy"采用协商民主的称谓：一是协商民主在国内被研究和运用较多，容易形成共识，且容易与国内既有制度对接；二是审议民主被运用不多，而且"审议"一词多为有权机关组织的活动，如审查核对，似乎存在一种非对等的关系等；三是"商谈"一词偏于谈判、商议且口语化，而"慎议"一词则比较生疏，偏于书面化。

基于和西方语境的不同，以及我国历史上协商的实践，需对我国的协商民主的内涵加以界定。首先，协商民主在我国表现为一种民主的制度和形式，在 2006 年中共中央《关于加强人民政协工作的意见》中，实际上把协商民主确定为与票决民主并列的民主形式。其次，在实践中，协商民主更多地被落实到具体的立法或决策当中，它又是一种具体的形式和方法。

● 谈火生. 审议民主[M]. 南京：江苏人民出版社，2007：7.

❷ 陈家刚把协商民主界定为基于人民主权原则和多数原则的现代民主体制，其中，自由平等的公民以公共利益为共同的价值诉求，通过理性的公共协商，在达成共识基础上赋予立法和决策以合法性。陈家刚. 协商民主与当代中国政治[M]. 北京：中国人民大学出版社，2009：24.

因此，本书把我国协商民主表述为：在党的领导下，在立法和决策中或者在选举、投票之前通过参与、讨论、沟通和协调等方式进行协商，以达成共识或取得一致的一种民主形式。

对于协商民主涉及的层面，西方学者多从不同角度进行研究，它既涉及政治体制、社会治理，更涉及一个国家的立法和决策。但无论从哪一个角度进行研究，最终都要落实在立法或者决策当中。关于决策的内涵，理论上并没有统一的规定，归纳起来有三种解释，即：行为主体为达到既定目标而作出决定；在不同的可供选择的方案之间进行选择；或者作出选择或决策过程。●归纳起来，大体上可以把决策表述为：特定主体为达致一定的目标，在几种可选择方案中进行选择，从而作出决定的过程。实践中，决策往往被运用到各种工作当中，如全国人民代表大会可以对重大事项（问题）作出决定，政府工作中有重大决策，基层单位也有决策等。就决策和立法的关系而言，广义的决策可以涵盖立法，立法往往是重要的决策的法制化。

（四）立法协商辨析

立法协商是民主立法发展的结果，其开展的时间较早，但正式提出立法协商一词则是在党的十八届三中全会，这次会议决定提出要构建完整的协商体系，其中就包括积极开展立法协商。党的十八届四中全会也提出健全立法机关和社会公众进行

● 曹立新．决策概念研究综述［J］．广东技术师范学院学报，2010，31（8）：31.

沟通的机制，积极开展立法协商。2015年《协商民主建设意见》则对立法协商作出进一步规定，内容涉及立法规划和立法计划等，均需要开展协商活动。[1] 同年12月，中共中央发布的《关于加强政党协商的实施意见》指出，宪法的修改、有关重要法律的制定和修改建议等属于政党协商的内容。

1. 立法协商的内涵界定

目前国内对立法协商概念尚存争议，并无统一界定。归纳起来，大体上可以把立法协商分为广义和狭义两种。最宽泛意义的立法协商，有的认为只要是跟立法有关、存在协商因素都是立法协商，这实际上让人难以界定和把握立法协商的真正内涵。[2] 对于广义的立法协商，大多认为是"拥有立法权或相关立法权限的法定主体，在立法活动中与相关主体之间进行的协商活动"。[3] 也有学者认为是立法过程中立法主体、各类利益相关者对立法中的重要争议问题沟通、商谈、协调、寻求各方最大共识的活动过程。[4] 狭义的立法协商，大多认为是立法机关在通过宪法、法律或行政法规前，或地方立法机关在通过地方性法规前，将草案提交相应的各级政协进行政治协商，之后由

---

[1]　《关于加强社会主义协商民主建设的意见》指出，深入开展立法工作中的协商，制订立法规划、立法工作计划，要广泛听取各方面的意见和建议。

[2]　如认为"相关单位人员及社会公众围绕立法的有关事项进行的各种形式的协商活动"，参见张献生. 关于立法协商的几个基本问题[J]. 中央社会主义学院学报，2014（5）：11.

[3]　郭杰. 立法协商初探——以协商民主理论为视角[J]. 特区实践与理论，2014（5）：54.

[4]　朱力宇，叶传星. 立法学[M]. 4版. 北京：中国人民大学出版社，2015：169.

相应的立法机构审议或决定的一种制度化过程。❶还有学者把立法协商归于政治协商，认为是政协的政治协商活动。❷侯东德主编的《我国地方立法协商的理论与实践》一书把立法协商重心放在人民政协参与立法活动❸，另有作者文章也作了大致相同的界定❹。

可以看出，上述最宽泛意义上的立法协商界定可能过于含糊，狭义的界定过于狭窄，而且几乎等同于政协参与的立法协商。本书主要采纳广义的界定，根据立法法和有关政策文件规定、协商民主理论及实践，将立法协商界定为：具有立法权限的各类主体，在立法过程中就立法有关事项与内容，按照一定程序和方式，与各种组织、团体及公民进行讨论、沟通、协调等各种协商活动，以寻求达成共识或取得一致的过程。其中的法指广义的法律，具有立法权的主体即经《立法法》授权的主体。

2. 立法协商与公众参与立法

公众参与立法活动，是我国社会主义民主的本质要求，也

---

❶　胡照洲. 论立法协商的必要性和可行性[J]. 湖北省社会主义学院学报，2014（1）：44.

❷　该学者认为，立法协商属于政治协商，政治协商应当是中国共产党与各民主党派、无党派人士的协商，协商的体制包括党派之间的协商和全国政协及地方政协内部的协商。参见常纪文. 关于立法协商的几个基本问题[EB/OL]. （2014-05-13）[2015-05-28]. http://www.cssn.cn/fx/fx_cgzs/201405/t20140513_1156981.shtml.

❸　侯东德认为，立法协商指政协委员或政协有关专门委员会，针对相关法律法规草案，在立法机关初审之前对草案的论证、协商、发表意见和建议的活动。参见侯东德. 我国地方立法协商的理论与实践[M]. 北京：法律出版社，2015：8–9.

❹　王丛伟. 社会主义协商民主视阈下立法协商问题研究[J]. 山西社会主义学院学报，2014（1）：30.

是民主立法的内在表现。按照人民当家作主的要求，立法并非仅仅是立法机关的事情，也不仅仅是通过选举代表投票表决进行立法，民众有权参加到立法活动当中来。客观上，《立法法》公布前很长一段时间，我国公众参与立法的机会较少。

立法协商同样是民主立法的要求和表现。公众参与立法协商活动，其实中华人民共和国成立初期的协商立法及全民讨论宪法草案，就是典型的表现，只不过当时并未抽象出"立法协商"一词。改革开放后，民主立法得以强调，公众参与立法逐渐成为明确要求和惯例。及至协商民主受到高度重视并成为社会主义民主重要的形式，"立法协商"一词被提出和强调。

二者的联系在于：首先，从历史看，立法实践中始终存在协商的因素，立法协商的提出并作为制度的规定是在强调公众参与之后，因此，是公众参与立法活动进一步发展的结果。其次，从所处的阶段看，一般来说，公众参与是立法协商的前提和必经阶段，如果没有公众的参与，就根本谈不上协商。最后，从形式上和内容上看，立法协商在传统的公众参与立法形式基础上，随着法治发展和科技的进步，出现了法律草案和立法计划的公开、立法听证、网络调查和论坛等新的形式；立法协商活动更强调协商的过程，若公众参与立法活动符合了立法协商的特征，如平等、开放和理性，则可以转化为理想的协商形式。

二者的差异主要在于：公众参与立法强调的是公众要参与，重在参与的形式，主要体现在法案表决前的阶段；而立法协商则强调参与的广度、深度和质量，相关主体在立法活动中进行协商，尽可能达成共识。这种协商几乎贯穿法案公布前的全过程，具有平等、有序、理性和共识性等特征。

因此，在一般意义上，立法协商是公众参与立法活动的深化，更强调公众平等、理性参与协商和达成共识的过程。基于系统、发展研究的角度，以及公众参与和协商的密切联系，本书把公众参与立法的形式纳入立法协商之中，并在其基础上进行研究。

3. 立法协商与协商民主

立法协商是协商民主在我国兴起时所提出的概念。协商民主主要运用于立法和决策中，因此，立法协商是协商民主在立法领域的表现，要遵循协商民主的基本精神和原则。本书正是在协商民主的大背景下，对我国立法协商进行研究。

4. 立法协商与政协政治协商

一方面，从我国有关纲领性文件和实践可以看出，人民政协职能确实包括了对法律法规草案的协商。基于人民政协特殊的地位、职能和专业性等，人民政协参与立法协商有很大的优势，因此，有很多学者甚至将立法协商等同于人民政协的立法参与活动。但从我国协商民主的发展来看，协商脱胎于人民政协，但实践又超越于政治协商领域，立法协商也是这样。另一方面，由于《立法法》将立法职能赋予专门的机构，而参与立法协商活动则范围广泛，除了人民政协之外，其他的机关、团体、组织乃至公民个人均有权参与协商。从这个角度看，政协参与立法协商是立法协商的一种重要渠道，但二者不能等同。

二、立法协商的基本要素

（一）立法协商的主体

立法的主体涉及立法权问题。对于立法权的界定，存在争议。[1] 一般将立法权分为狭义和广义两类。狭义的立法权专指立法机关享有的制定法律规范的权力，是与行政权、司法权相对的权力，在西方是分权理论和实践的结果。但现代社会，随着形势发展和行政权的扩张，行政机关事实上获得了制定法规和规章的权力，甚至获得了立法机关授权立法的权力。因此，出现了广义的立法权，即享有立法权或依法享有立法权限的有关国家机关制定规范性文件的权力。值得注意的是，行政机关的立法权限与狭义的、原本意义的立法权有区别，其地位具有从属性和派生性。[2]

按照我国 2015 年《立法法》的规定，我国享有法定立法权限的主体主要是，设区的市以上（包括经济特区、国务院批准的较大的市和自治州）的各级人民代表大会及其常务委员会、设区的市以上（包括经济特区、国务院批准的较大的市和自治州）的各级人民政府。

至于立法协商的主体，若按照狭义的立法协商概念界定，

----

[1] 李林. 立法权与立法的民主化[M]//高鸿钧. 清华法治论衡: 第 1 辑. 北京: 清华大学出版社, 2000: 251–269; 周旺生. 立法学[M]. 2 版. 北京: 法律出版社, 2009: 198–216.

[2] 朱力宇, 叶传星. 立法学: [M]. 4 版. 北京: 中国人民大学出版社, 2015: 91.

仅为人大等立法机关与人民政协进行协商，无疑会把一些机构、团体、社会组织和公民个人排除在外。民主的本质是人民民主，国家的终极权力取决于人民主权。我国宪法明确规定一切权力属于人民，这表明了社会主义的本质。基于此，公众当然有权根据法律的规定，参与立法、决策及各种管理活动。《立法法》也规定，在立法中人大要发挥主导作用，进行民主立法，保障人民参与立法活动的权利。虽然宪法和法律并没有规定社会组织、团体和个人享有立法权，但并不表明人民群众不能对立法产生影响作用，相反，人民群众对所有的立法活动都应当具有最终决定性作用。●因此，人民群众、各类机构、社会团体和组织有权参与立法活动并进行协商，成为参与立法协商的主体。

（二）立法协商的范围

理论上，与本书对立法协商作广义解释相对应，立法协商的范围和对象是广义的法，包括宪法、法律（狭义）、国务院制定的行政法规和国务院各部委、直属机构制定的规章，设区的市以上（包括设区的市、其他未设区的地级市和自治州）的各级人民代表大会及其常务委员会制定的地方性法规、自治条例和单行条例，设区的市以上（包括设区的市、其他未设区的地级市和自治州）的人民政府制定的地方政府规章等。

在《加强社会主义协商民主建设的意见》（2015）中，立

● 朱力宇，张曙光. 立法学[M]. 2版. 北京：中国人民大学出版社，2006：121.

法协商涉及立法规划、法律法规起草协调机制、论证和评估、征求公众意见等方面，尤其是涉及关系复杂和意见分歧大的法律法规草案。在地方实践中，如北京市规定，立法协商的内容主要包括重要的地方性法规、政府规章和市政府年度立法计划，其中"重要的"主要是指关系改革发展稳定大局、与人民群众关系密切、社会广泛关注及市委认为有必要协商的。❶

（三）立法协商的阶段

立法协商的阶段与立法程序密切相关。对于立法程序分为哪些阶段或环节，学者们看法不一，大体上有三种界定。狭义的立法程序，专指全国人大及其常务委员会立法的程序，包括提出法案、审议法案、通过法案和公布法律四个阶段，这种划分是以前比较通行的观点。❷中义的立法程序则把行政法规和规章的制定纳入其中，如行政法规和规章的立项、起草、审查、决定、公布等阶段。❸广义的立法程序，则指各类具有立法权限的机关进行法律创制的过程，包括了立法准备、由法案到法、立法完善阶段和贯穿整个立法过程的监督环节。立法准备阶段主要包括确定立法项目、确立起草机关和起草法案等；由法案到法阶段主要有提出法案、审议法案、表决法案和公布法等，其中还包括协调、备案和批准等环节；立法完善阶段主

---

❶　中共北京市委：《关于在市政协开展立法协商工作的通知》，京办发〔2014〕34号。

❷❸　朱力宇，张曙光. 立法学[M]. 2版. 北京：中国人民大学出版社，2006：155.

要包括法的修改、编纂和解释等。❶

我国 2000 年《立法法》和 2015 年《立法法》采用了广义的法概念，对法律、法规和规章分别作出规定，如除了规定法案的提出、审议、表决和公布阶段外，还规定了法律和行政法规的立法规划与计划，设区的市的地方性法规、自治条例和单行条例报批程序，以及立法监督的程序（如备案审查、改变和撤销），甚至还规定了立法协调、法律案通过前评估和立法后评估制度等。❷可以看出，《立法法》实际上涵盖了广义的立法程序。

基于上述学者的观点和《立法法》的规定，本书采广义的立法程序，主要包括立法准备程序中的立法规划和计划，法案的提出、审议、表决和法的公布，立法的监督等阶段。而协商主要存在于立法准备至法公布阶段，在立法监督阶段存在一定的协商因素。因此，本书涉及的立法协商主要存在于立法准备至法公布阶段，即法案通过前的阶段。至于法案通过前的评估和立法后评估，考虑到主要是增强立法的科学性，公众参与并不太突出，因此不在本书论述之列。

---

❶ 周旺生. 立法学[M]. 2 版.北京：法律出版社，2009：223.

❷ 2015 年《立法法》第 51 条规定，全国人民代表大会及其常务委员会加强对立法工作的组织协调，实际上确立了立法协调制度。第 39 条规定，拟提请常务委员会会议审议通过的法律案，在法律委员会提出审议结果报告前，常务委员会工作机构可以对法律草案中主要制度规范的可行性、法律出台时机、法律实施的社会效果和可能出现的问题等进行评估。评估情况由法律委员会在审议结果报告中予以说明。第 63 条规定，全国人民代表大会有关的专门委员会、常务委员会工作机构可以组织对有关法律或者法律中有关规定进行立法后评估。评估情况应当向常务委员会报告。

（四）立法协商的渠道与形式

1. 立法协商的渠道

对于立法协商渠道，在不同的政策和文件中表述并不一致，同时也在不断变化。如在党的十八届三中全会决定中，列举了政协组织和党派团体协商等五种主要协商渠道，并强调要加大立法协商、民主协商和社会协商等。❶应该说这种划分是协商民主发展积极探索的结果，但也存在不周全或模糊之处。例如，民主协商概念并不清晰，同时与其他协商渠道和领域存在相互交叉现象；又如社会组织包括哪些组织，社会协商和社会组织协商的内涵和关系，这些规定并不明确。因此，经过认真研究和总结，在党的十八届三中全会决定提出五个协商渠道基础上，2015 年《协商民主建设意见》中增加了人大协商等内容，把协商的主要渠道增加到七个。❷以上这些划分反映出我国推进政治体制改革的决心和协商民主不断完善的过程。从理论上说，这些实际上主要是按照参与协商主体身份所做的划分，与上述划分相对应，每一种渠道都可以涉及立法领域。

---

❶　五种协商渠道，即国家政权机关、政协组织、党派团体、基层组织、社会组织协商。同时党的十八届三中全会决定强调要开展立法协商、行政协商、民主协商、参政协商和社会协商。

❷　即执党协商、政府协商、政协协商、人大协商、人民团体协商、基层协商和社会组织协商。

2. 立法协商的形式

实践中主要包括四类立法协商形式。

第一，立法机关组织的立法协商。包括发布法律、法规和规章等草案，征求社会公众的意见和建议；向有关部门、机构和组织（如人民政协）等征求书面意见；发布公告和公开征集立法项目建议；召开听证会、座谈会和论证会；立法机构参与的各种研讨会等。

第二，党委出面召集主持的各种协商。包括政党协商中关于立法事项的协商、党委出面召集人大等立法机关与人民政协等进行立法协商。

第三，各级政协机关组织和参与的立法协商。主要是指政协机关邀请人大等立法机关参与政协组织的关于立法方面的协商活动。

第四，随着社会和科技的进步，一些新的公众参与立法活动方式出现，如法规表决前评估制度、立法论坛、网络论坛、网络调查和立法后评估等。例如，2001 年 8 月，广东省人大常委会和政府法制办举办立法论坛，就电子商务立法问题来征求社会公众的意见或建议，这是全国第一次由地方人大用论坛方式进行立法协商。❶

---

❶ 戴激涛. 充分发挥人大在立法协商中的主导作用[J]. 人大研究，2015（4）：45.

三、立法协商的价值

公众参与立法协商活动，除了具有保障公民参与权和提高公民的政治参与意识价值外，还体现在以下几个方面。

（一）我党群众路线的重要体现

中国共产党来自人民，宗旨是全心全意为人民服务，中华人民共和国的成立和中国特色社会主义取得的巨大成就是靠党与人民群众的血肉联系和为人民谋福利、谋利益的宗旨。这就决定了党和政权机关的根本态度和工作方式是走群众路线：坚持一切为了群众，一切依靠群众，从群众中来，到群众中去。这也是我国能够实行和发展协商民主的重要前提和基础。❶

在党的领导下推进协商民主，在立法领域进行立法协商，凸显了群众路线在政治领域的重要体现的基本定性。我国宪法也规定，国家的一切权力属于人民，国家机关和工作人员要与人民保持密切联系，倾听人民的意见和建议。因此，我国立法机关在立法实践中提出了"立法为民"的理念，在立法过程中要倾听人民的声音，把维护人民的利益作为工作的出发点，这也是立法民主化的要求。因为民主不是装饰品，不是用来做摆设的，而是要能够解决人民提出的问题的。❷

---

❶❷ 习近平. 在庆祝中国人民政治协商会议成立 65 周年大会上的讲话[N].
人民日报，2014-09-22.

（二）提高立法和决策的科学性

20世纪八九十年代，西方学者在谈及协商民主时，主要将其视为一种立法和政治决策机制。例如，英国政治哲学家戴维·米勒（David Miller）认为，在决策过程中，参与者能够自主发言、倾听他人看法并理性思考不同的观点，通过交流甚至辩论的方式来形成决策，这是一种协商的民主体制。❶在协商民主体制中，讨论是作出决策前的步骤，通过信息的交流和这种理性的互动，协商者有可能改变自己的偏好，最终达成共识。

在我国，党的十六大报告中提出，要建立社情民意反映制度、与群众利益密切相关的重大事项社会公示制度和社会听证制度等，目的是推进决策科学化、民主化，防止决策的随意性。党的十七大报告进一步提出要增强决策透明度和公众参与度，与相关群体利益密切相关的立法和决策要征求他们的意见。两次大会均提出决策的公众参与，其实质是要保证立法和决策的科学性，这种科学性离不开民主的立法和决策过程。无论是中华人民共和国成立初期制定宪法的全民大讨论，还是后来公布物权法草案来征求社会各界意见，均反映出开门立法的趋势和立法的民主性的增强；同时也反映出，立法日趋复杂化，其科学性的需求也在增加。党的十八大之后立法协商的提出及《立法法》的修改，均是提高立法民主性和科学性的进一步反映。

❶ DAVID MILLER. Is Deliberative Democracy Unfair to Disadvantaged Groups？［M］// MAURIZIO PASSERIN D'ENTREVES. Democracy as Public Deliberation: New Perspectives. Manchester: Manchester University Press，2002：201.

（三）增强政权合法性的基础

18 世纪末至今，绝大多数国家建立了民主的政体，民主成为衡量现代国家政权合法性的一个基本标准。按照西方的标准，召开党派会议、议会（国会）和通过选举建立政府等机关，是政权合法性的基础。协商民主反对把选举视为民主的唯一标准，而是把公众参与到决策过程中视为民主的价值追求。如果人民只有投票的权利而没有广泛参与的权利，人民只有在投票时被唤醒、投票后就进入休眠期，这样的民主是形式主义的。❶民主的方式并不是唯一的，民主有多种形式，中心是保证立法和决策符合人民的利益，真正实现人民当家作主。

以中华人民共和国成立时期为例，基于当时特殊的背景召开中国人民政治协商会议，其具有广泛的代表性，起着代行全国人民代表大会之作用。其通过了《共同纲领》《中央人民政府组织法》和《中国人民政治协商会议组织法》，使新政权获得了合法性支持，这种合法性来源于中国革命的事实和政协的广泛代表性，也来源于政协委员对国家重大事项的协商。

（四）协调各方利益，化解社会矛盾

现代社会价值观念的差异和利益多元化的不同诉求，导

---

❶ 习近平．在庆祝中国人民政治协商会议成立 65 周年大会上的讲话[N]．人民日报，2014–09–22．

致了社会的冲突和矛盾。它们在实质上是利益的冲突，这就需要社会具备足够的容纳能力和化解渠道。一方面，协商机制具有利益表达功能，协商民主通过对话等方式表达公民多样化的利益诉求，实现理性的公共交流，消除公民个人理性的不足及偏见的制约，以利益相容的方式达成共识和决策，最大程度上反映了公众利益的诉求。●协商的程序把受到立法和决策影响的弱势群体纳入协商中，给予他们利益诉求的机会并提供相应保护，落实相关群体的权利，这有助于提高公众参与协商的力度。另一方面，协商民主还具有稳定功能。在协商过程中，利益受到立法和决策影响的相关者，通过协商对话等方式达成最终的共识。这种协商机制为利益相关者表达诉求和化解矛盾提供了一个有效的平台，将个人利益和公共利益结合，个人理性与公共理性结合，消减彼此之间存在的冲突和误会。

对于立法，立法协商实际上是一个利益协调的机制。孙国华教授认为，立法的核心内容和最终目的是在认识各种不同利益及其冲突的基础上作出取舍和协调，然后进行立法。●李林也认为，立法的基本功能和核心价值是实现"分配正义"，作为分配正义的过程，是立法者协调利益、平衡关系、调解矛盾和减少冲突的过程，是各种价值凸显和妥协的过程。●通过对各方利益和冲突的协调，能有效地化解社会矛盾，有利于建立和谐社会。例如，自住房改革实行商品化以来，我国进入了房地产开发的活跃时期。与此同时，拆迁问题大量发生且不可避

● 李后强，邓子强. 协商民主与椭圆视角[M]. 成都：四川人民出版社，2009：293.

● 孙国华. 孙国华自选集[M]. 北京：中国人民大学出版社，2007：432.

● 李林. 立法过程中的公众参与[M]. 北京：中国社会科学出版社，2009：5.

免。而在拆迁过程中，程序违法、先拆后补和补偿偏少等非法拆迁现象突出，导致上访事件时有发生。这里一个很重要的因素是，当初制定的拆迁补偿标准并未很好地征求社会公众的意见，利益相关者的呼声不足，加之长时间没有随形势发展而修改，致使被拆迁者利益明显受损。在这种情况下，国家有关部门意识到了问题的严重性，于是对拆迁条例进行了修订，将其改为征收条例，才遏制住大量非法拆迁事件的发生。由此说明，若一项决策未征求利益相关者的意见，则政策制定者只能是闭门造车，最终效果可能并不理想，甚至会遭到抵制；立法或决策只有得到利益相关群体和公众的理解和认同，其实施起来才会顺利。

（五）缓解选举和票决的压力

我国的选举制度还不太完善。中国古代长期形成的中庸文化和顺从性人格，官本位和等级制的存在，君主专制的权力结构，以及国家对社会团体的管理，都使得民众参与政治热情和自主性较低。时至今日，我国民主的发展，国家和政府的推动仍起着重要作用。因此，有学者指出，民众对政治参与意识的淡薄，表明现阶段我国还缺乏相应的社会及政治心理基础来构造广泛的竞争性选举制度；若盲目采用就可能会出现动员性参与，从而走向多数暴政，而协商性政治则可避免此类弊端。❶贸然全面开展大规模选举，可能会带来不良

---

❶　陈剩勇，何包钢. 协商民主的发展[M]. 北京：中国社会科学出版社，2006：88.

后果；而在选举前进行协商，提供机会让社会大众参与到协商中来，能够让选举投票富有代表性，可以缓解单纯选举投票的压力，同时也为今后进一步推行大规模选举奠定基础。

第二章　立法协商理论及实践基础

立法协商建立在协商民主基础之上，是协商民主在立法领域的体现。因此，剖析立法中的协商，需深入了解协商民主的理论基础和背景。在西方，协商民主也主要运用在立法等领域。在我国，基于独特的背景和实践，协商民主及其立法协商发展呈现不同的路径。

一、中国式立法协商的背景、理论及发展

（一）中国传统文化的影响

1. 和合文化

在中国古代，乐师奏乐强调"和五声"（指宫、商、角、徵、羽五音），以奏出优美的音乐；厨师烹调强调"和五味"（酸、甜、苦、

辣、咸）搭配，以做出上等的菜肴。可见，"和"最早应源自音乐，后来运用于其他方面。《礼记·乐记》曰，"其声和以柔"。儒家强调和为贵、和而不同，并发展为中庸之道。《礼记·中庸》曰，"发而皆中节，谓之和"。"中也者，天下之大本也；和也者，天下之达道也。"谐，《尚书·舜典》载，"八音克谐，无相夺伦，神人以和"。《辞海》将"谐"解释为和合、协调之意。协，和合之意，如《尚书·汤誓》载，孔传："众下相率为怠情，不与上和合。"协同时还有和谐、协调之意，如《太玄·数》载，"声律相协而八音生"。❶

在这种思想指引下，信奉无讼是儒家的理想境界，孔子曰，"听讼，吾犹人也。必也使无讼乎"❷。在实践中，调处则成为关键手段。如宋代州县官在审理争议案件时，往往进行官方的调解，以使当事人达成和议状。明清时期，民间争讼在官府审理之前一般先要乡邻、族长调解，即私和；私和不成再寻求官方处理。

2. 古代的乡校、谏官等制度

中国古代和谐文化和民本主义在政治领域也有所体现。君主为了维护其统治，需要采纳臣民的意见，如春秋战国时期，郑国的贵族们可以在乡校的地方议论朝政得失；后在相国子产主张下，设立稷下学宫，招纳天下贤士，共商国是。在汉代，设有"三老"问政制度。《汉书·高帝纪上》记载："举民年五十以上，有修行，能帅众为善，置以为三老，乡一人。择乡三

---

❶ 辞海编辑委员会. 辞海[M]. 6版. 上海：上海辞书出版社，2010：2099.

❷ 参见《论语·颜渊》。

老一人为县三老，与县令、丞、尉以事相教，复勿徭戍。"汉代规定乡县三老可执掌教化，还可以议论朝政甚至决定官员去留，成为代表民众向上反映问题的通道。汉代始设立"言官（谏官）制度"，之后，唐代设谏议大夫补阙和左右拾遗官职，宋代设谏院机构等来专司进谏。这项制度允许言官对朝廷的政策等进行辩论、对话、批评和建议，本质上也是一种咨询式协商。❶

当然，古代的和谐文化及其制度的规定只能说是具有协商的因素，与现代的民主政治有很大的差距。例如，早朝和谏议制度体现了君主皇帝的意志，协商讨论的内容、范围和程序由其控制；协商的参与者也只能是贵族官员等，民众被排斥在外，可以说是宫廷政治，不能说是公共意义上的协商。❷尽管如此，这也表明中国古代存在政治协商的因素，对当今也具有一定的借鉴意义。

（二）马克思主义理论的影响

我国的政治协商制度和人民代表大会制度深受马克思主义民主等理论的影响。

马克思主义统一战线理论主要体现在：①把自身与人类解放结合在一起。②在斗争中需要联合其他力量，如在法国反封建过程中与社会主义民主党的联合，在德国反封建和反君主

---

❶ 李后强，邓子强. 协商民主与椭圆观角[M]. 成都：四川人民出版社，2009：118.

❷ 陈剩勇，何包钢. 协商民主的发展[M]. 北京：中国社会科学出版社，2006：88.

专制中与资产阶级联合。● ③在统一战线中，坚持共产党的领导权。

马克思列宁主义政党理论认为：①政党是阶级及阶级斗争历史发展的结果。②无产阶级政党要联合和支持其他一切民主政党。马克思、恩格斯强调，共产党人需要联合社会主义民主党甚至资产阶级政党，只有做到"团结及协调世界范围内民主的政党"●，革命成功才有保证。

马克思列宁主义中的民主理论，其基本观点包括：①民主的实质是"人民当家作主"。在《哥达纲领批判》中，马克思明确指出，"民主的"的德语含义就是"人民当权的"●。对于巴黎公社的性质，马克思认为它是人民掌握的政权。②与以前的民主类型相比较，社会主义民主具有先进性，享有民主的主体是相当广泛的。●马克思认为（巴黎）公社实质上是工人阶级的政府，列宁也认为苏维埃的灵魂是政权归为劳动者。③民主有多种实现形式，并且在完善当中。马克思认为，（巴黎）公社是具有基础性的民主制度，其基本特征是议行合一政体。●

列宁也指出，民主是一种国家形态，公民在形式上一律平等地享有决定国家大事及其管理的权利。他还指出，要探

●● 中共中央马克思恩格斯列宁斯大林著作编译局. 马克思恩格斯选集：第1卷[M]. 北京：人民出版社，1995：306.

● 中共中央马克思恩格斯列宁斯大林著作编译局. 马克思恩格斯选集：第3卷[M]. 北京：人民出版社，1995：312.

● 张平夫. 人民政协概论[M]. 北京：中央编译出版社，2008：107.

● 周世中，等. 马克思主义民主与法制理论的中国化[M]. 南宁：广西民族出版社，2007：8.

索民主的形式并在实践中检验，这有利于民主的彻底发展。[1]
在《国家与革命》中，列宁进一步指出，无产阶级的民主形式
主要有苏维埃、代表制和普选制。"苏维埃"一词，源于俄文
"COBET"，相当于英文的"Soviet"和"Council"，意为评议
会或代表会议，实质上也可以被简单地理解为一种强调集体决
策的委员会制。[2]苏维埃（即工农兵的全权代表大会）作为一
种政权形式，始于俄国1905年革命，历经罢工组织、自治机
构和权力机关的变化历程，是俄国和苏联的发展的标志性名
片。苏维埃作为一种政体，采用"议政合一"[3]制度，人民代
表要向大会及选民报告工作，选民享有罢免权。这种政体被认
为突破了资本主义三权分立的体制，"能够把议会制的长处和
直接民主制的长处结合起来"[4]。

（三）新民主主义革命时期的协商实践

1922—1927年，中共中央提出建立一个民主主义的联合
战线，可以通过党派"联席会议"的方式进行，展开两党之间
的政治协商。[5]在此方针指导下，国共两党进行了第一次合作，

---

[1]　中共中央马克思恩格斯列宁斯大林著作编译局. 列宁选集：第3卷[M].
北京：人民出版社，1995：181.

[2]　何俊志. 从苏维埃到人民代表大会制——中国共产党关于现代代议制的构
想与实践[M]. 上海：复旦大学出版社，2011：3.

[3]　议行合一制，我国多用民主集中制来概括，是代表大会决策的民主性和执
行过程的集中性的统一.

[4]　中共中央马克思恩格斯列宁斯大林著作编译局. 列宁选集：第3卷[M].
北京：人民出版社，1995：181.

[5]　李仁彬. 中国协商民主理论与实践探析[M]. 成都：四川大学出版社，
2011：69.

成为中国协商民主的最初实践。

抗日战争时期，为了团结一切可以抗日的力量，党中央把工农苏维埃共和国改为民主共和国，建立陕甘宁边区政府和"具有统一战线性质的政权"。❶政权组成采用"三三制"原则，即在政权内人员安排上，共产党员、中间派和左派成员各占 1/3。❷政权采用直接、普遍和无记名投票的选举机制，选民选举出参议员并有权进行罢免。❸边区政府委员会由 13 名委员组成，由参议会选举产生并有权对其进行监督。在政权具体运行过程中，要求贯彻协商的原则，如在工作中作出决定时要多倾听党外人士的意见并和他们商议，取得大多数人同意。在这一时期，通过"三三制"原则，保证了党外人士在政权机关中的一定比例，显示了参议会组成的广泛民主性。因此，"三三制"政权受到极大的赞誉，被认为是当时最好的政权形式和将来的借鉴模式。❹不过，"三三制"的参议会政权实际上存在时间不太长，只是一个特殊阶段的过渡形式，1945年，参议会改为人民代表大会制，并确立人民代表大会制。

与此同时，国民政府在社会各界要求下成立国民参政会，

---

❶ 关于政权的性质，毛泽东在《抗日根据地的政权问题》（一九四○年三月六日）一文中指出，是一切赞成抗日又赞成民主的人们的政权，是几个革命阶级联合起来对于汉奸和反动派的专政，属于民族统一战线的。

❷ 政权组成实行"三三制"原则，即在人员分配上，应规定为"共产党员占 1/3，非党的左派进步分子占 1/3，不左不右的中间派占 1/3"。毛泽东. 毛泽东选集［M］. 北京：人民出版社，1991：742.

❸ 《陕甘宁边区施政纲领》（1941 年）［R/OL］.［2015—12—13］. https://wenku.baidu.com/view/48f7751fb7360b4c2e3f6407.html.

❹ 邓小平同志认为，政权的实质是民主，是敌后抗战的最好政权性质，而且是将来新民主主义共和国应采取的政权形式。参见邓小平. 邓小平文选：第 1 卷［M］. 北京：人民出版社，1994：8.

其性质是全国性的咨询机关，共产党可以和国民党、民主党派及无党派人士一起进行协商，这大致可以看成是政治协商会议的渊源，但它仅提供一个各党派进行协商的场所。

1945年，在党的七大《论联合政府》报告中，毛泽东提出，联合政府的建立需要经过以下几个步骤：与各界人士协议，成立临时联合政府——选举、召开国民大会，建立联合政府。抗战胜利后国共签订的"双十协定"，确定了要尽快召开政治协商会议，共商国是，以推动和平建国。1946年，政治协商会议（即"旧政协"）召开，共产党、民主同盟和国民党等五方代表在政协会议上，经过斗争与协商，通过了和平建国纲领等5项协议。[1] 协议很快被国民党破坏，但共产党与一些民主党派（尤其是民盟）团结一致、共同协商，并结下深厚友谊，为后来新政协顺利召开奠定了坚实的基础。

1948年4月，中共中央发布了著名的"五一口号"，号召各界联合起来，共商大计。[2] 由此表明了新政权的建立实际上要经历政协—人大—政府三个阶段，但受当时条件的限制和形势的变化，导致后来政权建立程序的变化。主要的原因是当时国内战争形势发生巨大变化，解放军取得决定性胜利，当务之急是乘胜追击，尽快建立新政权；当时群众觉悟和参政意识有待提高，实现普选还难以大范围展开；加上当时在东北的民主

---

[1] 李后强，邓子强. 协商民主与椭圆观角[M]. 成都：四川人民出版社，2009：131.

[2] "五一口号"第5条规定，各民主党派、各人民团体、各社会贤达迅速召开政治协商会议，讨论并实现召集人民代表大会，成立民主联合政府。

人士的提议。● 基于以上原因，新政权建立的程序变为政协—政府，这成为当时比较切合实际的做法。

（四）中华人民共和国成立至改革开放前时期的协商

1949 年 9 月通过的《共同纲领》明确规定了我国的国家性质及政权性质，即工人阶级领导的人民民主主义的国家和人民民主专政，人民行使国家政权的机关为各级人民代表大会和各级人民政府，其基础在于工农联盟和团结国内各民主阶级等。

《共同纲领》把人民政协定性为统一战线，其组织成分主要包括工人、农民、小资产阶级和民族资产阶级代表等。在全国人民代表大会（以下简称"全国人大"）召开之前，由人民政协全体会议执行全国人大的职权，地方由各人民代表会议逐步代行人民代表大会的职权。按照政协组织法，政协分全体会议、全国委员会和常务委员会。全体会议代行全国人民代表大会的职权，如拥有制定政协和政府组织法、选举和提出议案等广泛的职权。● 在政协全体会议闭幕期间，由政协全国委员会行使职权（在政协全国委员会闭幕期间，设立常务委员会）。

● 民主人士提议，建议新政协即等于临时人民代表会议，即可产生临时中央政府，现在对内对外均需要。参见中央统战部，中央档案馆. 中共中央解放战争时期统一战线文件选编［M］. 北京：档案出版社，1988：217.

● 具体而言包括：①制定或修改人民政协组织法；②制定或修改共同纲领；③在普选的全国人大召开以前，执行全国人大的职权；④制定或修改中央人民政府组织法；选举中央人民政府委员会，并付之以行使国家权力的职权；就有关全国人民民主革命或国家建设事业的根本大计或重要措施，向中央人民政府委员会提出决议案；⑤在普选的全国人大召开以后，就有关国家建设事业的根本大计或重要措施，向全国人大或中央人民政府委员会提出建议案；⑥选举中国人民政协全国委员会。参见《中国人民政治协商会议组织法》（1949 年）。

政协全国委员会拥有的职权广泛，如对政府协商提出建议案、协商并推选人大代表候选名单和协商处理其他事务。●

第一届政协全国委员会共召开了 3 次会议，主题分别是全国委员会领导的选举、听取土地改革和增产节约等问题的报告并进行协商。常务委员会共召开了 60 多次，主要讨论法律和决议草案。按照政协组织法，一般是由政务院或中央有关部门提出草案，提交政协常委会讨论，然后再提交到中央人民政府委员会上通过。按照《中央人民政府组织法》，中央人民政府委员会被人民政协付之以行使国家权力的职权●，实际起着最高行政机关的作用，同时又起着一定意义上的代议机关的作用。

因此，根据《共同纲领》和《政治协商会议组织法》，人民政协虽不是国家权力机关，在性质上只是一个统一战线的组织。但是，在人民代表大会制度正式确立之前，人民政协实际起着协商建国、创立政府、构建政权合法性和吸纳各界人士代表等作用。在这一特定的历史阶段，它又代行全国人大的部分职权，这可以从三个方面表现出来：①人民政协委员具备广泛的代表性，奠定了民主政权的基础。有学者认为人民政协虽不

● 全国委员会处理的其他事务，包括执行政协全体会议和全国委员会会议决议；协助政府动员人民参加革命及建设国家；协商并决定下届政协全体会议的参加单位、名额及代表人选；指导地方民主统一战线的工作等。

● 主要包括，制定并解释国家的法律，颁布法令，并监督其执行；规定国家的施政方针；废除或修改政务院与国家的法律、法令相抵触的决议和命令；批准或修改国家的预算和决算等。

是普选产生，但却具备了人民代表大会的某些特点。❶由人民政协通过的《共同纲领》来形成新政权的民意和法理基础，在当时的历史条件下已经最大限度地解决了中华人民共和国政权的合法性问题。❷②在协商国是方面，中国共产党与民主党派、民族代表等协商，全国政协的作用显著，如就协商建国、新政权重大事项和法律制定等问题，关于民族区域自治和要不要采用联邦制问题，均充分进行了协商并达成一致的意见。❸在新政协筹备会期间，会议的筹备、代表的确定，甚至会议计划，都是中国共产党与各界充分协商的结果。另外，双周座谈会、协商座谈会等协商的具体方式，今天人民政协仍在适用。③在立法方面，人民政协先后协商讨论制定了婚姻法、惩贪法等法律草案❹，为中华人民共和国的法制建设奠定了基础。

　　在这一阶段，立法工作主要受群众路线的影响。早在1943年，毛泽东就提出，在我党一切实际工作中，正确的领

---

❶　在组成方面，参加第一届全国政协的代表分为党派代表、团体代表、区域代表、军队代表和特邀代表五类，代表共 662 名，共产党员代表约占 44%，民主党派代表约占 30%，工人、农民代表约占 24%，无党派代表约占 2%。参见胡筱秀.人民政协制度功能变迁研究［M］. 上海：上海人民出版社，2010：40.

❷　胡筱秀. 人民政协制度功能变迁研究［M］. 上海：上海人民出版社，2010：53.

❸　人民政协在此阶段职权广泛、作用显著。例如，有权对有关全国革命事业或国家建设的根本大计或重要措施，向中央人民政府提出决议案；有权协商并提出对中华人民共和国中央人民政府的建议案；协助政府动员人民参加人民民主革命及国家建设的工作等。

❹　参与协商制定的法律主要有：《中华人民共和国婚姻法（草案）》《中华人民共和国土地改革法（草案）》《中华人民共和国惩治贪污条例（修正草案）》《中华人民共和国惩治毒犯条例（草案）》和《宪法草案》等。参见中国政协网. 全国政协大事记（1949—1977）［EB/OL］.（2017-12-25）［2018-02-11］. http://www.cppcc.gov.cn/zxww/newcppcc/zxdsj/index.shtml.

导就是走群众路线，即"从群众中来，到群众中去"。❶群众路线也就成了立法工作的一条指导原则，如婚姻法、土地法都是经过协商程序制定的。又如1954年在制定我国第一部《宪法》时，专门成立了宪法起草委员会，并公布了宪法草案。全国共有1.5亿人民（约占当时人口1/4）参与了讨论，历时两个多月，一些建议被采纳，并最终通过了《宪法》。

1954年后，人民政协的性质发生了变化。毛泽东曾指出，人民代表大会的存在并不影响人民政协作用的发挥。❷但随着各级人大制度的建立和社会主义改造的完成，阶级力量对比发生了根本变化，资产阶级成为需要改造和教育的对象。人民政协的主要职能被定位于人民民主统一战线组织、协商咨议机构、自我学习和改造的场所，其作用主要被归结为"参、代、监、改"，即参与国家建设、代表和反映所联系的群众利益、互相监督、思想改造。❸

（五）党的十一届三中全会以来的协商发展

1978年党的十一届三中全会后，政协的各种工作重新走上正轨并逐步发展。1982年《宪法》、1982年《中国人民政

---

❶　毛泽东. 关于领导方法的若干问题[M]// 毛泽东. 毛泽东选集：第3卷. 北京：人民出版社，1991：899.

❷　毛泽东认为，人民代表大会是权力机关，有了人大并不妨碍我们成立政协进行政治协商。宪法草案就是经过协商讨论使得它更完备的。人大的代表性当然很大，但它不能包括所有的方面，所以政协仍有存在的必要。参见蒋作君. 政协学概论[M]. 合肥：安徽人民出版社，2010：46.

❸　李维汉. 回忆与研究：下[M]. 北京：中共党史资料出版社，1986：803–807.

治协商会议章程》、1993 年《宪法（修正案）》、1995 年全国政协《关于政治协商、民主监督、参政议政的规定》（以下简称 1995 年《政治协商规定》）等对人民政协的各个方面作出规定。具体来说：①宪法。1982 年《宪法》规定了人民政协的性质，即具有广泛代表性的统一战线组织；1993 年《宪法（修正案）》把多党合作和政治协商写入其中。②政协章程。1982 年《中国人民政治协商会议章程》第一次将政治协商和民主监督列为政协的主要职能；1994 年《中国人民政治协商会议章程》规定了政协参政议政的职能；2018 年《中国人民政治协商会议章程》（现行章程）成为政协的具体工作指南。③全国政协规定。1995 年全国政协对政协的工作和职能，作了相对具体的规定。●④中共中央文件。2005 年，中共中央明确规定把"政治协商纳入决策程序"●，对中国共产党同各民主党派之间的政治协商作出规定，实质上明确了我国的政党协商形式。2006 年《关于加强人民政协工作的意见》又正式把协商民主确定为与票决民主并列的民主形式；●并要求推进政协工作制度化，这个意见成为新时期政协工作的纲领性文件。

在这一阶段，立法工作仍然遵循群众路线和民主的原则。彭真同志指出，"立法不是单个人的意志，要欢迎和听取不同人的意见，越多越好，才是集思广益和善断"。●如 1982 年宪

● 即 1995 年《政协全国委员会关于政治协商、民主监督、参政议政的规定》。

● 2015 年中共中央发布的《多党合作和政治协商建设意见》规定，要把"政治协商纳入决策程序，就重大问题在决策前和执行中进行协商"。

● 2006 年中共中央发布的《关于加强人民政协工作的意见》规定，人民通过选举、投票行使权利和在重大决策之前进行充分协商，是我国社会主义民主的重要形式。

● 彭真. 论新中国的政法工作[M]. 北京：中央文献出版社，1992：268.

法制定时，公布了法律草案并进行了全民讨论。改革开放后，公布法律草案，征求社会各界意见，逐渐成为通行做法。1989年4月七届人大二次会议通过的《全国人民代表大会议事规则》明确规定，在人大审议重要法案前，可以公布其草案，以征求意见，并将意见整理提交大会参阅。❶2000年《立法法》明确规定，立法要发扬社会主义民主；法案审议通过前要通过座谈会、论证会和听证会等方式征求各方意见，这是第一次以法律的方式明确公众参与立法。❷行政法规在起草过程中也要按照类似的程序。2008年十一届全国人大常委会第二次委员长会议确定了法律草案公开制度，从此公开成为常态，不公开为例外。❸

与此同时，20世纪80年代兴起的西方协商理论对我国也产生了一定的影响。国内学者于21世纪初开始翻译并介绍有关西方协商民主的理论，由此掀起了一股研究的热潮。学者们主要对西方协商民主的内涵、本质、价值、领域及挑战等进行了研究，同时考察我国的协商的历史及实践。随着研究的深入，学者们发现，我国已有的制度与西方的协商民主有着本质区别，但二者也有耦合之处。应该说，我国协商民主包括立法

---

❶　1989年《全国人民代表大会议事规则》（2021年已修正）第25条明确规定，全国人民代表大会会议举行前，全国人民代表大会常务委员会对准备提请会议审议的重要的基本法律案，可以将草案公布，广泛征求意见，并将意见整理印发会议。

❷　2000年《立法法》第34条第1款规定，列入常务委员会会议议程的法律案，法律委员会、有关的专门委员会和常务委员会工作机构应当听取各方面的意见。听取意见可以采取座谈会、论证会、听证会等多种形式。第35条规定，列入常务委员会会议议程的重要的法律案，经委员长会议决定，可以将法律草案公布，征求意见。各机关、组织和公民提出的意见送常务委员会工作机构。

❸　2008年4月，十一届全国人大常委会第二次委员长会议规定，今后全国人大常委会审议的法律草案，一般都予以公开，向社会广泛征求意见。

等协商有其自身发展的路径，是其内在逻辑发展的结果，我们可以借鉴西方协商民主的合理之处，从而使国内协商民主不断发展完善。

（六）党的十八大以来的协商发展

随着中央对协商民主的重视和各地协商实践的进行，协商的领域逐渐拓展到人大立法、社会治理和基层民主等领域。2012 年党的十八大报告提出了政协、党派等协商渠道；党的十八届三中全会提出了五种协商渠道，要求建立协商民主体系并开展立法协商等；党的十八届四中全会决定指出，要开展立法协商，充分发挥政协委员、人民团体、社会组织等在立法协商中的作用。尤其是 2015 年《关于加强社会主义协商民主建设的意见》，对社会主义协商民主的内涵、本质、意义、指导思想、原则、程序、渠道等作出了具体规定，要求在人大工作中进行立法协商等。2015 年 6 月，中共中央办公厅印发《关于加强人民政协协商民主建设的实施意见》；7 月，中共中央办公厅、国务院办公厅印发《关于加强城乡社区协商的意见》；12 月，中共中央办公厅印发《关于加强政党协商的实施意见》；2016 年 8 月，民政部发布《关于深入推进城乡社区协商工作的通知》。以上这些规定为政党协商、政协政治协商、城乡社区协商和立法协商工作等提供了指南。2017 年党的十九大报告中又指出，协商民主是实现党的领导的重要方式。至此，社会主义协商民主逐渐步入新常态，焕发勃勃生机。党的十九大之后，我国又提出全过程人民民主，协商民主成为全过程人民民主的重要组成部分。

随着立法的推进，为总结民主立法经验，适应形势发展的变化，贯彻党的十八大、十八届三中全会和十八届四中全会精神，全国人大对 2000 年《立法法》进行了修订，于 2015 年 3 月通过并实施。2015 年《立法法》吸收了协商民主之精神，在修正案草案中首次提出立法协商的原则，坚持立法公开，完善公民有序参与立法的方式。在第二次修正案草案第 10 条（2015 年《立法法》第 36 条）、第 11 条（2015 年《立法法》第 37 条）和第 18 条（2015 年《立法法》第 54 条）分别增加规定了论证会和听证会的具体内容、公布法律草案的规定、立法过程中对重大分歧的协调处理情况。❶

二、西方协商民主理论发展概况

总体上，西方的协商民主汲取了古典民主、共和主义民主和参与民主等理论的营养。协商民主是古典直接民主在现代的部分复活，深受共和主义民主中人民主权原则的影响，与参与民主存在密切的逻辑关系。为矫正代议制民主的弊端，在自由主义民主的基础上，协商民主得以产生与发展。

（一）古典民主、共和主义民主和自由主义民主

1. 古典民主

Democracy 一词源于古希腊，由 demos 和 cracy 组成，

---

❶ 李建国. 关于《中华人民共和国立法法修正案（草案）》的说明[M]. 北京：中国法制出版社，2015：57.

demos 原意指人民或公民，cracy 意指统治，democracy 则指人民的统治治理，统治归于人民。在古希腊时期，民主一词的原始含义是指全体人民平等地对国家事务进行管理。

古典民主源于古希腊雅典政制，它的最高权力机构是公民大会，由其决定城邦的各种事务。公民大会每年举行 40 次左右，要求必须有 6000 人以上出席。在大会上公民基于公共利益的考虑，尽可能地达成一致意见；同时，当产生重大分歧和个人利益冲突，以及出现一些难以处理的事情时，公民大会有权决定用投票的方式来表决。因此，投票方式的运用，也成为解决问题的方式。❶

500 人议事会是常设机构，负责公民大会的召集和主持，预审提案和检查大会决议的执行等。但对于这些事情，议事会并不具有最高权力。❷另外，议事会还参与大多数其他官职的行政事务，如主持一些行政官员的抽签等事项。议事会成员由抽签产生，议员共 500 人，每一部落 50 人。议员任期一年，不得连任，每个公民一生中最多担任两次议员。议员最开始没有任何津贴，后来才有一些象征性的补贴。

民众法庭有 40 名法官，每部落 4 人，由抽签产生。民众法庭对不超过一定数额的小额诉讼有立即判决权。对于超过限额的诉讼，移送给公断人（陪审人）裁决，如案件一方不服公断人的裁判，即可向陪审法庭上诉。陪审法庭有两种类型，分

---

❶ 戴维·赫尔德认为，投票表决既是一种明显解决不同意见的方式，又是一种使问题的解决方案合法化的程序性机制。参见戴维·赫尔德. 民主的模式：最新修订版[M]. 燕继荣，等译. 北京：中央编译出版社，2008：22.

❷ 亚里士多德. 雅典政制[M]. 日知，力野，译. 北京：商务印书馆，1959：50.

别由 201 名陪审人组成和 401 名陪审人组成，后者审理标的额较大的案件。公断人由抽签产生，被抽到而拒绝的，将被剥夺公民权。任何人如果认为公断人处理不公，也可以起诉公断人。

雅典的古典民主的主要特征和意义在于：公民直接参与立法和司法等活动；大多数公职候选人由抽签产生和轮流执政；官职任期短期化；公民享有相对平等的参与机会。在克里斯提尼时代，陪审员、议事会、公民大会都还未实行付薪制，为了使民众不至于因参加政治活动降低生活标准，到了伯里克利时代，议事会和陪审法庭均实行付薪制。因此，古希腊创造了古典民主（直接民主）。伯里克利认为在雅典，由地位平等的公民掌握国家政权，这是一种民主政体。❶这虽然充满着赞美之辞，却也大致符合事实。因此也可以说，就民主的"主"而言，当时的"民"确实在很大程度上做"主"。

但是，古希腊民主又具有一定的局限性。其一，雅典能够参政的公民人数占总人口的 1/10 左右。当时雅典的人口数量大概在 30 万至 50 万之间，享有公民权利的人数大概在 3 万至 6 万之间，妇女、儿童、外来人口和奴隶被排除在外。当时奴隶人口数量有 10 万左右，在广大奴隶劳动基础之上，公民才有了参与政治讨论和担任官职的空暇时间，这也显著地增强了公民的精英意识。因此，雅典自认为的民主在某种意义上是少数人的民主。其二，公民的直接参与仅限于城邦国家，缺乏一

---

❶　伯里克利认为，雅典的政治之所以被称为民主政治，是因为政权在全体公民手中，而不是在少数人手中。解决私人争执的时候，每个人在法律上都是平等的。参见修昔底德. 伯罗奔尼撒战争史 [M]. 谢德风，译. 北京：商务印书馆，1960：130.

种官僚和紧密分工制度，这为贸易和疆域扩大增加了相当的难度。另外，对于情绪性行为的某些制约机制的缺乏导致了普遍的政治不稳定的潜在可能性。

2. 共和主义民主

在西方，"共和"一词指的是一种政体，即共和制。按照戴维·赫尔德（David Held）在《民主的模式》中所言，早期共和主义主要体现在古罗马和意大利城中，近代后又以马基雅维利（Machiavelli）和卢梭为代表。❶

罗马人建立共和国，称为"res publica"，其意思是"人民的公共事务"，借以强调国家的群众性。罗马共和国主要由元老院、执政官和民众会议组成。元老院是最高权力机构，其成员有 300 人至 600 人左右，从离职的高级官吏中选任，由监察官每 5 年审查元老院的名单。

两名执政官是罗马的最高官吏，由百人团会议选出，任期一年，没有薪酬。执政官掌握军事权，是军队的司令官，领导军事行动；执政官还享有行政权和法案提议权等。遇有重大问题时，两名执政官需要进行协商解决，当然也可以相互否决。此外，古罗马还设有经选举产生的保民官负责保护平民的利益不受侵犯。

民众会议的职权主要有：立法权，即一切法律需经民众会议通过；选举高级官吏；通过缔约和宣战的决议；审理判处罚金及以上等刑事案件。民众会议通过决议时采用公开投票方

---

❶ 戴维·赫尔德. 民主的模式：最新修订版[M]. 燕继荣，等译. 北京：中央编译出版社，2008：43.

式，后来又出现了无记名投票。

对于古罗马的政体，后人多认为是一种混合式的共和政体，兼具贵族制、君主制和民主制的成分。总体上，古罗马虽不是雅典式的直接参与民主，但平民的权利在不断地获得法律保护，这种权利强调的不是对城邦活动的参与，而是国家对公民必须提供的保护。"和古希腊的人民权力民主思想相比，古罗马更看重人民的权利民主。"❶此外，古罗马的混合政体和共和理论及实践，蕴含着人民主权思想和分权制衡的理念，是选举、投票民主的参考。正因为如此，古罗马被称为沟通古希腊和欧洲中世纪及近代的桥梁。

在中世纪的意大利城市共和国，11世纪末期一些市镇摆脱教皇和帝国的控制权，开始自行任命执政官。12世纪末，执政官制度逐渐被一种政治形式所代替，它由"管理理事会"组成。管理理事会的长官被称为"最高执政官"，掌管司法和行政事务上的最高权力。通过这种方式，米兰和佛罗伦萨等城市变成了城市共和国。❷最高执政官通常由公众选举出来的一名其他城市居民所担任，旨在保证执法时免受干扰。执政官享有薪水，按照惯例，任期是6个月，在任期内向选举他的全体公民负责。执政官无权单独作出决定，离任时需要接受账目和政绩检查。❸

文艺复兴时期的意大利城市共和国在本质上是贵族制的共

---

❶　孙永芬. 西方民主理论史纲[M]. 北京：人民出版社，2008：21.

❷　戴维·赫尔德. 民主的模式：最新修订版[M]. 燕继荣，等译. 北京：中央编译出版社，2008：39.

❸　昆廷·斯金纳. 近代政治思想的基础：上卷：文艺复兴[M]. 奚瑞森，亚方，译. 北京：商务印书馆，2002：22.

和国，如在威尼斯，大委员会掌管最高立法和监察权，由 480
名贵族担任委员；行政权则由元老院（40 人委员会）掌管。
尽管如此，城市共和国孕育的选举制度、共和和自治、自由生
活方式，人民主权和平民参与政治理念，对现代民主理论和实
践产生了重大影响。昆廷·斯金纳（Quentin Skinner）认为，
"在城市共和国平民统治原则中，最显著的是有任期限制的选
举制；为了维护自由生活方式，必须摒弃世袭君主制，而采用
共和制；平民参与政治过程是保护个人自由的必要条件；城市
共和国的大委员会与最高执政官的权力关系的实践发展出了人
民主权的学说"。❶

法国的卢梭把人民当作权力的来源和国家的主人，即人民
主权论，如他认为"人民应当是法律的创造者"❷。主权不可转
让、分割和代表，倾向于直接民主制，如卢梭认为，法律应当
由人民亲自批准，否则是无效的。卢梭的学说发展了共和主义
理论，后来的巴黎公社则是对直接民主和共和主义民主的一次
实践。

3. 自由主义民主

自由主义民主制度与资本主义国家的建立相伴随。美国的
建国者们恐惧民主，视民主为洪水猛兽。他们认为民众是愚钝
的，判断力容易发生错误，缺乏方向性和前瞻性；优秀者永远
是少数，参与政治是精英人士不可推卸的责任。古希腊的民主
政体易造成混乱，个人安全和财产权得不到保障，而且很快垮

---

❶ 昆廷·斯金纳. 意大利城市共和国 [M] // 约翰·邓恩. 民主的历程. 林猛，
等译. 吉林人民出版社，2011：61-68.

❷ 卢梭. 社会契约论 [M]. 何兆武，译，北京：商务印书馆，2003：47.

掉。❶ 因此，制宪者们殚精竭虑，出于如何制定一个宪法既能防止多数暴政，又能保护少数精英的权利不受侵犯的考虑，代议制成了他们最好的选择。

自由主义民主与代议制紧密相连。13 世纪的英国实行代议制，开始议院只讨论国王征税的议题，后来扩大到立法等领域。美国在建立资本主义共和国之际，借鉴并创新了英国的代议制。❷ 亚历山大·汉密尔顿（Alexander Hamilton）和詹姆斯·麦迪逊认为，古代政治制度与美国政府真正区别在于，后者排除作为集体身份存在的人民。美国与其他共和政体的区别，最突出的就是代议制。❸

自由主义民主政体多采分权和制衡体制，如美国宪法设计了一个既授予政府权力又限制政府权力的体制。一方面，由于担心衰落或政府无效率，需要加强政府的权力，以便能履行职责，保家卫国。另一方面，为了防止政府对个人自由的侵犯和干涉，又需要约束其权力。解决的办法就是把政府权力分解为立法、行政和司法并相互制衡，使它能够对选举人负责。

自由主义民主是一个大的类型，托马斯·霍布斯（Thomas Hobbes）、约翰·洛克（John Locke）、詹姆斯·麦迪逊等人创

---

❶ 汉密尔顿，杰伊，麦迪逊. 联邦党人文集[M]. 程逢如，在汉，舒逊，译. 北京：商务印书馆，1980：49.

❷ 达尔（Dahl）认为，民主制度的变化至少导致了以下后果：第一，代议制取代了古希腊的公民会议，公民对政治的直接参与变为间接参与；第二，民主的规模从城邦扩展到民族国家；第三，居民成分的多样化；第四，政治冲突成为政治生活中不可避免的特征；第五，社会及组织的多元化；第六，个人权利的扩大等。ROBERT A. DAHL. Democracy and Its Critics[M]. New Haven：Yale University Press，1989：214–220.

❸ 汉密尔顿，杰伊，麦迪逊. 联邦党人文集[M]. 程逢如，在汉，舒逊，译. 北京：商务印书馆，1980：322.

立了经典自由主义民主,之后约瑟夫·熊彼特提出的精英式民主、安东尼·唐斯(Anthony Towns)的社会选择理论和罗伯特·A. 达尔(Robert Alan Dahl)的多元主义民主等则是对古典自由主义民主的进一步发展。❶

但自由主义民主也存在很大的缺陷。第一,代议制的基础,间接选举制度的实行,其中一个意图是分散民众的权力,使他们对政府的压力趋于弱化。在美国制宪初期,由各州众议员选举参议员,总统的大选诉诸选举人团制度,二者均非直接选举。罗伯特·A. 达尔认为,一般的答案是将选举总统的权力授予由精挑细选的公民组成的机构,而非授予大众。达尔引用古文诺·莫里斯(Gouverneur Morris)的话说,"许多人担心(害怕)由人民直接作出选择"。❷ 第二,精英式民主难以代表真正的大众利益。美国宪法制定是北方大资产阶级、工厂主、银行家和南方大奴隶主之间妥协的结果。精英人物通过选举和议会中的政治交易获得了广泛的权力,大财阀控制着国家的核心部门。20 世纪以来,随着政府行政部门权力的扩大,出现政府追逐自身利益,或受利益集团操纵以部门利益代替公共利益。第三,人民缺乏真正有效的参与,公民的参与不仅是间接的,而且是有限的。前美国总统华盛顿承认,美国制定宪法的主要目的之一是,限制老百姓的政治参与,以防止在无政

❶ 弗兰克·坎宁安. 民主理论导论[M]. 谈火生,年玥,王民靖,译. 长春:吉林出版集团,2010:35-162.
❷ 罗伯特·A. 达尔. 美国宪法的民主批判[M]. 佟德志,译. 北京:东方出版社,2007:66.

府状态下导致动荡和专制。[●]正是在这个意义上，美国拥有的不是真正的民主制，而是多头政治和完全的共和制。

（二）参与民主理论

正是在代议制民主存在缺陷、遭到批评的背景下，20 世纪六七十年代，以阿诺德·考夫曼（Arnold Kaufmann）、卡罗尔·佩特曼（Carole Pateman）等为代表的当代参与民主理论兴起。20 世纪 60 年代，阿诺德·考夫曼提出参与民主的概念；70 年代，卡罗尔·佩特曼的观点的提出及其著作《参与和民主理论》的出版，被认为该理论的正式形成。

卡罗尔·佩特曼批评了以精英主义为核心的民主理论。实践中，代议制政体下由少数精英掌控着政治生活，这与民众对政治参与的漠视与失望形成鲜明的对比。普通人的参与不再受到关注，精英被当作社会的稳定器，这些被当政者看成是代议制政体的常态和必需。因此，卡罗尔·佩特曼认为，精英主义民主是存在缺陷的，是不充分的民主，因为它并不鼓励甚至排斥大众的参与。民主理论不完全是经验的，也应该具有规范性。真正意义上的民主，在于公众能够充分、直接参与决策制定及执行。[●]

● 华盛顿认为，宪法制定的首要目的是防范百姓的暴怒倾向，而不是鼓励他们广泛参与政事，无产者的无政府状态很容易导致政治专制。参见迈克尔·帕伦蒂. 少数人的民主[M]. 张萌，译. 北京：北京大学出版社，2009：47.

● 卡罗尔·佩特曼认为，真正的民主，应该是公民直接、充分地参与公共事务的决策的民主，政策议程设定和政策执行，公民都应该参与。参见卡罗尔·佩特曼. 参与和民主理论[M]. 陈尧，译. 上海：上海人民出版社，2006：8.

　　参与民主理论认为，人们对民主的参与可以提高他们的政治效能感，拉近与政治权力中心的距离，通过参与过程中对公民心理、民主技能等培训，有助于形成一个参与性社会。全国性的政治参与只是一种形式，并不能代表全部。民众最大限度的参与和训练应该拓展到社会等领域。●因此，参与理论在实践中主要运用于社会领域，如社区、校园、工作场所，尤其是工厂领域，卡罗尔·佩特曼在她的著作中专门探讨了南斯拉夫工厂公认的自治制度，该工厂被认为是一种参与性的区域。

　　参与民主理论得到 C.B.麦克弗森（C.B.Macpherson）、本杰明·巴伯（Benjamin Barber）等人的响应。C.B.麦克弗森认为排他性的个人主义与资本主义无法实现个人能力最大化之间存在冲突，引起资本主义社会的危机，其主要的解决之道在于，需要把参与民主和竞争性的政党政治结合起来。●本杰明·巴伯批评了自由主义民主，认为它是一种"弱民主"，并提出"强民主"（strong democracy）的概念，强调对政治和公共事务的直接参与，并且设计了民主讨论、民主决策和民主行动三个层面的参与，如民主决策方面，包括全国性创议与复决、电子投票、抽签轮任制、公共场所优惠券和市场方法等。●

　　参与民主在一定程度上缓解了自由主义民主的危机和压力，参与的理念影响深远，协商民主理论的诞生、发展与参与民主理论不无关系。参与民主理论的出现，可以说唤醒了人民

───────────

　　● 卡罗尔·佩特曼. 参与和民主理论［M］. 陈尧，译. 上海：上海人民出版社，2006：9.

　　● 同●：10.

　　● 于海青. 当代西方参与民主研究［M］. 北京：中国社会科学出版社，2009：146.

的政治参与意识，指出了参与的过程。沿着这个轨迹，后来产生的协商民主是参与民主的深化，与其存在逻辑关系。[1]

但是，参与民主理论因其自身的缺陷而遭到了主流理论的抨击，使得它并未成为主流理论，只能是其补充。概言之，参与民主过分关注了微观领域的民主，而忽视了其他更为重要的宏观领域民主建设；参与民主未能解决如何塑造一个积极公民的问题，因为享有权利和实际行使并不是同一的。[2]另外，参与民主还面临着效率和公民素质等问题，它突破了政治领域，要实现社会和经济领域民主，多少带有乌托邦的色彩。[3]

（三）协商民主的兴起与发展

20世纪中叶以来，代议制民主的发展越来越显现其固有的缺陷。以美国为例，其每年选举的参选率在世界范围内居于末游，近1/3的选民没有登记注册为选民。一些人放弃投票或许是由于对公共事务的冷淡，但有相当一部分人是对出于现状和没有发言权的不满。一项民意调查显示，政府运作的动力是扩大自身利益，而不是真正地为了大众。[4]在此背景下，西方的一些学者开始提出协商民主理论，试图对代议制的弊端进行矫正。

---

[1] 陈尧. 从参与到协商：当代参与型民主理论之前景[J]. 学术月刊，2006（8）：21.

[2] 于海青. 当代西方参与民主研究[M]. 北京：中国社会科学出版社，2009：300.

[3] 卡罗尔·佩特曼. 参与和民主理论[M]. 陈尧，译. 上海：上海人民出版社，2006：12.

[4] 罗伯特·A.达尔. 美国宪法的民主批判[M]. 佟德志，译. 北京：东方出版社，2007：223.

20世纪80年代，约瑟夫·毕塞特提出了协商民主的概念，反对精英主义的宪政解释。●他认为解决限制大众多数与多数原则有效的二者的冲突，已经存在于制宪者所确立的协商民主意图当中。采用代议制，使多数的统治通过代表及其民意等机构，来反映和增强公众的意见影响力，这里蕴含着协商民主的观念。与人民相比，代表有更多的时间、知识和经验，希望人民与代表一样献身于公共事务是不现实的，代表立法不会必然导致非民主的结果。对大众不合理意愿的制约，不违背对多数统治的理解，即协商多数统治。制宪者们制定的制度，就是要在回应与限制之间达到平衡，防止缺乏反思的大众意愿的危险，促进协商多数的统治。在美国参议院和总统通过间接选举对人民负责，这能在大众偏好表达时增加一定程度的审慎，而在直接选举中，则是缺乏的。至于总统对国会实际或威胁使用否决权，与其说是推翻立法，不如说更符合多数的意见，这还将会在政府各部门之间形成协商。●

伯纳德·曼宁和乔舒亚·科恩等人则对协商民主的界定和条件等进行了阐释。伯纳德·曼宁认为，"合法性的来源并不是事先已经确定的个人意志，而是存在于通过协商本身来形成意志的过程。法律是普遍协商的结果，而不是公意的表达"。●

● 约瑟夫·毕塞特. 协商民主：共和政府中的多数原则[M]// 陈家刚. 协商民主与政治发展. 北京：社会科学文献出版社，2011：38-42.

● 约翰·S.德雷泽克. 协商民主及其超越：自由与批判的视角[M]. 丁开杰，等译. 北京：中央编译出版社，2006：18；陈家刚. 协商民主与政治发展[M]. 北京：社会科学文献出版社，2011：38-42.

● 陈家刚. 协商民主与政治发展[M]. 北京：社会科学文献出版社，2011：128.

乔舒亚·科恩认为，协商民主观念来源于民主社团的理想，平等公民通过公开争论和推理来实现其正当性和解决集体选择的问题，协商程序是合法性的来源。❶乔舒亚·科恩还提出了理想的协商程序：第一，理想的协商是自由的，需满足参加者只受到协商结果和前提的约束，他们不受先前的规范或要求约束；参加者假定只按照协商的结果去行动，协商过程是服从决定的充分理由。第二，协商参加者被要求陈述他们建议的理由，以及建议的被接受或拒绝所给出的理由，因为它们是协商的内容。第三，参加者在两方面是平等的。形式上，任何人都能提出建议、批评和支持措施，不存在实质上的等级制。实质上，参加者不受权力、资源某种分配或预先存在的规范的限制或约束。参加者不受现存的权利体系的约束，除非这个体系确立了在平等的人之间自由协商的框架。第四，协商的目的在于理性地达成共识，即找到所有委身于这样一个决策体系的人都能接受的理由。当共识或者某些接近完满的东西不可能时，才使用多数决策。❷

约翰·罗尔斯与尤尔根·哈贝马斯的理论及观点给协商民主理论增添了发展动力。

约翰·罗尔斯提出，公共理性是民主国家的一个重要特征，也是立宪民主政体的理想观念，其目标是公共的善和正

---

❶　Joshua Cohen. Deliberation and Democratic Legitimacy [M]// Bohman eds. Deliberative democracy: essays on reason and politics, Cambridge: MIT Press, 1997: 72.

❷　同❶: 74.

义。❶公共理性适用于官方论坛、立法者在议会大厅的议论和行政部门的公共行为和宣告，尤其适用于司法机关及最高法院。约翰·S.德雷泽克认为，罗尔斯的自由宪政主义推动了协商的发展，罗尔斯提出的宪政的制度框架、公共理性、公民的知识和理性，同时也是协商民主的三要素，"受罗尔斯提出的公共理性指导的协商不仅仅涉及宪政事务，也与立法和基本正义（机会和物质产品分配的平等）相关"。❷

尤尔根·哈贝马斯认为，法律的事实性与有效性之间存在着紧张的关系。法律不能仅靠强制力让人遵守，还需要出于义务的行动和道德的动机而履行法律。法律规则的有效性体现在两个方面：社会的有效性（事实的有效性）和法律的合法性（规范的有效性）。前者体现为法律规范在事实上得到施行或遵守的程度；而法律规范的合法性的程度则"取决于对规范有效性主张的商谈的可兑换性，归根结底，取决于它们是否通过了一个合理的立法程序而形成，或至少可能在实用的、伦理的和道德的角度加以辩论"。❸也就是说，法律通过运用理性商谈的立法过程而具有合法性，即"只有那些产生于权利平等之公民的商谈性意见和意志形成过程的法律，才是具有合法性的法律"。❹

---

❶　约翰·罗尔斯. 政治自由主义：增订版[M]. 万俊人，译. 南京：译林出版社，2011：197.

❷　约翰·S.德雷泽克. 协商民主及其超越：自由与批判的视角[M]. 丁开杰，等译. 北京：中央编译出版社，2006：7.

❸　哈贝马斯. 在事实与规范之间：关于法律和民主法治国的商谈理论[M]. 童世骏，译. 北京：生活·读书·新知三联书店，2003：36.

❹　同❸：507.

尤尔根·哈贝马斯吸收了共和主义民主中人民主权的原则，但他认为让民众都参与政治决策过于理想，是不现实的。因此，需要尊重公民参与政治的选择权和引入商谈程序。尤尔根·哈贝马斯对自由主义民主进行了批判，他认为自由主义民主试图把公共意志化约为个人意志，加剧了社会不平等和两极分化，因此他提出了一个程序主义范式。●现代社会的核心问题，工具理性大举入侵，交往理性潜力未发挥。交往理性应该被看作是一个民主的协商概念，其内容是协商民主真实性的标准。●他区分了系统和生活世界，系统包括国家和经济，生活世界是交往行动发生的空间。公共领域与国家是分离的，且往往发生冲突，而民主是公共领域对国家影响的主要渠道。尤尔根·哈贝马斯关注"公民社会的交往过程如何影响国家的立法和政策制定过程，从而公共领域的交往权力转化成国家的管理权力"。●将公共舆论转化为管理决策，法律的制定是唯一正确的机制。

其他学者如安东尼·吉登斯在其代表作《超越左与右：激进政治的未来》中提出了对话民主，主张克服自由主义民主的局限，建立一种对话主义的民主。约翰·S.德雷泽克提出了话语民主；爱丽丝·M.扬提出了沟通民主的概念，还有詹姆

● 吕世伦. 西方法律思潮源流论 [M]. 2 版. 北京：中国人民大学出版社，2008：531.

● 约翰·S.德雷泽克. 协商民主及其超越：自由与批判的视角 [M]. 丁开杰，等译. 北京：中央编译出版社，2006：15.

● 同●：18.

斯·博曼的理论，这些均丰富了协商民主的内涵。❶

（四）协商民主的维度、特征和价值

1. 协商民主的维度

西方学者多从三个维度来界定协商民主，即立法及决策形式、治理形式、政府形式的角度。

（1）立法及决策形式的协商民主。

协商民主通常涉及立法及决策的合法性，协商也主要运用于立法和决策领域。戴维·米勒（David Miller）认为，民主体制的决策应该是，参加者能够在协商过程中通过自由表达、倾听不同观点和公开讨论所作出的决策。❷约·埃尔斯特（Jon Elster）认为，协商民主是参与者通过讨论进行决策的过程。❸马修·费斯廷斯泰因（Matthew Festinstein）认为协商民主主要与决策合法性相关，它是一个过程的民主，通过讨论各种观点，支持或反对来进行决策。即使是投票，在投票前进行争辩和说服的过程，对于结果合法性也是非常重要的。❹另外，伯纳德·曼宁、乔舒亚·科恩等人大多也从合法性等角度论述了协商民主。

---

❶ 詹姆斯·博曼，威廉·雷吉. 协商民主：论理性与政治[M]. 陈家刚，等译. 北京：中央编译出版社，2006；约翰·S.德雷泽克. 协商民主及其超越：自由与批判的视角[M]. 丁开杰，等译. 北京：中央编译出版社，2006.

❷ 毛里西奥·帕瑟林·登特里维斯. 作为公共协商的民主：新的视角[M]. 王英津，等译. 北京：中央编译出版社，2006：139.

❸ 约·埃尔斯特. 协商民主：挑战与反思[M]. 周艳辉，译. 北京：中央编译出版社，2009：9.

❹ 同❸.

（2）治理形式的协商民主。

协商民主也运用在治理领域，成为一种治理形式。乔治·M.瓦拉德兹（Jorge M. Valadez）认为，协商民主能够对多元文化社会的一些核心问题和不同文化间对话作出回应，因此是潜力很大的民主治理形式。❶

（3）政府形式的协商民主。

在西方学者眼里，协商民主从宏观上体现在现代民主宪政体制当中。毕塞特为精英主义进行辩解，认为美国的代议民主制体现了协商民主。罗尔斯认为，宪政民主体现了协商民主，后者与宪政事务紧密相关。❷乔舒亚·科恩认为理想协商程序是社会秩序明显的由协商的集体选择形式所调节，而民主制度应体现这种特性。梅维·库克（Maeve Cooke）甚至认为，协商民主就是为理性讨论提供场景的民主政府。❸

综上，西方学者论述协商民主，基于角度的不同，分别从立法和决策、治理方面及政府形式进行论述。宏观上，协商民主可以是一种政府形式，微观上是一种立法和决策的过程，学者更多是从微观上进行论证的。因此，西方的协商民主可以这样界定，即地位平等的公民基于公共利益，通过讨论、沟通等理性的方式进行协商来达成共识，以此来实现立法及决策的合法性。

---

❶ 陈家刚. 协商民主[M]. 上海：上海三联书店，2004：3.

❷ 约翰·S.德雷泽克. 协商民主及其超越：自由与批判的视角[M]. 丁开杰，等译. 北京：中央编译出版社，2006：7.

❸ 毛里西奥·帕瑟林·登特里维斯. 作为公共协商的民主：新的视角[M]. 王英津，等译. 北京：中央编译出版社，2006：15.

2. 协商民主的特征

（1）平等性。

在协商当中，参与者在形式上应该是平等的。平等意味着参与者不受民族、性别、职位等限制，利于参与者有平等的机会参与而没有附加的条件。乔舒亚·科恩认为在理想的协商当中，平等分为两个方面，形式的平等意味着参与协商者在协商过程中地位是对等的，每个参与者都可以进行赞同、批评或提出建议，并给出理由，提出问题解决的方法。实质的平等指既有的资源和权力分配不影响他们的参与机会和作用的发挥，参与者也未感受到现有体制的限制。❶

（2）多元性。

20世纪后期，不同民族、种族、宗教和社会团体逐渐形成，文化、族群和社会主体日益多元化，利益追求也呈现多元化倾向，因此导致的社会分歧和冲突逐渐扩大，协商民主面临着多元的文化挑战。正因为如此，整个社会需要对冲突和分歧作出回应，以寻求解决之道。协商民主正是建立在多元文化的基础之上，通过协商过程中的合作和道德妥协来解决冲突。在这个意义上，富有生机的多元性反而能够增加包容性和公共协商的潜能，增强理性作用的发挥，使得人类社会生活趋于活力化。❷

（3）公共性。

公共性是协商民主异于自由主义民主的一个重要特征。公

　　❶　詹姆斯·博曼，威廉·雷吉. 协商民主：论理性与政治[M]. 陈家刚，等译. 北京：中央编译出版社，2006：56.

　　❷　JAMES BOMAN. Public Deliberation：Pluralism, Complexity and Democracy[M]. Cambridge：The MIT Press, 1996：72.

共性关系到公共利益，与社会生活密切相关。詹姆斯·博曼认为，公共性的作用体现在三个层面。第一，产生协商的空间，即公共领域。主导政治生活的规则及其正当化必须是公共性的被知晓、承认和阐释，并且政策要为它影响的人所理解。这不可避免地表明公开是顺利协商的前提，参与者应该知晓协商的过程、所支持的某个政策的背景和原因等。第二，贯穿协商当中并导致公共理性。❶公共理性的运用是对话性和反思性的，每个人可以从自身和他人的看法中提炼理性，并进行无偏见的思考。公共理性有公正的要求，但并不是所有的都是如此，如紧急的可以在决策中得到优先考虑。第三，提供了判断共识的标准。参与人通过协商尽可能达成共识，形成决策并奠定其合法性基础，并且愿意继续进行协商与合作。协商的基本目标是解决冲突，在行动者间恢复合作和协作。❷

（4）理性。

理性是协商民主的重要特性。在协商程序里，通过理性的运用，参与者可以谨慎地修改自己的建议，接受他人的观点并根据合理的理由进行应答，排除不合理及草率的观点，这样参与者便实现了偏好的转变。乔舒亚·科恩指出，协商是理性的，因为参与各方在协商过程中要表明提出、支持或批评各种

---

❶ 公共理性指向的是非限制性的和包容性的听众，并且对他们来讲具有可理解性和可检验性；公共理性要求，听众与发言者之间的对话没有设置障碍，不一致的观点只有在沟通中才可以令人信服。参见詹姆斯·博曼. 公共协商：多元主义、复杂性与民主[M]. 黄相怀，译. 北京：中央编译出版社，2006：35.

❷ 詹姆斯·博曼. 公共协商：多元主义、复杂性与民主[M]. 黄相怀，译. 北京：中央编译出版社，2006：34-38.

建议的理由，提出这些理由，以便使自己的建议产生影响。[1]
因此，在实际协商过程当中，参与者努力使用所谓"更好的观点"，希望他人接受其提出的理由和建议。

（5）程序性。

程序性设计是协商民主得以实施的充分条件，也是决策获得合法性的规范性要求。罗伯特·达尔提出，决策过程应包括：参与的机会均等，在决定结果的关键阶段进行投票，参与的有效性，由参与者控制着议程的进行等。乔舒亚·科恩则认为，通过争论进行协商，在获得充分信息前提下交换理性，甚至修正自己的观点，这些条件可以通过机会平等和选票均等的分配程序来保障。尤尔根·哈贝马斯的交往行动理论认为，协商应具有包容性，对所有公民开放；参与者平等自由地运用理性辩论，最终达成共识。[2]在大多协商论者看来，在协商过程中，参与者都具有彼此平等自由的地位，享有平等的参与机会和发言权，能够保障理性的协商持续进行。

（6）共识性。

协商的目的是尽可能达成共识，否则协商将失去它存在的价值。乔舒亚·科恩认为，理想的协商目标是找到令人信服的依据，达到由理性发挥作用所形成的共识。[3]共识有强共识和弱共识之分，乔舒亚·科恩和尤尔根·哈贝马斯持强共识观

❶　JOSHUA COHEN. Deliberation and Democratic Legitimacy [M]//ALAN HAMLIN, PHILIP PETTIT. The Good Polity: Normative Analysis of the State,. Oxford: Basil Blackwell, 1989：22.

❷　韩冬梅. 西方协商民主理论研究 [M]. 北京：中国社会科学出版社，2008：47.

❸　詹姆斯·博曼，威廉·雷吉. 协商民主：论理性与政治 [M]. 陈家刚，等译. 北京：中央编译出版社，2006：57.

点，如尤尔根·哈贝马斯认为，在理想的条件下，如果时间充分，人们进行讨论就可以达成共识。❶博曼则持弱共识观点，他认为，若协商的结果未能达到强的一致，但如能够促进问题和进一步的合作协商，也是有价值的。❷乔舒亚·科恩也承认，在无法达成共识需要用投票来解决时，协商过程中的集体协商也比聚合非协商方式有优势。即使存在分歧，根据多数原则（投票）决策，参与者可能仍会求助于人们通常被认为有价值的，作为集体选择的合适基础（进行）考虑。❸

3. 协商民主的价值

（1）提高立法和决策的质量。

协商民主首要的价值在于其赋予立法及决策合法性。乔舒亚·科恩认为合法性产生于协商程序。平等、自由的公民经由理性达成一致而导致的决策结果，才具有"民主的合法性"❹。曼宁认为，政治决策如要加以适用，它就会影响利益相关者，因此，需要与利益相关者进行协商。也可以认为，决策

---

❶ 韩冬梅. 西方协商民主理论研究[M]. 北京：中国社会科学出版社，2008：52.

❷ 具体地说，詹姆斯·博曼认为，参与者在对话性活动中相互交换理性；一个成功的协商结果是各方都可以接受的，不过是在比程序理论的要求要弱的意义上：成功不是由所有人都同意结果的强要求来测定，而是由参与者能令人信服地继续正在进行的协商这个较弱的要求来测定；当实际决策结果背后的理性能充分促动所有协商中的合作的时候，它就是可以接受的。詹姆斯·博曼. 公共协商：多元主义、复杂性与民主[M]. 黄相怀，译. 北京：中央编译出版社，2006：30.

❸ 乔舒亚·科恩. 协商民主中的程序和实质[M]//詹姆斯·博曼，威廉·雷吉. 协商民主：论理性与政治[M]. 陈家刚，等译. 北京：中央编译出版社，2006：310.

❹ 陈家刚. 协商民主与政治发展[M]. 北京：社会科学文献出版社，2011：54.

合法性最主要的条件是让利益相关者享有参与协商的权利。[1]
在协商进行当中，参与者可以提出自己的甚至是与他人相冲突的主张，并且试图说服他人；程序中的辩论，是一个争议和理性化的过程，目标在于促进或获得倾听者的认同。这样在立法和决策过程中存在的协商，发挥了多人的智慧，有助于提高其质量。

（2）培养公民精神和德性。

首先，在协商过程中，为了达成共识或一致性的意见，需要参与者能够相互理解和相互尊重。托马斯·克里斯蒂亚诺（Thomas Cristiano）认为，经过协商过程中的讨论，利于培养参与协商所要求的能力，并可能会改善公民的性格。自主、尊重他人与理性等道德品质，在公共协商中是必要的，且在协商中它们会得到提升。[2]其次，协商能够增强参与者的责任感。责任感是有效进行协商的前提，西蒙·钱伯斯（Simon Chambers）甚至认为责任取代了同意成为合法性的核心概念；责任应该主要从对某事物进行解释方面来理解，即公开进行阐明、解释公共政策，最重要的是证明其合理性。[3]最后，在实质文化多元的状况下，不同文化环境中的公民通过协商，达致相互沟通和谅解。同时协商的包容性为各类人进行协商提供一个媒介，为了某种共同的目标而妥协合作。例如，在公民陪审

---

① 陈家刚. 协商民主与政治发展[M]. 北京：社会科学文献出版社，2011：128.

② 托马斯·克里斯蒂亚诺. 公共协商的意义[M]// 詹姆斯·博曼，威廉·雷吉. 协商民主：论理性与政治[M]. 陈家刚，等译. 北京：中央编译出版社，2006：189.

③ 西蒙·钱伯斯. 协商民主理论[M]// 陈家刚. 协商民主与政治发展. 北京：社会科学文献出版社，2011：85.

中，通过选择一个有广泛代表性的陪审团来吸纳具有不同经验和背景的成员，从而在现实中接近这一理想。

（3）矫正自由主义民主中个人主义的倾向——转向公共利益。

建立在私有制及个人主义基础之上，以代议制民主为特征的西方政体，其政治呈现私人化和利益集团化倾向，往往忽视了公共利益的考量。自由主义政体将政治的过程视为讨价还价的交易，更多地依靠投票，这种秘密投票是不公开的，投票者可以在追逐自利的前提下来牺牲公共利益而不需要负任何责任。而协商民主要求以公共利益为依归。约·埃尔斯特指出，政治协商要求参与者超越讨价还价式的"私利"而转向协商中的"公益"，能够达成基于公益基础上的决策或公共目标时，才具有正当性。●在公共协商当中，承认存在多元的利益或价值诉求，参与者能够通过倾听、讨论和理性考虑并进行妥协，则会很大可能摒弃自身的利益诉求而转向公益。

（4）制约行政权的膨胀，构建公共行政等。

20世纪以来，随着各国行政机构规模的扩大和自由裁量权的膨胀，议会权力趋向衰落，国家权力中心转移至行政机关，这有可能对公众权利造成侵害。如何控制过分扩张的行政权力，让立法机关进行监督显得力不从心。而协商民主理论要求在制度上纳入协商的因素，立法当中需要协商，而大量的行政管理同样包含着协商，这就对权力的运作进行监督和构建公共行政提供了可能。协商民主主要通过程序公开、理性对话和

● 詹姆斯·博曼，威廉·雷吉. 协商民主：论理性与政治[M]. 陈家刚，等译. 北京：中央编译出版社，2006：5.

交流来实现对国家权力进行监督。协商结果的公开表明立法和决策过程的公开，使得权力的运作处于被监督的状况下。因此，有协商论者提出，"控制官僚自由裁量权的恰当途径是施行协商民主的民主立法模式"。❶

❶ CHRISTIAN HUNOLD. Corporatism and Democracy: Toward a Deliberative Theory of Bureaucratic Accountability [J]. Governance: An International Journal of Policy and Administration. Blackwell Publishers, 2001, 14 (2): 163.

第三章　我国立法协商的
主要形式与渠道

　　我国的立法协商的形式主要规定在 2015 年《立法法》、2017 年《行政法规制定程序条例》、2017 年《规章制定程序条例》当中。《立法法》规定立法要发扬民主，法案制定过程中要公开征求意见，听取意见可以采用座谈会、论证会、听证会、立法评估等方式;《行政法规制定程序条例》《规章制定程序条例》对行政法规和规章的制定作出了类似的规定。近些年来，实践的发展，产生了一些新的形式，如网络协商、设立基层立法联系点等。

　　立法协商的渠道主要体现在党的一些政策文件中，如党的《十八届三中全会决定》《十八届四中全会决定》、2015 年《加强社会主义协商民主建设的意见》中，基于参与主体和参与领域的不同，立法协商主要有政党协商、人大协商、政府协商、政协协商等渠道。

一、我国立法协商的主要形式

在我国立法实践中，民主立法的主要做法有公开征求意见、立法听证、座谈会、专家咨询等方式，其他方式有征求立法项目建议等。随着社会和科技的进步，一些新的公众参与立法活动方式出现，如法规表决前评估制度，立法论坛、网络论坛，网络调查、设立基层立法联系点等。立法论坛是近年出现的方式，如 2001 年 8 月，广东省人大常委会和政府法制办举办立法论坛，就电子商务立法问题来征求社会公众的意见或建议，这是全国第一次由地方人大采用论坛方式进行立法协商。❶

从组织者来说，在实践中，立法协商的形式主要包括三种情况。第一，立法机关组织召集的立法协商，包括召开听证会、座谈会、论证会；发布法律、行政法规和规章等规范性文件的草案，向社会公众公开征求意见；向有关部门、机构和组织（人民政协）等征求书面意见；发布公告、公开征集立法项目建议；立法机构成员参与的各种研讨会等。第二，党委出面召集主持的各种协商，包括政党协商中关于立法事项的协商、党委出面召集人大等立法机构与政协等进行立法协商等。第三，各级政协机关组织的参与立法协商活动，主要是指政协机关邀请人大等立法机关参与政协组织的关于立法方面的协商活动。

---

❶ 戴激涛. 充分发挥人大在立法协商中的主导作用[J]. 人大研究，2015（4）：45.

（一）公开征求立法意见

1. 书面征求意见

2000 年《立法法》规定，对于法律草案，人大常委会工作机构应发送给有关机关、组织和专家并征求意见。2015 年《立法法》修订时扩大了书面征求意见的范围，将其增加到相关领域的全国人大代表、地方人大常委会。实践当中，人大常委会法制工作委员会把法律草案发送到司法机关、国务院有关部门、工会等社会团体、北京大学和中国人民大学等高校、科研机构征求意见；同时发送到省级和较大市的人大常委会，并委托其征求当地有关部门的意见。❶例如，在《中华人民共和国行政诉讼法》（以下简称《行政诉讼法》）起草过程中，起草人在 1988 年 7 月，将修订后的草案分发给各级人民法院、政府机关、群众组织和立法专家来征求意见。在后来讨论过程中，行政机关坚决反对法院对行政权力的干预，而法院系统认为法院有权纠正行政机关不合法的决定。起草小组收集了 300 多条意见，直到 1989 年 3 月，完成草案的最终定稿，条文数从开始的 49 条增加到 75 条，《行政诉讼法》最终于 1989 年 4 月获得通过。❷

2. 在媒体上公开法律草案，征求公众意见

改革开放之后，在制定 1982 年《宪法》时，立法机关首

---

❶ 陈斯喜. 人民代表大会制度概论［M］. 北京：中国民主法制出版社，2008：217.

❷ 孙哲. 全国人大制度研究［M］. 北京：法律出版社，2004：148.

次向社会公布新宪法草案，进行了 4 个多月的全民讨论，成为公众参与立法的典范。2000 年《立法法》经制定并公布之后，公布法律草案成为常态，公开征求意见的法律数量大幅增加。截至 2008 年 5 月，我国已将 2 部宪法草案，物权法、劳动合同法和食品安全法等 18 部法律草案向社会公布，征求公众意见。尤其是 2005 年 7 月，在公布《中华人民共和国物权法（草案）》（以下简称《物权法（草案》）后一个多月的时间内，群众通过网络、信件提出意见达 11 543 条；许多部门、企业和科研院所等也提出了大量意见。● 而 2006 年 3 月，《中华人民共和国劳动合同法（草案）》（以下简称《劳动合同法（草案）》公布后，收到的意见高达 19 万多条。

公开法律草案方式公开性强，涉及的对象广泛，参与面最广。征求意见的方式主要有以下两种：一是在指定的报纸上发布法律草案；二是在互联网上发布草案。这两种方式是收集公众意见最直接、获取信息最多的方式，也是协商立法的最主要形式，同时对于科学立法具有重大意义。

据不完全统计，从 1982 年到 2017 年 1 月，公布征求意见的 80 余件宪法法律草案中，近 20 件收到的意见超过 1 万条，占比达 1/4，主要是公众相对熟悉或与公民切身利益密切相关的法律，如社会保险、个人所得税、劳动合同和反家庭暴力等方面的法律；而那些比较专业或公众不太关心的，公众提出的意见较少，如水污染防治、消防、专利、行政监察、选举、非物质文化遗产等方面的法律。总的来看，从 2005 年《物权法（草案）》公布之后，公众参与和提出意见的数量有了明显的上

● 全国人大法律委员会. 关于《中华人民共和国物权法（草案）》修改情况的汇报[EB/OL].（2005–10–28）[2015–06–10]. http://www.npc.gov.cn/npc/c1481/200510/5a05ca7af70343e18f2440cf952a2b3f.shtml.

升（见表 3-1）。

表 3-1   我国宪法和法律草案公布状况一览表（部分）

序号	草案名称	公布机关	公布时间	征求意见时间	提出建议、意见情况
1	宪法（草案）（1954）	中央人民政府委员会	1954-06-15 至 1954-09-15	2个多月	约 1.5 亿人参与讨论，提出 118 万多条意见
2	兵役（草案）（1955）	国务院	1955-02-07	不详	各方提出意见 3000 多条
3	宪法（修改草案）（1952）	全国人大常委会	1982-04-26 至 1982-08	4个多月	全民讨论过程中，全国各级国家机关、军队、政党组织、人民团体等 90 多个单位提出修改意见和建议，全国 80%~90% 的成年公民参加了讨论
4	全民所有制企业法（草案）（1988）	全国人大常委会	1988-01-12 至 1988-02-25	1个多月	来信 500 多封
5	行政诉讼法（草案）（1989）	全国人大常委会	1988-11-09 至 1988-12-31	1个多月	意见 300 多份，中央各部门、法院、检察院等部门意见 130 多份
6	集会游行示威法（草案）（1989）	全国人大常委会	1989-07-06 至 1989-08-10	1个多月	不详
7	香港基本法（草案）（1990）	第一次：香港基本法起草委员会 第二次：全国人大常委会	第一次（征求意见稿）：1988-04 至 1988-09； 第二次：1989-02 至 1989-10	第一次：5个月； 第二次：8个月	第一次征询后，对草案征求意见稿作了 100 多处修改；第二次征询，香港人士提出近 8 万份意见和建议

续表

序号	草案名称	公布机关	公布时间	征求意见时间	提出建议、意见情况
8	澳门基本法（草案）（1993）	第一次：澳门基本法起草委员会 第二次：全国人大常委会	第一次（征求意见稿）：1991-07-09 至 1991-11-08； 第 二 次：1992-03-16 至 1992-07-15	4个月； 4个月	资料显示，至 1992 年底，共收到澳门各界人士提出的意见书达 640 多份，包括各种意见和建议 3680 多条，其覆盖面约占澳门基本法总条文数（含附件）的 89%
9	土地管理法（草案）（1998）	全国人大常委会	1998-05-07 至 1998-06-01	不到1个月	52 个中央有关部门、56 个大中城市意见；来信 675 封
10	村民委员会组织法（修订草案）（1998）	全国人大常委会	1998-06-26 至 1998-08-01	1个多月	20 多个中央有关部门、24 个大中城市以上意见；来信 541 封
11	合同法（草案）（1999）	全国人大常委会	1998-09-07 至 1998-10-15	1个多月	中央有关部门、地方、企事业单位和公民来信 160 多封
12	婚姻法修正案（草案）（2001）	全国人大常委会委员长会议	2001-01-11 至 2001-02-28	2个月	来电、来函、来信等 3829 件
13	物权法（草案）（2005）	同上	2005-07-08 至 2005-08-20	1个多月	47 个中央有关部门、26 个省、自治区、直辖市和 15 个较大市，22 个法学教研机构和法学专家，16 家大企业等提出意见；群众通过信件、网络反映意见 11 543 条

续表

序号	草案名称	公布机关	公布时间	征求意见时间	提出建议、意见情况
14	劳动合同法（草案）（2006）	全国人大常委会	2006-03-20 至 2006-04-19	1个月	各种意见191 000条，其中基层劳动者意见占65%
15	就业促进法（草案）	同上	2007-03-25 至 2007-04-24	1个月	11 020件，其中群众来信566封，通过人民网反映2822件，通过中国人大网反映7642件
16	水污染防治法（修订草案）	同上	2007-09-05 至 2007-10-10	1个多月	各地群众意见2400多条，群众来信67封
17	食品安全法（草案）	同上	2008-04-20 至 2008-05-20	1个月	意见11 327条
18	消防法（修订草案）	同上	2008-05-05 至 2008-06-04	1个月	意见1857条
19	专利法修正案（草案）	同上	2008-08-29 至 2008-10-10	1个多月	304人、1530条
20	保险法（草案）	同上	2008-08-29 至 2008-10-10	1个多月	257人、2756条
21	刑法修正案（七）（草案）	同上	2008-08-29 至 2008-10-10	1个多月	850人、3238条
22	国家赔偿法修正案（草案）	同上	2008-10-28 至 2008-11-30	1个月	346人、1966条
23	防震减灾法（草案）	同上	2008-10-28 至 2008-11-30	1个月	579人、7308条
24	邮政法（草案）	同上	2008-10-28 至 2008-11-30	1个月	657人、5365条

续表

序号	草案名称	公布机关	公布时间	征求意见时间	提出建议、意见情况
25	社会保险法（草案）	同上	2008-12-28 至 2009-02-15	1 个多月	9924 人、68 208 条
26	农村土地承包经营纠纷仲裁法（草案）	同上	2008-12-28 至 2009-02-15	1 个多月	542 人、4125 条
27	统计法（修订草案）	同上	2008-12-28 至 2009-02-15	1 个多月	615 人、4327 条
28	保守国家秘密法（修订草案）	同上	2009-06-27 至 2009-07-31	1 个多月	171 人、2112 条
29	行政强制法（草案）	同上	2009-08-28 至 2009-09-30	1 个月	443 人、3874 条
30	选举法修正案（草案）	同上	2009-11-06 至 2009-12-05	1 个月	60 人、348 条
31	侵权责任法（草案）	同上	2009-11-06 至 2009-12-05	1 个月	340 人、3468 条
32	村民委员会组织法（修订草案）	同上	2009-12-26 至 2010-01-31	1 个多月	861 人、6526 条
33	行政监察法修正案（草案）	同上	2010-02-28 至 2010-03-31	1 个月	93 人、277 条
34	人民调解法（草案）	同上	2010-07-01 至 2010-07-31	1 个月	435 人、2871 条

续表

序号	草案名称	公布机关	公布时间	征求意见时间	提出建议、意见情况
35	水土保持法（修订草案）	同上	2010-08-29 至 2010-09-30	1个月	419人、7189条
36	非物质文化遗产法（草案）	同上	2010-08-29 至 2010-09-30	1个月	48人、240条
37	刑法修正案（八）（草案）	同上	2010-08-29 至 2010-09-30	1个月	1221人、7848条
38	代表法修正案（草案）	同上	2010-08-29 至 2010-09-30	1个月	326人、1984条
39	车船税法（草案）	同上	2010-10-28 至 2010-11-30	1个月	22 832人、97 295条
40	个人所得税法修正案（草案）	同上	2011-04-25 至 2011-05-31	1个多月	82 707人、237 684条
41	职业病防治法修正案（草案）	同上	2011-07-01 至 2011-07-31	1个月	478人、4520条
42	刑事诉讼法修正案（草案）	同上	2011-08-30 至 2011-09-30	1个月	7489人、80 953条
43	民事诉讼法修正案（草案）	同上	2011-10-29 至 2011-11-30	1个月	788人、8030条
44	精神卫生法（草案）	同上	2011-10-29 至 2011-11-30	1个月	246人、2868条
45	出境入境管理法（草案）	同上	2011-12-31 至 2012-01-31	1个月	98人、1193条

续表

序号	草案名称	公布机关	公布时间	征求意见时间	提出建议、意见情况
46	资产评估法（草案）	同上	2012-02-29 至 2012-03-31	1个月	6372 人、156 122 条
47	农业技术推广法修正案（草案）	同上	2012-04-27 至 2012-05-31	1个多月	1180 人、3244 条
48	证券投资基金法（修订草案）	同上	2012-07-06 至 2012-08-05	1个月	1132 人、88 226 条
49	劳动合同法修正案（草案）	同上	2012-07-06 至 2012-08-05	1个月	131 912 人、557 243 条
50	老年人权益保障法（修订草案）	同上	2012-07-06 至 2012-08-05	1个月	1418 人、56 861 条
51	预算法修正案（草案二次审议稿）	同上	2012-07-06 至 2012-08-05	1个月	19 115 人、330 960 条
52	环境保护法修正案（草案）	同上	2012-08-31 至 2012-09-30	1个月	9582 人、11 748 条
53	旅游法（草案）	同上	2012-08-31 至 2012-09-30	1个月	544 人、2270 条
54	消费者权益保护法修正案（草案）	同上	2013-04-28 至 2013-05-31	1个月	1408 人、3240 条
55	资产评估法（草案二次审议稿）	同上	2013-09-06 至 2013-10-05	1个月	1360 人、32 642 条

序号	草案名称	公布机关	公布时间	征求意见时间	提出建议、意见情况
56	行政诉讼法修正案（草案）	同上	2013-12-31 至 2014-01-30	1个月	1483人、5436条
57	安全生产法修正案（草案）	同上	2014-03-02 至 2014-04-01	1个月	3181人、7142条
58	食品安全法（修订草案）	同上	2014-07-01 至 2014-07-31	1个月	2468人、8877条
59	广告法（修订草案）	同上	2014-08-31 至 2014-09-30	1个月	1403人、2380条
60	反恐怖主义法（草案）	同上	2014-11-04 至 2014-12-03	1个月	1023人、3295条
61	刑法修正案（九）（草案）	同上	2014-11-04 至 2014-12-03	1个月	15 096人、51 362条
62	广告法（修订草案二次审议稿）	同上	2014-12-30 至 2015-01-19	不到1个月	1726人、2238条
63	食品安全法（修订草案二次审议稿）	同上	2014-12-30 至 2015-01-19	不到1个月	878人、2943条
64	大气污染防治法（修订草案）	同上	2014-12-30 至 2015-01-29	1个月	971人、5047条
65	国家安全法（草案二次审议稿）	同上	2015-05-06 至 2015-06-05	1个月	288人、1020条

续表

序号	草案名称	公布机关	公布时间	征求意见时间	提出建议、意见情况
66	境外非政府组织管理法（草案二次审议稿）	同上	2015-05-05 至 2015-06-04	1个月	255人、1803条
67	种子法（修订草案）	同上	2015-05-05 至 2015-06-04	1个月	1559人、8022条
68	网络安全法（草案）	同上	2015-07-06 至 2015-08-05	1个月	1564人、4240条
69	大气污染防治法（修订草案二次审议稿）	同上	2015-07-06 至 2015-08-05	1个月	566人、1762条
70	刑法修正案（九）（草案二次审议稿）	同上	2015-07-06 至 2015-08-05	1个月	76 239人、110 737条
71	资产评估法（草案三次审议稿）	同上	2015-09-08 至 2015-10-07	1个月	753人、3820条
72	教育法律一揽子修正案（草案）	同上	2015-09-08 至 2015-10-07	1个月	120人、280条
73	国家勋章和国家荣誉称号法（草案）	同上	2015-09-08 至 2015-10-07	1个月	52人、140条
74	反家庭暴力法（草案）	同上	2015-09-08 至 2015-10-07	1个月	8792人、42 203条
75	慈善法（草案）	同上	2015-10-31 至 2015-11-30	1个月	452人、1843条

序号	草案名称	公布机关	公布时间	征求意见时间	提出建议、意见情况
76	中医药法（草案）	同上	2015-12-30 至 2016-01-29	1个月	13 290 人、32 487 条
77	野生动物保护法（修订草案）	同上	2015-12-30 至 2016-01-29	1个月	1640 人、6205 条
78	民办教育促进法修正案（草案二次审议稿）	同上	2016-01-07 至 2016-02-06	1个月	321 人、1448 条
79	民法总则（草案）	同上	第 1 次：2016-07-05 至 2016-08-04 第 2 次：2016-10-18 至 2016-12-17 第 3 次：2016-12-17 至 2017-01-16	三次均为1个月	第1次：13 802 人、65 093 条 第2次：960 人、3038 条 第3次：660 人、2096 条

数据主要来源：陈斯喜.人民代表大会制度概论［M］.北京：中国民主法制出版社，2008：223-224.

（二）座谈会、论证会、听证会

座谈会、论证会、听证会，简称"三会"制度，是民主立法的经典方式。

1. 座谈会

座谈会是运用非常广泛的民主立法方式，几乎所有的立法都可以采用。座谈会一般是由有关法律法规起草单位和立法机构工作部门，针对立法的可行性、必要性或者法案的内容，邀请有关国家机关、社会团体、企事业单位、有关专家学者和利害关系人进行座谈并发表意见。❶

座谈会方式灵活，可以在立法的立项、起草和审议等阶段使用，也可以根据需要随时进行，因此成为民主立法必备的方式之一。座谈的内容一般不公开，参与者可以基于自身的立场或角度畅所欲言，这有利于组织者掌握尽可能真实的观点。座谈时，组织者向与会者提供公众对法案的各种意见，参与者之间可以就法案的难点、焦点问题进行深入讨论或争论，以便达成共识。

2. 论证会

论证会一般是针对立法中专业技术性强的问题，由立法机构邀请相关方面专家从科学性和可行性方面进行论证，提出论证意见。2000 年《立法法》提出可以采用论证会等方式征求意见；紧接着，在其他法律如《环境影响评估法》《行政许可法》《城乡规划法》《行政强制法》等中也规定采用论证会

---

❶ 陈斯喜. 人民代表大会制度概论［M］. 北京：中国民主法制出版社，2008：215.

方式。●党的十八届四中全会决定指出，要完善立法项目征集和论证制度，建立立法中涉及的重大利益调整论证咨询机制。2015年《立法法》修订时，专门增加规定论证会内容。●

　　论证会所涉及的一般是专业性和技术性强的问题，也有一些是法律方面的（如是否符合法律规定即合法性问题）。所邀请的一般是相关领域的专家，所进行的论证具有很高的权威性，对立法具有重要甚至决定性的影响。论证结论实行少数服从多数并报立法机关参考，以便其作出全面判断。

　　在具体立法实践当中，很多法律法规的制定或修订都采用了座谈会和论证会方式，如《物权法》《食品安全法》《旅游法》《国有土地上房屋征收与补偿条例》《野生动物保护法》《文物保护法》《民法总则》等。

　　座谈会、论证会均是征集意见的常用方式，如果说座谈会偏重于民主性，论证会则在民主基础上偏重于科学性。

　　● 2000年《立法法》第34条规定，常委会审议的法律案，相关委员会等部门应听取多方意见，可采用座谈会、论证会等方式。2002年《环境影响评价法》第11条第1款规定，若规划涉及环境公益或有可能造成不良影响的，相关部门应在规划草案报批前，召开论证会和听证会等，听取有关单位、专家和公众对环境影响报告书草案的意见。2003年《行政许可法》第19条规定，法律、法规和省级政府规章草案，若设定行政许可的，起草单位应通过听证会、论证会等形式听取意见。2007年《城乡规划法》第26条规定，城乡规划报批前，编制机关需要按规定公告草案，并通过论证会、听证会等方式听取意见。2011年《行政强制法》第14条规定，法律和法规草案，若设定行政强制的，起草单位应通过听证会、论证会等形式听取意见，并说明必要性、影响及听取和采纳意见的情况。

　　● 2015年《立法法》第36条第2款规定，法律案有关问题专业性较强，需要进行可行性评价的，应当召开论证会，听取有关专家、部门和全国人民代表大会代表等方面的意见。论证情况应当向常务委员会报告。

3. 听证会

听证（hearing），由英美国家普通法上的"自然公正原则"所派生，其要旨是，听取他方意见和不做自身案件的主宰。"自然公正原则"最初运用于司法程序，法官在审理案件、作出判决前，要就法律和事实问题听取当事人和证人的意见。后来听证被行政程序和立法程序所借鉴，变为立法行为和行政行为的一项制度。英美法系制定法中的听证，则源于英国大宪章和美国联邦宪法中的正当程序。美国于 20 世纪 20 年代左右开始出现立法听证，"二战"后，听证在大陆法系国家（如日本、德国等国家）得到广泛运用。但总体上，听证在西方国家政治当中处于从属地位，立法听证仅作为议会工作的咨询和参考。❶

（1）听证的立法和类型。

我国的听证最早在行政行为中运用，后拓展到立法、重大决策和司法等方面，对于行政型听证，主要运用在行政处罚、治安处罚和房屋征收补偿等方面，在有关部门作出吊销许可证等行为时，需要按照有关法律规定举行听证。❷

2000 年的《立法法》，正式确立了在人大立法程序中可以

---

❶ 李楯. 听证：中国转型中的制度建设和公众参与——立法建议、实践指南、案例[M]. 北京：知识产权出版社，2009：141.

❷ 1996 年《行政处罚法》第 42 条规定，对于大额罚款、责令停产停业和吊销许可证等，当事人可申请听证；2005 年《治安管理处罚法》第 98 条规定，吊销许可证和 2000 元以上的罚款，当事人有权要求举行听证。对于旧城改造征收补偿方案，2011 年《国有土地上房屋征收与补偿条例》第 11 条规定，大部分利益相关者（被征收人）认为不符合规定的，有关部门应当组织听证会，并根据听证会情况修改方案。

采纳听证方式征求意见，为其他领域的听证提供了参考。❶次年通过的《行政法规制定程序条例》和《规章制定程序条例》对行政法规和规章制定也作出了相应的听证规定。❷2015年《立法法》修订时，专门对听证的对象及参与者作出了新的规定。❸在重大决策领域，听证涉及面更广，如价格制定与调整、环境影响与评估、城市规划、重大工程建设、审计和社会保障等事项。❹

在地方上，以2000年《立法法》等为依据，纷纷出台地方性法规和地方政府规章来规范听证。在地方性法规方面，深圳市于2001年就出台了听证条例，在此之后，山东省、汕头市、福州市、甘肃省、天津市和广东省等10余地也出台了相

---

❶　2000年《立法法》第34条规定，人大常委会审议的法律案，应当听取各方面的意见，可以采取听证会等形式。

❷　2001年《行政法规制定程序条例》第13条规定，起草行政法规，应广泛听取意见，可以通过听证会等形式；第22条规定，行政法规送审稿直接涉及公民等切身利益，可举行听证会听取意见。2001年《规章制定程序条例》第15条规定，起草规章，可通过听证会等方式征求意见。

❸　2015年《立法法》第36条第3款规定，法律案有关问题存在重大意见分歧或者涉及利益关系重大调整，需要进行听证的，应当召开听证会，听取有关基层和群体代表、部门、人民团体、专家、全国人民代表大会代表和社会有关方面的意见。听证情况应当向常务委员会报告。

❹　1997年《价格法》第23条规定，公用事业价格、公益性服务价格、自然垄断经营的商品价格等政府指导价、政府定价，应当建立听证会制度；2002年《环境影响评价法》第11条规定，对可能造成不良环境影响并直接涉及公众环境权益的规划，应当在该规划草案报批前，举行论证会、听证会或者采取其他形式征求意见；2007年《城乡规划法》规定，城乡规划报批前、省域城镇体系和总体规划、修改已依法审定的规划或设计方案总平面图，要采取听证会等方式征求意见。

应的规则。❶在地方政府规章方面，主要有《广西壮族自治区人民政府立法听证制度实施办法》（1999）、《杭州市实施立法听证会制度的规定》（2001）、《宁夏回族自治区行政听证程序规定》（2005）、《深圳市行政听证办法》（2006）、《大连市人民政府制定规章听证规定（试行）》（2007）、《贵州省行政听证规定》（2012）等。

我国的听证立法最早是从地方开始的。广西在1999年制定了《广西壮族自治区人民政府立法听证制度实施办法》，用于指导当地政府进行立法听证的适用。1999年7月，为改变审批事项过多、部门保护主义严重和审批中腐败突出等现象，深圳市法制局就"建筑材料使用审批制度"召开听证会，开创了我国地方听证的实践先河。同年9月，为提高立法质量，防止建筑工程中的"黑箱"操作，广东省人大常委会对《建设工程招投标管理条例》草案中的某些条款举行听证，此为省级人大常委会机关的首次听证。2000年《立法法》出台后，听证在我国各地逐渐展开。影响比较大的有，2002年在北京举行的有关火车票价方面的听证会；2004年国家环保总局举行的"排污许可条例草案听证会"；2005年全国人大常委会对个人

---

❶ 出台听证规则的地方性法规有：《深圳市人民代表大会常务委员会听证条例》（2001）、《山东省人民代表大会常务委员会制定地方性法规听证规定》（2002）、《汕头市人民代表大会常务委员会立法听证条例》（2003）、《福州市人民代表大会常务委员会立法听证办法》（2003）、《宁夏回族自治区人民代表大会常务委员会立法听证条例》（2004）、《哈尔滨市立法听证规定》（2004）、《甘肃省人民代表大会常务委员会立法听证规则》（2004）、《天津市制定地方性法规听证办法》（2006）、《长沙市人民代表大会常务委员会立法听证办法》（2008）、《广东省人民代表大会常务委员会立法听证规则》（2013）。参见李定毅. 我国听证法律的规范与实证分析[J]. 理论界，2013（2）：107-110.

所得税修正案草案举行的听证会，此为全国人大常委会首次举办，引起了广泛关注。

有学者统计，从 1999 年至 2006 年年底，省级人大常委会共举行了 55 次听证会。但总体上，2004 年以后省级人大常委会举行的听证会数量呈现减少的趋势，据不完全统计，2004 年至 2006 年举行了 18 次，2006 年至 2009 年只举行了 8 次。❶ 但其他领域的听证会数量在不断增加，如价格听证和行政处罚听证。资料显示，截至 2003 年 7 月，国内举行不同层次的价格听证会超过了 200 次。❷

（2）立法听证的要素和程序规定。

第一，听证的范围。以《深圳市人民代表大会常务委员会听证条例》为例，主要包括涉及公共和特定群体利益或权利、社会关注度高和存在重大分歧等事项或问题。❸

第二，听证的提起者。各地听证规则多规定为，人大常委会各委员会和其他机关、单位、团体、组织或个人均可提出听证要求，但需要人大常委会相关部门决定。❹

---

❶ 蔡定剑. 公众参与：风险社会的制度建设[M]. 北京：法律出版社，2009：27.

❷ 刘海梅. 中国价格听证大事回顾[EB/OL].［2015-06-28］. http://www.people.com.cn/GB/guandian/28296/1979219.html.

❸《深圳市人民代表大会常务委员会听证条例》规定的听证事项包括：利益涉及特定组织、个人权利和义务；对公共利益有影响的；社会普遍关注的热点、难点问题；常委会、专门委员会和工作委员会组成人员之间出现较大意见分歧的；需要广泛听取意见、搜集信息的。

❹ 甘肃省规定，省人大专门委员会、常务委员会工作机构；常务委员会组成人员；公民、法人和其他组织可提出听证，但均需要人大常委会主任会议决定是否举行听证。而深圳市规定，国家机关、企业事业单位、社会团体及其他组织和个人均可向人大常委会提出听证建议，由相关委员会或常委会主任会议决定。

第三，听证的参与者。听证的参与者一般包括听证人、陈述人和旁听人。听证人多由听证机构的人员组成，如深圳的规定；有的地方还有邀请的代表，如广州的规定。❶听证陈述人，主要是与听证事项有利害关系的公民、法人或其他组织，有关学者和专家，有关的政府部门工作人员等。对于陈述人的选择，一般要遵循陈述人应与听证事项存在利害关系，具有代表性和广泛性，持有不同观点的各方人数大体对等原则。❷选择的具体方法，一般是按照报名的顺序等，有的地方是根据报名的先后和观点分类等方式来确定陈述人。❸听证会一般设旁听人，有的地方规定，旁听人在征得许可后可以发表意见或向听证机构提交书面意见。

第四，听证步骤。听证大体上要经历以下七个具体步骤（见表3-2）。

表 3-2　立法听证的一般步骤

序号	听证步骤	具体内容
1	宣布听证开始和规则	工作人员核对到会人员，听证主持人宣布听证规则和听证纪律，介绍听证人、听证陈述人并宣布听证事项
2	介绍听证内容	对待听证法规草案基本内容或听证的主要内容作简要说明
3	陈述人发言	有利害关系的陈述人；了解听证事项的陈述人；专家陈述人（如深圳市规定）
4	听证人询问	听证人和主持人可向陈述人发问

---

❶ 如广州市规定，常务委员会组成人员、负责组织听证会的广州市人民代表大会及其常务委员会的有关委员会的负责人，听证会组织者邀请的有关人员。

❷ 如深圳市规定，听证机构应当在利害关系各方中合理地确定陈述人的人数，并且陈述人名单应当从与听证事项有利害关系的当事人、了解听证事项的专家、与听证事项有关并提供相关事实的其他组织和个人中确定。

❸ 李定毅. 我国听证法律的规范与实证分析[J]. 理论界，2013（2）：108.

续表

序号	听证步骤	具体内容
5	陈述人辩论	陈述人发言后，陈述人之间围绕争议点进行辩论
6	旁听人提交书面意见	有的地方还规定，经主持人许可，旁听人员可以就听证事项发言，如深圳市的规定
7	完成听证报告	根据听证记录制作听证报告，提交人大常务会

第五，听证效力。地方一般规定将听证报告作为制定法规的依据或重要参考，如江西省听证规则规定，听证报告应作为审议修改法规草案的依据，没有采纳的也应当进行说明。甘肃省则规定听证报告应当印送听证陈述人，把听证报告作为立法的参考并进行说明。●

（3）个人所得税听证的实践。

在立法史上，关于个人所得税标准听证是由全国人大常委会组织的第一次听证。2005年7月，国务院认为《中华人民共和国个人所得税法》（以下简称《个人所得税法》）的一些规定已不适合形势发展，有必要进行修改，8月向全国人大常委会提请议案，拟修改个人所得税法，把起征点从当时的每月800元提高到1500元。

全国人大常委会在初次审议时，财政部部长对修改背景作了说明，认为1993年时，就业者中月薪800元以上的占1%左右，到2004年达到60%左右。随着住房等消费增加，家庭

● 《甘肃省人民代表大会常务委员会立法听证规则》规定，甘肃省人大法制委员会在审议法规时，应当对听证会提出的意见进行审议，并在审议结果报告中对听证会提出的意见采纳情况予以说明。

人均支出超出了每月 800 元的扣除标准。❶分组审议中，有的委员提出是否可以赋予地方自主浮动空间，还有的提出税收问题涉及从老百姓口袋里掏钱，就应该听取老百姓的意见，因此应举行立法听证会。基于此，为推进民主立法，全国人大常委会决定举行听证。

2005 年 8 月 28 日，全国人大常委会发布了听证公告，明确了听证事项、听证人名单、听证陈述人代表资格、分配方案、报名时间、方式和要求等。9 月 27 日，听证会在北京举行。听证人由全国人大及其常委会的相关专业委员会委员及相关人员组成，共 13 人。听证陈述人共 28 人，包括从报名者中遴选 20 人和其他相关部门代表 8 人。❷公众陈述人均从自愿报名的 4982 人中遴选出来，18 名旁听人也是从未选中陈述人的报名人中确定。在听证中，28 位听证陈述人中有 10 位赞同 1500 元的减除额，16 位认为应高于 1500 元，只有 2 位认为应该下调。在是否统一个人所得税扣除标准上，在 20 名公众陈述人中，有 17 位要求全国要统一，因为他们认为赋予地方自主调整权力，会造成欠发达地区按低标准会多交税，而且会阻碍人才向西部的流动。❸经过听证陈述人陈述、听证人询问和旁听人提交书面意见等步骤，会后制作出听证报告。听证报告被印发给常委会会议人员，成为后来全国人大常委会表决通过修正

---

❶　李楯. 听证：中国转型中的制度建设和公众参与——立法建议、实践指南、案例［M］. 北京：知识产权出版社，2009：67.

❷　其中，《个人所得税法》修正案草案起草部门代表 3 人、全国总工会代表 1 人、地方税务和财政部门代表 4 人、公众陈述人 20 人、旁听代表 18 人。参见宋月红，方伟. 城市立法与公民参与［M］. 北京：中国社会出版社，2010：319.

❸　宋月红，方伟. 城市立法与公民参与［M］. 北京：中国社会出版社，2010：319.

案的重要参考，最终的修正案将纳税起征点提高至 1600 元。

（4）听证的功能及价值。

对于听证功能，学者认为在西方国家存在两类，即价值性功能和技术性功能。价值性功能包括：第一，扩大了公众参与直接民主的方式。公众通过参加听证，讨论其关心的法案议题，直接或间接影响立法和决策的过程。第二，加大信息传播，实现透明立法。听证过程的公开透明，能够引起媒体的关注，强化了公众对立法决策的监督。第三，协调各方利益，促进社会公平。立法会涉及不同利益群体，听证会吸纳不同群体参与并设置合理的比例，使得他们的利益能在立法程序中有一个较为公平的较量。技术性功能包括：一是降低政治争议，力求规范立法。通过听证会上参与者对一些敏感问题畅所欲言，能够形成一个缓冲区，缓和社会潜在危机，减少政治争议。二是技术专家帮助，促进理性立法。立法可能涉及比较专业的技术问题，而一般立法人员的知识不足以应付，引入专家参与听证，有利于增强立法的科学性。三是加强职权行使，增进立法效率。❶

具体到中国，听证具有独特的价值。归纳起来：第一，有利于公民有序的政治参与，促进立法民主化。第二，立法机关通过听证，收集更多的信息，有利于科学立法。第三，立法听证过程中，不同的利益群体代表能够表达他们的利益偏好和诉求，力求达到利益的协调。第四，立法听证是公民民主训练的场所。因此，有学者认为，立法听证力图通过程序正义实现实

---

❶ 彭宗超，薛澜，阚珂. 听证制度：透明决策与公共治理[M]. 北京：清华大学出版社，2004：104.

质正义，是某种形式的协商民主。不同利益相关者在对话、沟通和交流的基础上，参与立法和政治决策，形成最终共识，对立法和决策产生影响。❶

（三）网络形式的协商

随着信息技术的发展，使用网络的人数急剧上升。据中国互联网络信息中心统计，在 2000 年年底时，中国网民数量不过 2250 万；而截至 2015 年 6 月网民数量已达到 6.68 亿，使用手机上网网民数量达 5.94 亿。❷网民上网主要用于获取信息、商务交易、交流、娱乐和公共服务等，其中也包括公民通过网络参与各类协商活动，如网络民意调查、网上"两会"、网络问政、网上听证和网络论坛等。网络协商与现实空间协商相比，具有平等、自由、直接、开放、便捷、成本较低和影响面大的特性。因此，网络协商发展迅速，影响日趋扩大。

通过网络形式参与立法在现代社会已成为常态。网络既可以成为立法机关征求公众意见的技术手段，同时也可以成为立法协商的独立形式。在我国实践中，立法机关通过其自身网络公布法律法规草案来征求公众意见，进行网络调查，召开立法论坛，社会公众通过网络论坛讨论法律草案，公民个人在博客、微博、微信上发表观点和看法等，都是不同的参与形式。

---

❶　陈家刚. 协商民主与当代中国政治［M］. 北京：中国人民大学出版社，2009：267.

❷　中国互联网络信息中心. 第 36 次中国互联网络发展状况统计报告［R/OL］.（2015–07–23）［2016–02–14］. http://www.cnnic.net.cn/hlwfzyj/hlwxzbg/hlwtjbg/201507/P020150723549500667087.pdf.

1. 通过网络征求公众对法律、法规和规章草案的意见

开门立法成为民主立法的内在要求，2000年《立法法》公布后，立法机关通过其官网征集立法方面的建议和意见是常见的做法，典型事例如《物权法（草案）》和《劳动合同法（草案）》的公布。据统计，《物权法（草案）》自2005年7月10日公布仅半个月，就收到群众意见6515条，其中通过网络（中国人大网、新华网和人民网）和报纸等媒体反映6131条。❶《劳动合同法（草案）》自2006年3月20日公布以来，截至2006年4月6日（结束时间为2006年4月19日），公众通过中国人大网等网站提出的意见高达37 067件。例如，《中华人民共和国反家庭暴力法》先是于2014年11月25日在国务院法制办所属中国政府法制信息网通过公开征求意见系统征求意见，2015年9月8日又在全国人大网公布征求意见，通过网络和信件等方式收集到的意见达42 203件。❷

时至今日，大多省级以上的立法机构都设置了征求意见系统，如全国人大网站和北京市人大网站分别设有法律草案征求意见系统和征集社会各界意见系统。在规章征集方面，如北京市法制办网站设有政民互动专栏，下设意见征集、网上调查和在线交流等栏目。❸

---

❶ 全国人大常委会法制工作委员会. 各地人民群众对物权法草案的意见[J]. 中国人大，2005（15）：16.

❷ 全国人大常委会. 法律草案征求意见[EB/OL]. [2015-06-28]. http://www.npc.gov.cn/flcaw/more.html.

❸ 北京市法制办. 北京市人民政府法制办网站[EB/OL]. [2016-02-16]. http://www.bjfzb.gov.cn/html/fzb/.

2．通过网络调查收集公众观点

在西方国家，协商民意测验成为协商的方法，被大量地运用于公众对公共议题观点的调查。在我国，立法机关通过官方网站公布法律法规和规章草案征求意见，本身也是一个网络调查的过程。

2011年4月，《个人所得税法》修正案草案在中国人大网被公布，拟把3000元作为纳税的免征额。短短一个多月，就收到意见23万多条，创下当时单项立法征集数量之最。调查显示大多数网民认为免征额应提高到5000元及其以上；有些网民认为要按地区和经济发展程度的不同设定不同的免征额；还有的要求按以家庭为单位进行征收。与此同时，其他一些新闻网站也进行了个人所得税的相关调查，如腾讯网和凤凰网调查分别显示77.94%和93%的网民认为要将免征额提高到5000元。❶有学者建议要动态地调整和提高免征额，可以考虑以家庭为单位进行征税，建立综合与分类相结合的个人所得税税制；但多位专家表示3000元比较合适，无须再调，并认为调整到5000元没有数据支撑。❷

对于网络收集的意见，全国人大表示会作为再次审议的参考。最后在审议时，全国人大综合考虑了专家学者、社会大众等的意见，将草案中拟定的3000元提高到3500元，应该说公

---

❶　崔云飞．网络调查：近八成网友建议个税起征点调到五千[EB/OL]．（2011-06-01）[2016-02-16]．https://www.chinanews.com.cn/cj/2011/06-01/3082388.shtml.

❷　杨威．个税方案征求意见今日结束已收到超23万条建议[EB/OL]．（2011-05-31）[2016-02-14]．http://www.chinanews.com/cj/2011/05-31/3077672.shtml.

众的观点得到了部分的回应。

3. 通过网络传播等表达民意，影响立法进程

我国的一些突发事件，经过媒体尤其是互联网的传播，影响极大。这必然会引起网民和社会的关注，进而政府着手考虑应对办法，甚至会导致法律的出台和修改，比较典型的是孙志刚事件和拆迁事件引起的法律法规的修改。

以拆迁为例，《物权法》出台之前，拆迁纠纷不断，因拆迁引起的冲突时有发生，并成为上访的一个重要原因。《物权法》出台之后，拆迁纠纷仍然突出，旧拆迁法已无法适应现实需要。北京大学法学院沈岿等5名学者向全国人大常委会提出建议，认为《城市房屋拆迁管理条例》涉嫌违宪，建言有关部门审查和修改。在经媒体披露后不到一周时间就得到国务院的回应，国务院法制办邀请姜明安和王锡锌等人参加讨论《国有土地上房屋征收与拆迁补偿条例》草案，以替代旧的拆迁条例。[1]紧接着，人民网邀请沈岿、王锡锌、钱明星等做客强国论坛，介绍了研讨会和旧拆迁条例修改等有关情况，并和网友互动。[2]后来，国务院法制办将新拆迁法草案在网上公布征求意见，最终经过审议而通过。

《城市生活无着的流浪乞讨人员救助管理办法》的出台大致也经历了新拆迁法类似的过程。孙志刚事件经过网络等媒体迅速传播，舆论哗然；学者向全国人大常委会建言，要求废止

❶ 邓媛. 中央拟专设部门负责拆迁　房主有异议可提诉讼[EB/OL].［2015-02-24］. http://www.qingdaonews.com/gb/content/2009-12/22/content_8243263.htm.

❷ 张海燕. 北大学者披露国务院研讨会聚焦拆迁条例六大问题[EB/OL].［2015-02-24］. https://www.chinanews.com.cn/gn/news/2009/12-16/2021588.shtml.

或修改《城市流浪乞讨人员收容遣送办法》，启动特别调查程序。国务院法制办进行了回应，最终废除该收容办法，代之以《城市生活无着的流浪乞讨人员救助管理办法》。

4. 各地探索的具体方式

2012 年 11 月 28 日，广州市人大常委会对《广州市社会医保条例》举行网络听证，18 名陈述人在网页上发言陈述观点，网民可以当即互动，表示赞同、反对或表明自己的观点，几天内就有超过 3300 名广州市民参与互动发言。[●] 这是全国第一次把听证会搬到网上，直接听取网民的观点、建议，为开门立法探索了新的方式。湖北省人大常委会探索了"网络旁听"立法过程，2014 年 12 月在审议《湖北省城市供水条例（草案二审稿）》时，通过其在新浪的官方微博直播了常委会审议的过程。据统计，网民阅读量达 180 万余次，网友评论 50 多条。[❷]

与传统方式相比，通过网络方式进行立法协商具有很大的潜力。但同样面临着一些问题，如便捷、无限制的自由发言导致的不负责任；信息的真实性无法保障；网络上的非理性行为（如攻击、谩骂等）；舆论绑架等。

（四）设立基层立法联系点

2015 年，全国人大常委会法工委在全国设立了首批四个

[●] 周虎城. 立法网络听证的进步意义[N]. 南方日报，2012–12–06（F02）.
[❷] 肖小平，等. 百万网友"网络旁听"立法[J]. 公民与法治，2015（2）：27.

基层立法联系点，后又设立了第二批和第三批，达到 22 个，涵盖了全国近 2/3 的省份，见表 3-3。

表 3-3　全国人大常委会法工委设立的基层立法联系点统计

序号	名称	设立时间	批次
1	湖北省襄阳市人大常委会	2015 年 7 月	第一批
2	江西省景德镇市人大常委会	2015 年 7 月	第一批
3	甘肃省定西市临洮县人大常委会	2015 年 7 月	第一批
4	上海市长宁区虹桥街道办事处	2015 年 7 月	第一批
5	江苏省昆山市人大常委会	2020 年 7 月	第二批
6	浙江省义乌市人大常委会	2020 年 7 月	第二批
7	广东省江门市江海区人大常委会	2020 年 7 月	第二批
8	广西壮族自治区三江侗族自治县人大常委会	2020 年 7 月	第二批
9	河北省正定县正定镇	2020 年 7 月	第二批
10	中国政法大学	2020 年 7 月	第二批
11	北京市朝阳区	2021 年 7 月	第三批
12	重庆市沙坪坝区	2021 年 7 月	第三批
13	山东省青岛市黄岛区	2021 年 7 月	第三批
14	安徽省合肥市	2021 年 7 月	第三批
15	河南省驻马店市	2021 年 7 月	第三批
16	湖南省长沙市	2021 年 7 月	第三批
17	四川省雅安市	2021 年 7 月	第三批
18	贵州省毕节市	2021 年 7 月	第三批
19	陕西省汉中市人大常委会	2021 年 7 月	第三批
20	天津市和平区小白楼街道办事处	2021 年 7 月	第三批
21	福建省上杭县才溪镇人大主席团	2021 年 7 月	第三批
22	海南省三亚市崖州湾科技城	2021 年 7 月	第三批

设立基层立法联系点，是近年来为进一步联系群众、畅听民意渠道的一个重大举措。在立法过程中，对于法律草案的立项、调研、起草、审议、实施和评估等环节，全国人大常委会法工委通过各地设立的立法联系点，直接听取基层人民群众的意见和建议。如在编纂民法典过程中，法工委曾把民法典草案印发至基层立法联系点，召开了 3 次座谈会，征询意见 995条。据统计，截至 2022 年 1 月，法工委曾对年度立法计划和132 部法律草案共征求基层立法联系点 11 360 条意见，其中2300 条意见被不同程度地采纳。❶

二、我国立法协商的渠道

关于立法协商渠道，在不同的政策、文件等中表述并不一致，而且也在不断变化当中。例如，在党的十八届三中全会决定中列举了 5 种主要协商渠道，即国家政权机关、政协组织、党派团体、基层组织和社会组织协商，并强调要深入开展立法协商、行政协商、民主协商、参政协商和社会协商。2014 年，习近平同志在人民政协成立 65 周年大会讲话中，对协商渠道进行了细化，提出了 10 种协商渠道。❷应该说这两种划分都是

---

❶　全国人大常委会法制工作委员会. 基层立法联系点是新时代中国发展全过程人民民主的生动实践[EB/OL]. （2022-03-01）[2022-08-15]. http://www.npc.gov.cn/npc/c30834/202203/bf135873c2d04e709b4a928dc2331a51.shtml.

❷　10 种协商渠道是指，中国共产党、人民代表大会、人民政府、人民政协、民主党派、人民团体、基层组织、企事业单位、社会组织、各类智库。参见习近平. 在庆祝中国人民政治协商会议成立 65 周年大会上的讲话[EB/OL]. （2014-10-09）[2015-01-13]. http://www.cppcc.gov.cn/zxww/2014/10/09/ARTI1412841028191314.shtm.

协商民主发展的积极探索与总结，难免有不周全或模糊之处，如民主协商与其他协商渠道和领域相交叉，社会协商的内涵、社会组织和各类智库的构成等规定得并不明确。因此，2015年《加强社会主义协商民主建设的意见》列举了7种协商渠道，即政党、政府、政协、人大、人民团体、基层和社会组织协商，这应该是经过认真研究和总结之后作出的决定。

协商民主在我国多个渠道或领域加以适用，主要包括政党协商、人大工作中的协商、人民政协政治协商、政府工作中的协商等渠道或领域，立法协商也主要体现在这些领域当中。

（一）政党协商

我国的政党制度，是在中国共产党领导下实行多党合作和政治协商制度，这是中国历史发展的选择。在革命时期和中华人民共和国成立后，各民主党派参政议政、进行民主监督和共产党合作协商，为中华人民共和国成立和社会主义建设作出了重大贡献。在立法领域，各民主党派和无党派人士也积极参与了协商。

在中华人民共和国成立初期，中国共产党与各民主党派等一起协商制定了代行宪法作用的《共同纲领》❶，还有《中国人民政治协商会议组织法》和《中央人民政府组织法》。中国人民政治协商会议成立后，又协商制定了《中华人民共和国婚姻法》和《中华人民共和国土地改革法》等法律。

---

❶　1949 年 6 月，新政协筹备会第一次会议决定设立 6 个工作小组，第三小组负责起草共同纲领，其中包括民主党派人士章伯钧、章乃器等。参见蔡定剑. 宪法精解[M]. 北京：法律出版社，2006：11.

　　1954 年的宪法制定也是经过与各民主党派和全国人民协商讨论的结果。1953 年 1 月，召开了有 18 位民主党派负责人参加的座谈会，毛泽东同志亲自参加；紧接着又召开了周恩来同志参加的政协座谈会。召开座谈会，主要是为了了解各民主党派、社会各界对制宪的看法和解释制宪的动机。同月，中央人民政府委员会召开会议，讨论制宪问题和进一步向民主党派解释相关问题。在成立的宪法起草委员会中，民主党派和无党派人士占了近 1/3，具体包括民革、民盟、民建代表各 1 名，其他民主党派及人民团体代表各 1 名，还包括马寅初等著名民主人士。❶起草委员会决定将宪法草案初稿向社会公布征求意见后，从 3 月至 6 月，中共中央组织北京等大城市民主党派、人民团体和社会各界代表人物 8000 多人进行讨论，收到意见 5900 多条，经研究采纳了近百条。❷

　　1982 年宪法同样是协商制定的结果。1980 年成立了宪法修改委员会，包括民主党派在内各方面代表；成立了修宪工作小组——秘书处，纳入了民革和民盟等党派成员。秘书处在工作的近 9 个月时间里，征集了包括各民主党派、全国政协等社会各界的意见，邀请多方面专家学者参与座谈会，研究国内外宪法文本等。1982 年 5 月至 8 月，全国各级机关、政党组织等展开了规模和影响空前的全民大讨论，同时将汇总的意见报宪法修改委员会，秘书处进行认真研究，采纳许多合理意见，在保持基本内容不变的情况下，对宪法草案补充修改了近百处。❸

　　20 世纪 90 年代以来，中共中央、国务院等部门及领导人

　　❶　蔡定剑. 宪法精解［M］. 北京：法律出版社，2006：29-31.

　　❷　同❶：38.

　　❸　蔡定剑. 宪法精解［M］. 北京：法律出版社，2006：80.

与民主党派进行了大量的协商，并已形成惯例。召开协商会、座谈会和情况通报会是党派协商的典型方式，有统计表明，从1990年至2006年年底，中共中央、国务院及委托有关部门召开的会议达230多次，其中由中共中央总书记亲自主持召开的有74次。❶协商的议题涉及很多方面，对宪法和法律草案的协商，是党派协商的重要内容，如对《立法法》《中华人民共和国各级人民代表大会常务委员会监督法》和《中华人民共和国物权法》草案内容的协商。❷另外，党派还对国家领导人选、中央的重要文件、经济和社会发展规划及一些重大问题进行了协商。❸

　　2000年后，关于政党参与协商的中央相关文件逐渐出台，协商内容、形式和程序得到进一步规范，政党参与立法协商成为重要的内容。2005年中共中央出台的《关于进一步加强中国共产党领导的多党合作和政治协商制度建设的意见》（以下简称《2005年意见》），对共产党与各民主党派之间的协商作出了规定，实际上明确了政党协商形式。2015年2月制定的《关于加强社会主义协商民主建设的意见》，把政党协商作为社会主义协商民主的重要形式，对政党协商形式、程序和保障作了规定；据此，同年12月中共中央办公厅出台了《关于加强政党协商的实施意见》，对政党协商作出了具体规定。

---

❶❷　中华人民共和国国务院新闻办公室. 中国的政党制度白皮书[EB/OL]. [2015-01-13]. http://www.scio.gov.cn/zfbps/ndhf/2007/Document/307872/307872.htm.

❸　民主党派、无党派人士对《中共中央关于加强党的执政能力建设的决定》《中共中央关于构建社会主义和谐社会若干重大问题的决定》《中共中央关于进一步加强中国共产党领导的多党合作和政治协商制度建设的意见》等，提出许多建议和意见。对关系国计民生的重大问题，如社会主义新农村建设、国家金融体制改革、卫生体制改革和教育体制改革等，提出意见和建议。

党派协商的内容广泛。《2005 年意见》规定协商的范围涉及国家的重要文件、宪法和法律修改，领导人选和经济、社会发展中重大问题等。❶对于协商的形式，《2005 年意见》规定的有民主协商会、座谈会、小范围谈心会和提出书面建议（民主党派中央向中共中央）等。2015 年《协商民主建设意见》及实施细则对以前的协商形式进行了细化和规范，并有所扩大，具体包括：专题协商会（针对重要方针政策和重大问题）；协商座谈会（重要人事安排和民主党派重要课题调研）；各种协商座谈会（根据工作需要召开）；约谈和书面沟通形式（中共中央和民主党派之间）；调研报告和建议等形式（民主党派中央直接向中共中央提出意见和建议）。对于协商的程序，根据《2005 年意见》，一般是党中央事先确定协商议题，然后通知党派，由党派组织协商，提出意见报中央，中央研究处理进行反馈。❷ 2015 年《关于加强社会主义协商民主建设意见》及实施细则对程序进行了分类和细化，对会议协商、约谈协商和书面协商程序作出了专门的规定。如会议协商，协商议题由中央

---

❶ 《2005 年意见》规定的协商内容包括：中共全国代表大会、中共中央委员会的重要文件；宪法和重要法律的修改建议；国家领导人的建议人选；关于推进改革开放的重要决定；国民经济和社会发展的中长期规划；关系国家全局的一些重大问题；通报重要文件和重要情况并听取意见，以及其他需要同民主党派协商的重要问题等。2015 年《关于加强社会主义协商民主建设的意见》增加规定了关系改革发展稳定等重要问题及统一战线、多党合作的重大问题等内容。

❷ 《2005 年意见》规定的协商程序包括：（1）中共中央根据年度工作重点，研究提出全年政治协商规划；（2）协商的议题提前通知各民主党派和有关无党派代表人士，并提供相关材料；（3）各民主党派应对协商议题集体研究后提出意见和建议；（4）在协商过程中充分发扬民主，广泛听取意见，求同存异，求得共识；（5）对民主党派和无党派人士提出的意见和建议要认真研究，并及时反馈情况。

与党派协商确定，有具体的时间限制和工作流程。●因此，与《2005 年意见》规定相比，新的规定在操作性和实效性方面有很大进步。为了保证党派协商顺利进行，2015 年《关于加强社会主义协商民主建设意见》还规定了保障机制，如知情明政机制、考察调研机制、工作联系机制和协商反馈机制。

（二）人大工作中的协商

人民代表大会制度中的协商，主要体现在立法通过前的过程中。另外，《中华人民共和国全国人民代表大会和地方各级人民代表大会选举法》（以下简称《选举法》）对选举中的协商作了明确规定，立法监督活动当中也涉及协商的因素。在人大主导立法的体制中，人大本身肩负着立法组织协调职责。

1. 选举法关于选举工作中的协商规定

选举工作中的协商主要体现在提名人大代表候选人和确定方面。1953 年《选举法》确立了有限、普遍和平等原则，对于候选人的产生，规定党派团体和个人可提出候选人。●对于基层的选举工作，需要履行与基层组织和团体进行协商的

● 以会议协商为例，其程序为：（1）年初中央办公厅会同统战部等部门，听取民主党派中央意见建议，提出年度协商计划等，报政治局常委会通过后通报民主党派中央；（2）会前提前 10 天左右告知民主党派中央；有关部门一般提前 5 天提供文件稿，相关部门负责同志解读说明，民主党派中央负责同志集中阅读后，集体研究准备意见建议；（3）会议协商中，中共中央负责同志作有关情况说明，民主党派中央主要负责同志发表意见建议，进行交流讨论。

● 1953 年《选举法》第 47 条规定，各民主党派、各人民团体和选民或代表可联合或单独提出代表候选人名单。

程序。● 1954 年 9 月，第一届全国人大代表产生，共 1226 名，其中共产党员 668 人，占 54.48%，其余为非中共代表，占 45.52%。人大常委会 79 名委员中，党外人士 39 名，占 49.4%。● 应该说，这次全国人大代表选举较好地照顾和平衡了各民族、各党派和各阶级的代表的人数和比例。

1979 年《选举法》第 26 条规定，党派和团体可以推荐代表候选人，代表或选民若有 3 人附议即可推荐代表候选人。在直接选举人大代表时，要由各选区的选民小组反复讨论、民主协商代表候选人，以确定正式代表候选人名单。在间接选举中，需要大会全体代表讨论和协商候选人，必要时进行预选。1979 年《选举法》出台后，至今经过了 7 次修订（即 1982 年、1986 年、1995 年、2004 年、2010 年、2015 年、2020 年），均规定了在选举中要遵循"反复酝酿、讨论和协商"程序。在代表候选人推荐方面，1986 年第二次修订时把 1979 年的代表或选民 3 人附议改为 10 人以上联名。

2. 立法工作中的协商

我国 1954 年《宪法》的制定就是立法走群众路线的代表，毛泽东同志亲自参与了讨论。首先是成立宪法起草委员会，组织各党派、团体和社会各界代表 8000 多人，对中央提出的宪

● 具体地说，由乡选举委员会与农村中的共产党、青年团、合作社、农会、妇女会等组织的代表，共同协商后，由这些团体联合提出候选人名单，选民也可以单独提出。参见中共中央文献研究室. 邓小平年谱（1904–1974）[M]. 北京：中央文献出版社，2009：1100–1101.

● 徐振光. 中国共产党人大制度理论发展史稿[M]. 北京：东方出版中心，2011：121.

法草案进行了 2 个月的大讨论；然后将经讨论修改的草案再次提交全民进行讨论，许多合理的意见被采纳，最终宪法获得一致通过。这次宪法的制定过程，把中央与全国人民的意见结合，真正体现了民主立法。董必武在党的八大上指出，许多法律、法令的制定，先是进行调查研究，起草初稿，同民主党派进行协商，然后形成草案，经有关机关讨论修改后，有的还要交地方讨论。这样就贯彻了"从群众中来，到群众中去"的原则。❶ 1982 年宪法的修订同样经过了全民讨论，发扬民主，集中群众的智慧，最终完成了宪法修订。2000 年《立法法》通过，民主立法成为基本原则，并明确规定立法要通过各种方式征求公众意见，如座谈会、论证会和听证会。❷ 行政法规在起草过程中也要遵循类似的程序。2002 年党的十六大提出扩大公民有序的政治参与，推进决策科学化民主化，也成为立法的政策要求。

在实践中，全国人大及其常委会在立法过程中征求意见的主要做法是，向中央各部门、设区的市、有关教学科研机构征求书面意见；邀请专业人士，召开座谈会征求意见；把法律草案公布在报纸或官方网站上，向全社会征求意见。近年来，地方人大实行开门立法，采用问卷调查、研讨会、座谈会和听证会等方式征求专家及大众意见，拓宽公众参与立法的途径。

公布法律草案、征求大众意见是最主要的公众参与立法

---

❶ 董必武. 董必武选集[M]. 北京：人民出版社，1985：411.

❷ 2000 年《立法法》第 5 条规定，立法应当体现人民的意志，发扬社会主义民主，保障人民通过多种途径参与立法活动。第 34 条第 1 款规定，列入常务委员会会议议程的法律案，法律委员会、有关的专门委员会和常务委员会工作机构应当听取各方面的意见。听取意见可以采取座谈会、论证会、听证会等多种形式。

的方式。从 2005 年《物权法（草案）》公布以来，至 2021 年
6 月，全国人大公布了约 170 部法律草案，表 3-4 是收到超过
或接近 1 万条意见的法律草案。

表 3-4　收到超过或接近 1 万条意见的法律草案

法律草案名称	征求意见时间	参与人数/人	意见条数/条
国防法（修订草案）	2020-10-21 至 2020-11-19	3226	12 306
未成年人保护法（修订草案二次审议稿）	2020-07-03 至 2020-08-16	15 386	24 752
刑法修正案（十一）（草案）	2020-07-03 至 2020-08-16	65 080	137 544
退役军人保障法（草案）	2020-06-22 至 2020-07-21	132 845	820 689
动物防疫法（修订草案）	2020-04-30 至 2020-06-13	7253	28 523
著作权法修正案（草案）	2020-04-30 至 2020-06-13	51 165	167 196
民法典人格权编（草案三次审议稿）	2019-08-28 至 2019-09-26	14 572	16 133
民法典婚姻家庭编（草案二次审议稿）	2019-07-05 至 2019-09-02	35 314	67 388
民法典人格权编（草案二次审议稿）	2019-04-26 至 2019-05-25	20 031	31 936
公务员法（修订草案）	2018-11-01 至 2018-12-01	29 374	56 778
民法典各分编（草案）	2018-09-05 至 2018-11-03	111 208	440 491
消防救援衔条例（草案）	2018-09-05 至 2018-10-04	5683	13 938
个人所得税法修正案（草案）	2018-06-29 至 2018-07-28	67 291	131 207
基本医疗卫生与健康促进法（草案）	2017-12-29 至 2018-01-27	31 665	57 075
法官法（修订草案）	2017-12-29 至 2018-01-27	11 356	13 650
检察官法（修订草案）	2017-12-29 至 2018-01-27	7992	10 438

续表

法律草案名称	征求意见时间	参与人数/人	意见条数/条
监察法（草案）	2017-11-7 至 2017-12-6	3771	13 268
民法总则（草案）	2016-07-05 至 2016-08-04	13 802	65 093
反家庭暴力法（草案）	2015-09-08 至 2015-10-07	8792	42 203
刑法修正案（九）（草案二次审议稿）	2015-07-06 至 2015-08-05	76 239	110 737
刑法修正案（九）（草案）	2014-11-04 至 2014-12-03	15 096	51 362
资产评估法（草案二次审议稿）	2013-09-06 至 2013-10-05	1360	32 642
环境保护法修正案（草案）	2012-08-31 至 2012-09-30	9582	11 748
预算法修正案（草案二次审议稿）	2012-07-06 至 2012-08-05	19 115	330 960
老年人权益保障法（修订草案）	2012-07-06 至 2012-08-05	1418	56 861
劳动合同法修正案（草案）	2012-07-06 至 2012-08-05	131 912	557 243
证券投资基金法（修订草案）	2012-07-06 至 2012-08-05	1132	88 226
资产评估法（草案）	2012-02-29 至 2012-03-31	6372	156 122
刑事诉讼法修正案（草案）	2011-08-30 至 2011-09-30	7489	80 953
个人所得税法修正案（草案）	2011-04-25 至 2011-05-31	82 707	237 684
车船税法（草案）	2010-10-28 至 2010-11-30	22 832	97 295
社会保险法（草案）	2008-12-28 至 2009-02-15	9924	68 208
食品安全法（草案）	2008-04-20 至 2008-05-21	2858	9604
劳动合同法（草案）	2006-03-20 至 2006-04-19	79 904	187 773

法律草案名称	征求意见时间	参与人数/人	意见条数/条
物权法（草案）	2005-07-10 至 2005-08-20	2249	9605

资料来源：中国人大网，http://www.npc.gov.cn/npc/flcazqyj/node_8195.htm.

召开听证会，在实践中运用得也比较多。听证会于 1999 年首先在深圳市被采用，2000 年后逐渐推开。据统计，从 2000 年《立法法》出台至 2013 年 11 月，全国各地 29 个省级人大常委会共举行了 82 次立法听证会。❶影响比较大的听证会有：旅客列车票价听证会（2002）、国家环保总局举行的排污许可条例草案听证会（2004）、个人所得税修正案草案听证会（2005）等。其中个人所得税听证是全国人大常委会的首次听证会，引起了全社会的广泛关注。相比较而言，地方人大常委会举行的听证会数量更多，见表 3-5 所示（不完全统计）。

表 3-5 省级人大常委会 2000—2009 年举行的听证会次数

年份	2000	2001	2002	2003	2004	2004—2006	2006—2009
听证次数	5	7	6	7	12	18	8

数据来源：蔡定剑.公众参与：风险社会的制度建设［M］.北京：法律出版社，2009.

3. 立法中的协调机制

立法是一项非常复杂的工作，涉及面广，有时存在多种利益交织甚至冲突，需要立法者去协调解决，这大致体现在以

---

❶ 全国人大常委会法制工作委员会国家法室.中华人民共和国立法法解读［M］.北京：中国法制出版社，2015：151.

下三个方面。第一，立法者内部的意见不一致。这在西方国家尤其是两院制之间比较明显，如美国为了解决众议院和参议院之间的衔接甚至冲突，设立了法案协调机制，组成两院协商委员会。❶ 在我国，对于由全国人大专门委员会组织起草的法案，存在分歧或不同意见的，由全国人大常委会负责协调。例如，证券法草案由全国人大财经委负责起草，全国人大常委会领导多次出面协调相关利益冲突。对于由政府部门起草，人大通过的法案，如果在政府部门之间存在争执和利益冲突，需要国务院出面加以协调。❷ 党的十八届四中全会决定指出，对部门间争议较大的重要立法事项，可由决策机关引入第三方评估，充分听取各方意见，协调决定，不能久拖不决。第二，由于同一法案可能会在不同的委员会进行审议，也就会出现意见不统一的情况。对此如何解决，2015 年《立法法》第 32 条、第 33 条和第 35 条进行了规定，即相关委员会成员可列席审议法案的专门委员会会议；法律委员会统一审议法律案时，应当邀请相关委员会成员列席，还应当向相关委员会反馈意见采纳情况；如果专门委员会之间对法案的重要问题看法不一致，则需要上报委员长会议，由其进行协调处理。这一系列规定，减少了立法者内部矛盾和沟通问题，在审议阶段将矛盾化解，从而协商解决问题。❸ 第三，在法案提出人提交的草案中，要求附有对重大分歧的协调方案。

---

❶　尹中卿，等. 国外议会组织架构和运作程序[M]. 北京：中国民主法制出版社，2010：282.

❷　万其刚. 立法理念与实践[M]. 北京：北京大学出版社，2006：196.

❸　全国人大常委会法制工作委员会国家法室. 中华人民共和国立法法解读[M]. 北京：中国法制出版社，2015：146.

4. 立法监督中的协商机制

人大及其常委会的立法监督主要是对各类立法性文件是否符合宪法、法律进行监督。在 2000 年《立法法》制定后，我国的法律监督逐渐走上正轨，监督的对象包括法律、法规和授权立法，监督的方式主要包括法规批准（全国人大常委会针对自治法规）、法规备案、法规审查和撤销。

尽管我国规定了立法监督的制度，但总体上，和人大立法工作相比较，立法监督还是一个相对薄弱环节。在具体的实践中，审查撤销这样的威力大的刚性制度，全国人大及常委会没有正式公开宣布过一件法律法规违宪。因此，审查撤销机制发挥作用受限，实践中主要是通过协商机制加以解决。在备案、审查和撤销程序中，当发现接受备案、审查的法规不符合宪法（违宪审查）和法律时，审查者往往通过柔性的方式与对方进行沟通，让对方进行修改。这种做法，是以组织的名义进行的，这属于一种协商的方式。❶ 通过这样的协商方式进行监督，操作性强，容易趋于一致，但可能会损害法律的权威和降低下级违法的成本。

（三）人民政协政治协商

1. 协商内容

按照 2004 年人民政协章程规定，政治协商的内容涉及国家和地方的大政方针，以及政治、经济、文化和社会生活中的

---

❶　朱景文. 我国立法监督制度之反思［J］. 群言，2015（1）：24.

重要问题（决策之前和决策执行过程中）。2006 年《关于加强人民政协工作的意见》作了大致相同的规定，并增加了各党派参加政协工作的共同性事务、政协内部事务及统一战线问题。从字面上看没有包括法律法规的内容，但其中的大政方针、政治、经济、文化和社会中的重要问题，按照 1995 年政协全国委员会《关于政治协商、民主监督、参政议政的规定》，政治协商的内容涉及民主法制建设和国家重要的法律草案等许多方面。●

2. 主要形式和程序

（1）主要形式：会议形式的协商、提案协商和界别协商。

第一，会议形式的协商。人民政协会议主要包括全体会议、常务委员会会议、座谈会和专题协商会等形式。● 近几年专题协商兴起，双周座谈会复活，形成了全国政协每年 1 次全会、4 次常委会、20 次双周协商座谈会的"1420"协商格局。●

双周座谈会创立于 1950 年，被称为"神仙会"，截至 1966 年"文革"时停止采用，其间共进行了 100 多次。双周

● 按照 1995 年规定，人民政协政治协商范围非常广泛，涉及物质文明、精神文明、民主法制建设，改革开放和经济建设的重要方针政策及重要部署；还包括国家政治生活方面的重大事项，国家的重要法律草案，中共中央提出的国家领导人人选，国家省级行政区划的变动，外交方面的重要方针政策，关于统一祖国的重要方针政策，群众生活的重大问题。

● 会议形式包括人民政协全体会议、常务委员会会议、主席会议、政协党组受党委委托召开的座谈会、秘书长会议、各专门委员会会议和政协内部会议等。实践中逐渐形成政协全体会议的集中协商、常务委员会专题协商、主席会议重点协商、专门委员会对口协商及其他形式的经常协商的格局。

● 人民政协报编辑部. 从双周座谈会到双周协商座谈会[N]. 人民政协报，2014-09-20（T15）.

座谈会成为人民政协政治协商的重要手段，对党和国家的决策产生了重要影响。2013年全国政协第六次主席会议通过了《双周协商座谈会工作办法（试行）》，将双周座谈会改为双周协商座谈会，每2周举行一次，一年大概20次。双周协商座谈会以界别为基础，实行专题协商和对口协商相结合的原则，邀请某一（些）界别的约20名政协委员和有关国家部门负责人参加，共同进行交流协商。协商程序一般是由政协主席主持，相关国家部委领导先就议题作出介绍，然后委员发言、讨论，国家部委进行回应，其间可以进行讨论与争论，座谈会主持人也可进行询问。截至2015年2月，共进行了26次双周协商座谈会，涉及的议题广泛，如环保类4次，经济类6次，政府治理和权益保障各3次，科技、法制、就业各2次，教育、养老、体育和文物保护各1次。截至2017年12月底，共召开了76次双周协商座谈会，内容涉及《水污染防治法》的修正、加快食品安全监管体系建设、加强草原生态系统保护和修复、《快递条例》的制定、《促进科技成果转化法》的修正和《安全生产法》的修正等法律法规的制定或修正（见表3-6）。

表3-6 全国政协双周具体协商议题（2013年10月—2015年1月）

次数	时间	协商座谈会议题
1	2013-10-22	分析当前宏观经济形势
2	2013-11-07	建筑产业化
3	2013-11-21	发挥人民政协的界别优势，为维护职工群众切身利益、促进社会公平正义建言献策
4	2013-12-05	深化科技体制改革、着力提升原始创新能力
5	2013-12-24	加强汽车尾气治理、减少城市大气污染
6	2014-01-09	核电和清洁能源发展

续表

次数	时间	协商座谈会议题
7	2014-03-20	《安全生产法》修正
8	2014-04-03	贯彻落实《全民健身条例》，增强国民身体素质教育
9	2014-04-17	推进海外华文教育发展
10	2014-05-06	确保依法独立公正行使审判权、检察权
11	2014-05-15	发展特高压输电，优化电力布局
12	2014-05-27	化解过剩产能过程中需关注和解决的问题
13	2014-06-12	利用大数据技术提升政府治理能力
14	2014-06-26	大学毕业生创业就业环境优化
15	2014-07-10	南水北调中线水源地水质保护问题
16	2014-07-24	更好地发挥社会组织在社会治理中的作用
17	2014-08-21	"丝绸之路经济带"建设需重视的问题建议
18	2014-09-11	民族地区城镇化进程中的就业问题
19	2014-09-25	积极推进医养结合型养老护理模式建设
20	2014-10-30	利用水泥窑协同处置垃圾废弃物
21	2014-11-13	建筑工人工伤维权
22	2014-11-27	大力支持中小微企业技术创新
23	2014-12-12	城镇化进程中传统村落保护
24	2014-12-23	加快转变政府职能，增强政府公信力
25	2015-01-08	发挥国家实验室在原始创新中的引领作用
26	2015-01-22	残疾人权益保障

资料来源：双周协商座谈　委员怎样当智囊？［N］．北京青年报，2015-02-09（A04）．

座谈会结束后，人民政协将座谈内容进行汇集，报送中央和有关部委批示和决策。

第二，提案协商和界别协商。提案工作是政协一项经常性工作，协商内容涉及经济、政治、法律和社会等各方面，一般经过提案提出、审查处理和办理三个阶段。提案审查移交后，具体承办单位应对处理情况给予答复。对于政协重点督办的提案，可以采用协商座谈等方式，推动办理工作，对当年不能解决的问题实行跟踪督办，以促落实。在界别协商中，主要通过参加例会、提出提案、反映社情民意和参加专门委员会活动等方式进行协商。如第一届全国政协由 46 个单位组成，中间经历多次变化，及至十届政协会议，政协界别调整为 34 个，几乎涵盖我国大部分行业，协商的内容也涉及一些法律规范草案的制定或修改。

（2）协商的程序。

按照 2006 年《关于加强人民政协工作的意见》的规定，政协政治协商的主要程序如表 3-7 所示。

表 3-7　人民政协政治协商的主要程序

序号	步骤	具体内容
1	协商议题的提出	党委根据年度工作重点或政协党组建议，确定政治协商议题
2	协商活动的安排	政协党组根据党委统一部署和章程等规定，安排协商活动
3	协商活动的进行	党委、政府及有关部门负责人就协商议题通报情况、听取意见，各党派、团体和各民族代表人士提出协商意见及建议
4	报送协商意见	政协整理和及时报送协商成果
5	处理和反馈协商建议	党委、政府和有关部门负责人研究处理协商建议和意见，并及时反馈处理情况

资料来源：关于加强人民政协工作的意见［EB/OL］http://m.law-lib.com/law/law_view.asp?id=139957&page=1.

党的十七大报告提出"把政治协商纳入决策程序",在实践中形成了"党委建议—政协协商—人大决定—政府执行"的决策运行模式,把政协政治协商提高到了一个新的战略高度。●

3. 人民政协参与立法协商

人民政协参与政治协商是其内在职能,这是由政协特殊的地位和性质所决定的,参与立法协商同样是其一项具体的活动。在实践中,各地纷纷出台有关人民政协政治协商的各种意见、规程甚至是立法协商规程。例如,浙江省委制定颁发了《中共浙江省委关于加强和完善人民政协政治协商促进科学民主决策的意见》,江西、湖北、天津、南京、成都、北京等十多个省市也纷纷制定相关的意见。有的省市制定了协商规程,如 2009 年广州市委出台了《中共广州市委政治协商规程(试行)》,2010 年广东省委制定了《中共广东省委政治协商规程(试行)》。有些地方出台了专门的立法协商的规则,如表 3-8 所示。

表 3-8　各地出台的主要立法协商规则

序号	规则名称	制定或发布单位
1	《关于加强地方立法协商工作的意见》(2000)	福建省人大
2	《关于加强地方立法协商工作的实施意见》(2000)	福州市政协与市人大常委会
3	《关于加强南京市地方立法协商工作的意见》(2004)	南京市人大常委会与市政协社法委会签

● 胡莜秀. 人民政协制度功能变迁研究[M]. 上海:上海人民出版社,2010:151.

续表

序号	规则名称	制定或发布单位
4	《关于加强南京市政府立法协商工作的意见》（2004）	南京市政协社法委与市政府法制办
5	《立法前协商工作规则》（2007）	济南市政府与政协
6	《关于建立政府立法协商机制的实施意见》（2009）	杭州市人民政府与市政协
7	《关于在市政协开展立法协商工作的通知》（2014）	北京市委
8	《立法协商工作实施办法（试行）》	北京市政协

资料来源：李昌鉴.完善政治协商规程　实践人民政协软法建设［EB/OL］.（2010-11-19）.http://cppcc.people.com.cn.

从中央和地方已制定的有关立法协商规则来看，全国政协和地方政协在参与立法活动时，主要有以下三种方式。

第一，党委与民主党派成员、人民政协委员就重要的法规或规章进行协商，即党委在政协处就拟制定或修改的法规或规章进行协商。例如，2011 年出台的《中共广东省委政治协商规程》第 8 条第 5 项明确规定，省委在省政协同省各民主党派和各界代表人士政治协商的主要内容包括重要地方性法规和重要政府规章的制定和修改建议。具体形式可以是省政协专题协商会，协商的计划或议题一般事先由省委与省政协共同协商确定。❶

第二，立法机关将法律、法规或规章草案交由（或者通过党委转交）人民政协进行协商。例如，2005 年全国人大在

---

❶ 政协广东省委员会办公厅.中共广东省委政治协商规程［EB/OL］.http://www.gdzxb.gov.cn/about_us/content.jsp?catid=19&scatid=151&id=12010.

制定《反分裂国家法》时，把草案交由全国政协，听取意见或建议。而北京政协参与立法协商，则主要是通过党委常委的渠道。例如，市人大在通过《北京市大气污染防治条例》之前，按照市委的要求，市人大常委会将《北京市大气污染防治条例（草案）》向市委常委会汇报，根据党的十八届三中全会精神，将草案交由北京市政协协商。2013年11月下旬，北京市政协专门成立协商领导小组，组织进行协商，再将协商成果汇报北京市委转交北京市人大常委会，进行立法时参考。❶

　　第三，政协主动参与的立法协商活动。①南京市的三方联席会议制度。2004年起，南京市出台了《关于加强南京市地方立法协商工作的意见》和《关于加强南京市政府立法协商工作的意见》，就立法协商问题，南京市政协、南京市人大法工委与南京市法制办建立了三方联席会议制度。为此，南京市政协专门成立"立法协商咨询小组"。在2004年年初，南京市政协与南京市人大、南京市法制办商议确定本年度立法协商计划和协商重点。然后组织立法协商咨询小组通过集体协商和召开座谈会等形式来征求当地各界意见，并以书面形式反馈给南京市人大和南京市法制办。❷②福州市的对口联席会议制度。福建省人大出台了《关于加强地方立法协商工作的意见》，福州市政协与市人大常委会出台了《关于加强地方立法协商工作的实施意见》。据此，福州市政协社法委与市人大法工委建立对口联系、立法调研和协商等多项制度，推进了立法协商的发展。2000年以来，福州市政协先后对20部地方性法规进行了

❶　余荣华. 北京探路政协立法协商[N]. 人民日报，2014-04-16（20）.

❷　徐继昌. 南京政协全程参与立法协商[N]. 人民政协报，2013-02-27（01）.

协商论证。❶③济南市政协参与政府立法协商制度。2007年，济南市政府与市政协共同制订了《立法前协商工作规则》，就制定地方政府规章前进行协商作出了规定。该规则规定，双方建立联席会议制度。立法部门在征集立法项目建议时要主动征求政协的意见；在年度立法计划出台后，要与政协协商确定具体的协商项目；政协部门在征集政协委员意见和建议时，政府立法部门应派人参与说明和讨论；立法部门需要就政协的意见和建议采纳情况作出反馈说明。❷

（四）政府工作中的协商

1. 公众参与行政立法协商的规定

传统的行政模式当中，行政机关实质上没有独立的主体地位，只是执行立法机关的指令，同时还要受到权力机关的监督和约束，不允许篡改立法机关的意志，行政机关实质上起着"传送带"的作用。❸随着积极行政的兴起和行政机关自由裁量权的扩大，行政机关的职能转向管理与服务并重。公众也不再是纯粹的被管理者和服从者，而是在积极争取主动。行政

---

❶　福州市政协社法委与福州市人大法工委建立对口联系制、立法调研参与制、重要地方性法规协商制、年度立法计划项目协商制等。2000年以来，福州市政协先后对20部地方性法规进行了协商论证，如《福州市人大及其常委会立法条例》《福州市人大常委会地方立法听证条例》，推进了立法协商的发展。参见夏良宝. 福州市政协在为地方立法协商中履职[J]. 政协天地，2007（4）：33.

❷　济南市人民政府办公厅政协济南市委员会办公厅. 关于印发济南市立法前协商工作规则的通知[Z/OL]. （2007-11-16）[2015-12-13]. https://news.e23.cn/content/2008-03-19/200831900174.html.

❸　王锡锌. 行政过程中公众参与的制度实践[M]. 北京：中国法制出版社，2008：126.

关系逐渐从传统的主体关系转向主体间关系，基于行政行为涉及相关公众的利益，为增强决策的民主性，协商因素进入行政领域。

2000 年《立法法》规定，行政法规的起草要通过座谈会等方式广泛征求公众意见。《行政法规制定程序条例》和《规章制定程序条例》也作了类似规定。2004 年国务院又公布了《全面推进依法行政实施纲要》，其中提出要改进政府立法的方法，除了通过听证会等方式提高公众参与度之外，还要采用立法者、实务人员和专家相结合的原则，建立专家咨询论证制度。2007 年国务院颁布的《政府信息公开条例》规定的政务公开为公众参与立法提供了保障。

2007 年党的十七大提出在制定政策和法律法规时，需要听取公众意见，以提高决策的透明度和公众参与度。2008 年国务院制定《关于加强市县政府依法行政的决定》，提出要完善政府决策时的听取意见制度。2010 年国务院发布《关于加强法治政府建设的意见》，提出完善公众参与政府立法的制度和机制。2012 年党的十八大明确提出了协商民主，国家政权机关要就经济社会发展的重大问题和涉及群众切身利益的实际问题广泛协商，要拓展人民有序参与立法途径。2014 年党的十八届四中全会决定再次提出，要完善公众参与政府立法机制。2015 年《关于加强社会主义协商民主建设的意见》提出要在立法时广泛听取意见、及时反馈信息、规范听证制度等。

在地方，几乎所有的省、自治区和直辖市都颁布了相关的地方性法规、地方政府规章制定规则，要求在立法中征求公众意见，如《湖南省行政程序规定》和《广州市规章制定公众参与办法》。

2. 行政立法协商的方式及实践

传统的行政立法协商方式如内部征求意见、电话和信函反映意见、专家咨询论证等，近些年来，通过网络等媒体公布草案成为主流方式，立法听证也被大量运用。

国务院从 2003 年第一次公布行政法规草案《物业管理条例（草案）》征求公众意见算起，截至 2012 年，共有 100 多部法律和行政法规草案通过国务院的"中国政府法制信息网"和《人民日报》《法制日报》等主要报纸媒体来征求公众意见。❶同时，"中国政府法制信息网"设置专门的公开征求意见系统，将国务院需要征求意见的规章草案纳入其中，方便公众提出意见。公开征求意见系统显示，从 2008 年至 2015 年，分别有 149 件法律法规草案和 671 件部门规章草案已完成征求公众意见。❷

行政听证，是指政府在进行立法和作出决策时，若关系到公众重大利益，则邀请相关团体、公民和专家等参与辩论等，听取其意见的一种制度。它是协商民主的重要表现形式，有利于政府工作的有序推进。我国有学者认为，听证具有公开透明、公正平等、理性选择、规范和提高效率等功能。❸行政听证主要运用在行政处罚、价格制定与调整、行政许可、环境和城乡规划、房屋拆迁和行政立法等领域，实践中运用最多的是

---

❶　袁曙宏. 公众参与行政立法：中国的实践与创新[M]. 北京：中国法制出版社，2012：6.

❷　参见国务院法制办. 中国政府法制信息网——公开征求意见系统[EB/OL].[2016–01–13]. http://zqyj.chinalaw.gov.cn/index.

❸　彭宗超，薛澜，阚珂. 听证制度：透明决策与公共治理[M]. 北京：清华大学出版社，2004：36.

价格听证。● 在立法听证领域，一些地方制定了专门的听证规则，如《南京市人民政府立法听证办法》《广西壮族自治区人民政府立法听证制度实施办法》《杭州市实施立法听证会制度的规定》等。听证的实践，最早开始于 1999 年 7 月深圳市法制局举办的"建筑材料核准制"听证会；2006 年，北京市政府一次对商业零售单位、星级饭店、餐饮经营单位和文化娱乐场所等 5 个场所安全生产规定草案同时进行听证，则具有里程碑式的意义。●

---

❶ 1997 年《价格法》第 23 条规定，制定关系群众切身利益的公用事业价格、公益性服务价格、自然垄断经营的商品价格等政府指导价、政府定价，应当建立听证会制度，由政府价格主管部门主持，征求消费者、经营者和有关方面的意见，论证其必要性、可行性。

❷ 王锡锌. 行政过程中公众参与的制度实践[M]. 北京：中国法制出版社，2008：88—98.

第四章　我国立法协商的实践

一、港澳台地区立法协商的实践

（一）香港基本法的制定

1. 制定的基本过程

20 世纪 70 年代末，为了解决历史遗留的台湾和香港问题，邓小平同志提出了"一国两制"的构想。[●] 20 世纪 80 年代初，中英双方就香港顺利过渡和回归等问题开始进行了一系列的谈判和磋商。从 1982 年 9 月起，中英双方在"十二条基本方针政策"基础上，经过 20 余轮

● 邓小平. 邓小平文选：第 3 卷[M]. 北京：人民出版社，1993：67.

谈判，至 1984 年 12 月，签订了关于香港问题的《联合声明》。

香港基本法是"一国两制"的法律化。1985 年 4 月，成立香港基本法起草委员会，负责起草《中华人民共和国香港特别行政区基本法》（以下简称《香港基本法》）。起草委员会从同年 7 月开始，至 1990 年 2 月完成起草任务，历时 4 年 8 个月。1990 年 4 月，七届人大三次会议通过了香港基本法。基本法的出台，以法律形式确立了"一国两制、港人治港、高度自治"的原则，为香港回归前的顺利过渡和未来特区行使立法权奠定了基础，因此被邓小平誉为"一个创造性的杰作"。

2. 制定的特点

第一，成立具有广泛代表性、规格高的起草委员会。1985 年 4 月，六届人大三次会议决定专门成立基本法起草委员会，负责起草工作。起草委员会共 59 人，内地 36 人，由法律界和各界知名人士等组成。香港成员 23 名，涵盖工商、金融、文化传媒和工会等多个领域。委员会还设置了 8 个工作小组，涵盖政治、经济、文化等各方面。❶在起草委员会第一次会议上，向起草委员颁发了任命书，这样的规格在中国立法史上尚属首次。

第二，起草过程透明开放，发扬民主。起草委员会组建后，又成立了基本法咨询委员会，主要工作是负责收集、整理

---

❶ 邹平学. 基本法是创造性的杰作［EB/OL］.（2015-03-28）［2015-12-20］. http://news.takungpao.com/opinion/highlights/2015-03/2958266.html.

和分析各种建议和意见，接受起草委员会的咨询。咨询委员会委员 180 人，全部由香港居民组成，其中包括 15 名外籍人士。咨询委员会通过公众咨询等方式广泛征求意见，供起草委员会参考。另外，整个起草讨论过程允许记者采访，通过草案时也是逐条地进行表决。

第三，两次公布法律草案，征求公众意见。1988 年 4 月，通过媒体刊登，起草委员会公布基本法（草案）征求意见稿，供香港市民讨论；内地选择了北京、上海两市和广东、福建两省征求意见，进行了为期 5 个月的咨询。征求意见稿中分别列出了行政长官和立法会产生办法的 5 个和 4 个不同方案，以及部分委员对其他争议性条文的建议和意见。❶ 1989 年 2 月，全国人大常委会公布基本法草案，在香港和内地进行了为期 8 个月的咨询。全国各界人士积极参与讨论，其中香港各界人士和团体共提出了近 8 万份意见和建议。❷

第四，中英两国进行了沟通。基本法性质属于国内法，其制定是国内法立法事情，但考虑到双方签订了联合声明，过渡期还需对方配合，因此中方在基本法起草过程中与对方进行了多次沟通。❸

---

❶ 陈弘毅. 香港特别行政区的法治轨迹 [M]. 北京：中国民主法制出版社，2010：10.

❷ 中华人民共和国国务院新闻办公室. "一国两制"在香港特别行政区的实践 [EB/OL]. [2015–12–20]. http://www.locpg.hk/jsdt/2014-06/10/c_1111067166.htm.

❸ 许崇德. 香港基本法及未来的立法问题 [M] // 许崇德自选集. 北京：学习出版社，2007：317.

3. 人权法案之争

1989 年 6 月之后，英国政府希望借制定《香港人权法案条例》（以下简称《人权法案》），以此来保持所谓港人对香港前途和人权保障的信心。在未和中国商量情况下，单方出台了《人权法案》，以便在香港回归后继续使用。中英双方曾有协议，规定假如过渡期香港有什么重大变化，要通过中英联合小组进行协商，征得对方同意。1982 年、1983 年中英谈判时，英方表示将来不会制定人权法案，现在出尔反尔，单方制定人权法案，将两个国际人权公约内容移植其中。❶ 实际上，人权公约的权利已体现在基本法中，运用基本法就可以保障人权；更何况当时，我国政府并未加入人权公约。因此，中国政府对于英方想利用人权公约架空香港基本法的做法坚决表示反对。

中国表示，对于英方单方强行制定人权法案，我们保留将来进行审查的权力。后来在中方强烈交涉下，双方实际上也进行了妥协，中国保留了人权法案。港英政府最终也在 1997 年修订《人权法案》的时候废除了原来凌驾于香港其他法律之上的条款，即原 1991 年《人权法案》，第 I 部《导言》中第 2

---

❶ 许崇德. 香港基本法及未来的立法问题[M]// 许崇德自选集. 北京：学习出版社，2007：322.

条第 3 款、第 3 条和第 4 条。❶港英政府的这种做法，实际上最终也是遵照了基本法有关规定。❷1997 年 2 月，全国人大常委会发布专门决定，废止了上述原两条一款的效力，至此，人权法案条款之争得以解决。

（二）澳门基本法的制定

1987 年 4 月，中国和葡萄牙双方发布联合声明，确认中方在 1999 年 12 月对澳门恢复行使主权，同时宣告了我国对澳门的基本方针政策。据此，1988 年 9 月成立澳门基本法起草委员会，开始起草澳门基本法。澳门基本法的起草，基本上遵循着香港基本法制定的流程。如专门成立起草委员会，委员会有 48 名委员，其中内地委员 26 人，澳门委员 22 人；在制定过程中召开大小会 80 多次，进行协商；草案两次在澳门和内地被公开，时间各 4 个月，以便征求公众意见。❸经过 4 年半的起草修改过程，1993 年 3 月，全国人大通过了澳门基本法。

---

❶ 参见《香港人权法案条例》（1991 年）。其第 I 部 2. 释义第二条（3）在解释及应用本条例时，须考虑本条例的目的是将《公民权利和政治权利国际公约》中适用于香港的规定收纳入香港法律，并对附带及有关联的事项作出规定。第 I 部第三条是对先前法例的影响：（1）所有先前法例，凡可作出与本条例没有抵触的解释的，须作如是解释。（2）所有先前法例，凡不可作出与本条例没有抵触的解释的，其与本条例抵触的部分现予废除。第 I 部第四条是日后的法例的释义：在生效日期或其后制定的所有法例，凡可解释为与《公民权利和政治权利国际公约》中适用于香港的规定没有抵触的，须作如是解释。

❷《香港特别行政区基本法》第 60 条规定：如发现原有法律与基本法相抵触的，需要有特别行政区自己去修改或停止生效。

❸ 许崇德. 基本法的制定显示了中国人的智慧[N]. 法制日报，2009-09-29（12）.

　　与香港基本法起草相比较，澳门基本法起草中对于具体内容的争议处理也极具协商的特征。第一，行政长官的资格问题。有委员认为应参照香港的做法，有的委员认为应采用其他办法。经过多方交流，反复协商、切磋，最后委员们达成一致意见，即"行政长官在任职期内不得具有外国居留权"。第二，土地问题。多数委员认为应该实行土地国有，但也有一些委员提出，原来持有私有产权证书的应继续保留。经过充分协商，最终基本法采纳了双方折中的意见。❶第三，博彩业问题。有的起草委员认为，作为经济支柱之一的博彩业，对澳门经济发展影响举足轻重，基本法应对此加以规定进行保护；有的委员认为，将此写进基本法就表明澳门是世界三大赌城之一，影响不太好。讨论协商的最终结果是将博彩业写入基本法，但改为旅游娱乐业，由特别行政区制定具体的旅游娱乐业政策。除此之外，还有民用航空问题、澳门区旗区徽图案等问题，都是通过协商达成共识得以解决。正如原起草委员会成员许崇德所认为的那样，争议的问题比较多，但经过讨论、协商，最终通过法律，这是协商民主表现的结果。❷

---

　　❶ 《澳门特别行政区基本法》第 7 条规定，除在澳门特别行政区成立前已依法确认的私有土地外，属于国家所有。

　　❷ 许崇德认为，起草委员会坚持的工作方法，不是通过简单的少数服从多数进行表决，而是各抒己见，反复讨论分歧和争议，发扬民主协商等作风，不断缩小分歧，达成共识。最后草案每个条文都以 2/3 以上多数票通过，也是充分发扬民主协商精神之后果。参见许崇德. 基本法起草的民主协商精神[N]. 人民日报，2009-12-05（7）.

（三）我国台湾地区的立法协商实践

台湾地区"法律"将立法权赋予了台湾地区立法机构，民意代表和行政部门有提案权，公众（个人和利益团体等）只能是立法的辅助者。按照台湾地区立法机构职权行使有关规定，其第13条、第54条和第68条，分别规定了请愿权、立法机构可以召开公听会、为协商议案或解决争议所召开的党团协商。随着台湾地区民主进程的加快，民众参与或影响立法的方式主要有立法请愿、游说、举行记者会、召开公民共识会、公听会等。

1. 立法动议

台湾地区立法机构职权行使有关规定（2002年）第64~67条专门规定：请愿文书由立法机构秘书处接收，转送程序委员会；由程序委员会审核是否属于立法事项，否则移送权责部门处理；由相关委员会审核能否成为议案，若符合条件则列入审查程序。无论结果如何，需要将结果告知请愿人。在行政立法方面，台湾地区有关文件规定了公众可以提出立法动议，公民和团体可以通过向立法机构提供咨询或者通过民意代表代为提出法案。❶

---

❶ 黄洪旺. 我国公众立法参与的制度化研究[D]. 福州：福建师范大学，2012：143.

2. 立法游说

台湾地区比较有特色的是民间团体对立法的参与协商。20 世纪 80 年代后期，台湾地区中产阶级崛起，各种团体（职业、政治和社会团体）兴起，利用其团体力量积极参与政治活动（包括立法），立法机构成为公众利益诉求的集中场所。涉及的立法内容主要有台湾地区劳动基准有关规定、银行有关规定、优生保健有关规定、儿童及少年性交易防止条例、民事有关规定亲属编修正案、"纺织品配额办法修正案""海关进口税修正案""药物药商管理法修正案"、汽车强制责任保险有关规定、烟害防治有关规定等。其中，民间公益团体——董氏基金会是烟害防治有关规定制定的主要促成者；儿童及少年性交易防止条例，最早由台湾地区原住民部落牧会牧师所发起救援活动，1992 年成立的民间团体——励馨社会福利事业基金会草拟法案，并促成法案通过。❶

3. 公民会议

公民会议于 20 世纪 90 年代被引入台湾地区，成为公众参与协商民主的最主要形式。其达成共识的结果虽然不能成为决策和立法的依据，但由于有的是政府部门所委托，会对决策部门产生事实上的拘束力和影响。据台湾地区学者统计，从 2004 年至 2005 年 7 月，台湾地区共举办 15 次公民会议，主题涉及全民保健、代理怀孕、跨港缆车、税制改革和汽车总量

---

❶ 黄信瑜，胡建. 我国台湾地区公众在参与立法活动中的角色[J]. 行政法学研究，2012（4）：111.

控制等。以台湾地区税制改革为例，大致经历以下几个步骤。如表4-1所示：

表4-1　台湾地区税制改革的步骤

阶段	内容	备注
第一阶段：筹备阶段	（1）财政事务主管部门委托世新大学行政管理系； （2）组成税改公民会议顾问委员会； （3）组成税改公民会议执行委员会，选择公民小组成员	公民小组成员共20人，是从自愿报名者中遴选
第二阶段：预备会议	第一日（2005.7.9）： 公民小组熟悉议题、专家授课、公民小组讨论问题； 第二日（2005.7.10）： 公民小组提出正式会议讨论议题；邀请专家讲课；执委会再提出核心议题	第二日核心议题：（1）税制与财政效率监督；（2）所得税公平性；（3）军教免税是否合适；（4）怎样使最低税负制公平；（5）促产条例修正方向
第三阶段：正式会议	第一日（2005.7.23）：专家解答公民小组提出的问题； 第二日（2005.7.24）：公民小组与专家交叉询问与对话、撰写初步结论报告书； 第三日（2005.7.31）：公民小组提出最终结论共识报告书、主办单位对外公布会议结论报告书	结论报告书对核心议题提出共识，供社会大众和有关单位参考及后续讨论的依据

资料来源：沈惠平.台湾地区审议式民主实践研究［M］.北京：九州出版社，2012：65.

税制改革等公民会议的召开，通过公民的参与，有助于造就"好公民"；有助于提高决策的正当性和科学性；有利于达成共识，缓解执行的社会成本等。● 当然，公民会议同样也面临着代表性不足，报告结论没有约束力、影响有限，往往沦为政府政策背书的工具的批评。

4. 公听会

公听会即听证会，是台湾地区民众参与立法协商的重要形式。立法机构职权行使有关规定（2002 年）在第 54~59 条规定了公听会，涉及公听会举行之条件、听证范围、参加人、准备事项、公听会报告及效力等。按照该规定，公听会是由立法机构各委员会根据需要举行。公听会主席由各委员会召集委员担任，参加人员为受邀请的行政部门人员及社会有关人士，一般不超过 15 人；参与人的正反意见应大体相当；应邀人员一般不得缺席，除非有正当理由。在实践中，参与人多是专家学者和受到法案影响的关系人，他们应邀出席或列席公听会进行发言或旁听，一些民间团体也经常受邀参与。● 举行公听会前5 日，需将相关材料送达参与人，参与人则需要提供书面或口头意见。公听会终结时，公听报告需要送达参与人和立法机构委员，作为立法机构审议议案的参考。至于公听会参与人发言规则，立法机构职权行使有关规定（2002 年）并未作出规定。公听会为台湾地区民众提供了重要的参与渠道，有利于民主和科学立法。

但实践也表明，理想和现实之间仍存在一些脱节。听证

● 沈惠平. 台湾地区审议式民主实践研究[M]. 北京：九州出版社，2012：72.

● 黄信瑜，王保民. 我国台湾地区立法听证制度[J]. 经济与社会发展，2008（3）：102.

有时成为走走形式，如在听证人员选择上，更多的体现是委员会委员的偏好，往往邀请符合他们胃口的参与人。听证过程中，大多缺少观点真正交锋和辩论。立法机构对听证报告重视不够，仅仅将听证记录刊登于公报上；往往缺少进一步研究论证，甚至出现民意代表随意否决听证报告，而引发相关团体抗议的事件。❶

二、全国人大立法中的协商

从 1993 年研究起草物权法算起，至 2007 年全国人大审议通过，历时 13 年，先后经过 7 次审议。在制定过程中，全国人大常委会法工委共召开 100 多次座谈会和几次论证会，并进行了数次专题调研等。尤其在公布法律草案后，更是引起了社会的广泛关注和讨论，仅仅 1 个月就收到 1 万多件公众的建议和意见。一部法律草案经由全国人大常委会先后 7 次审议，创造了立法史上审议次数最多的纪录，也成为我国科学立法和立法协商的典范。

（一）物权法起草过程中的协商

1. 起草的过程

据官方介绍，1993 年就开始了物权法起草准备工作。❷

---

❶ 黄信瑜，王保民. 我国台湾地区立法听证制度[J]. 经济与社会发展，2008（3）：103.

❷ 胡康生. 中华人民共和国物权法释义[M]. 北京：法律出版社，2007：567.

1998 年 1 月，八届全国人大常委会召开座谈会，与会 5 位专家认为民法典起草条件已经具备。3 月，起草工作小组召开会议，考虑到制定民法典短期内难以完成，于是议定从 1998 年起，用 4 至 5 年的时间先制定物权法。紧接着，起草小组先后委托梁慧星和王利明两位教授起草物权法建议稿草案，前者对财产并未划分为国有和集体进行规定，而后者则对国有和集体财产分别进行了规定。人大法工委在这两个草案的基础上，拟出了一个内部草案。2001 年年底，法工委又形成了一个物权法草案（征求意见稿），发至各地法院征求意见。

2002 年年初，民法典起草的工作正式启动，12 月，全国人大常委会第三十一次会议第一次审议《民法典草案（审议稿）》，其中物权法分为 5 编 26 章 329 条。会后，将征求意见稿发给地方人大、政府部门、司法部门和法律院系等征求意见，但学术界和司法实务界针对该草案的肯定性意见不多。❶

十届全国人大常委会组成后，将物权法制定纳入了立法规划。人大法工委先后赴重庆、吉林、安徽、江苏等地听取对草案各方面意见。首先与建设部等部门进行多次座谈，又分别召开法院系统人员和专家的研讨会来听取意见。之后，法工委对物权法编进行了修改，形成物权法草案（修改稿）。2004 年10 月，十届全国人大常委会第二次会议审议物权法草案（修改稿），此即《中华人民共和国物权法（草案）》委员长会议审议稿。❷

---

❶　韩莹. 中国物权法立法轨迹. ［EB/OL］.（2005-07-04）［2015-06-09］. https://news.sina.com.cn/c/2005-07-04/10237124645.shtml?from=wap.

❷　吴坤. 物权法草案面世的台前幕后［EB/OL］.［2015-06-12］. http://npc. people.com.cn/GB/14957/3555544.html.

二次审议后，全国人大法律委员会、法工委召开座谈会，参加者为中央有关部门和单位人员、有关专家和曾提出意见或议案的全国人大代表等。有关人员先后赴上海、河北等地对国有资产管理、不动产登记、建筑物区分所有权等各方关注的问题，进行专门立法调研，确立了"突出重点难点"等修改草案的三项原则。● 2004 年 11 月，法律委员会形成了第三次审议稿，同先前草案相比，内容有所减少。2005 年 6 月，人大常委会进行了第三次审议。按照计划流程，先公布草案全文，修改草案，年内提请四审和五审，并视情况决定提请次年 3 月召开的人大会议审议表决。

2005 年 7 月，全国人大常委会发布《关于公布物权法（草案）征求意见的通知》，向社会各界征求意见，公民可通过信件或网络方式反映意见。● 通知还请求，各媒体组织力量讨论和报道物权法草案内容。在公布草案的同时，人大法工委还向最高司法机关、国务院各部门、省级人大常委会、各社会团体及法学专家专门发出征求意见函，先后召开 3 次座谈会，听取相关部门、全国人大代表和专家意见。

草案公布后，引起了社会极大关注，从 7 月 10 日公布至 8 月 20 日，人大法工委共收到各类意见 11 543 件，其中通过网络媒体等方式提出的意见 9860 件，通过信件方式提出的意

● 三项原则包括：一是突出重点，解决物权法当前急需规范的现实问题；二是明确规定草案涉及的几个重大问题，如不动产登记机构是否统一、农村宅基地使用权能否转让等；三是对草案内容尽可能表述简明扼要，通俗易懂。

● 《关于公布物权法（草案）征求意见的通知》要求，各地省级人大常委会负责征集本地区有关部门、法学教学研究部门和全国人大代表意见；人民群众可以向本地区省级人大常委会、全国人大常委会法工委寄送意见或通过全国人大网站提交意见。

见 1683 件。[●]不仅参与人数量多，而且参与人群相当广泛，涉及公务员、教师、学生、工人、农民和商人等自由职业者，还有外国人。

2. 问题的争论及影响

草案的公布，实际上在全国范围内进行了一场全民大讨论。收集的意见，主要是与人民群众利益密切相关的问题，如国有资产流失、不动产统一登记、住宅用地使用权年限、公共利益界定、拾得遗失物是否可得报酬等。但关于物权法草案是否违反宪法、是否造成国有资产流失的争议，却在国内引起巨大震动，甚至影响了立法的进程，某媒体甚至发文认为"一封信挡住《物权法》（草案)》"。

2005 年 8 月 12 日，北京大学法学院一教授（以下均称为 G 教授）在网上发表了一封公开信。[●]在信中，G 教授认为物权法草案忽视了社会主义的基本原则，是违反宪法的，若不进行修改，立法机关无权通过该草案。其主要观点如下：第一，草案对《宪法》和《民法通则》核心条款的废除是违宪的。国家财产神圣不可侵犯，这在《宪法》和《民法通则》中有明确规定。它是社会主义的本质特征之一，离开公共物权，个人物权无法实现。该草案对此废除（即没有规定），企图强化私有

● 沈路涛，等. 汇八方意见 集百家智慧——物权法草案向社会公开征求意见工作综述[EB/OL].（2005-09-05）[2015-06-10]. https://www.cctv.com/news/china/20050905/102561.shtml.

● G 教授. 一部违背宪法和背离社会主义基本原则的《物权法（草案)》——为《宪法》第 12 条和 1986 年《民法通则》第 73 条的废除写的公开信[J]. 经济管理文摘，2006（8）：13-16.

财产的权利。第二，草案形式上对每个公民的物权进行平等保护，核心是保护极少数人的物权。公开信表示，在目前私有化思潮影响中，国有经济严重受损，草案没有保护公有物权，却对现状和通过非法手段获取的财产进行保护。因此，草案核心和关键条款有问题，即使其他部分是正确的，整部法律的性质也是错的。第三，草案背离社会主义平等原则，是开历史倒车。公开信认为，社会主义平等是劳动的平等，在私有化和国有资产严重流失状况下讲平等，是把"乞丐的要饭讨食的棍子"与"少数人的汽车"平等保护，是资本上的平等，这与资本主义没有区别。因此草案调整的前提和对象不成立。❶第四，公开信呼吁推迟审议。要首先讨论宪法根本原则和社会主义道路等问题，否则要推迟审议物权法草案；立即停止出售或转让国有资产；抓紧出台国有资产保护法和干部财产申报法。最后，作者还对草案某些具体条款提出疑问和建议，尤其是国有资产的保护方面。❷

公开信发布后，在社会上引起了强烈反响。公开信同时也引起了全国人大常委会法工委的注意，经发布半个月后，时

---

❶ 公开信认为，社会主义法律所说的平等，是在公有制基础之上，公民在平等占有生产资料基础之上，同等劳动取得同等报酬，即劳动平等。但改革开放以来，受西方新自由主义思想影响，少数人通过低价出售国有企业、管理层收购、股份制改造、买断工龄等手段，造成国有资产大量流失。在这种状况下讲平等保护，是把乞丐的要饭讨食的棍子与少数人的汽车平等保护，是资本的平等，不能够保护劳动的平等，这与资本主义没有区别。因此，草案背离马克思主义立法原则和苏俄民法典社会主义传统，迎合资本主义全球化和新自由主义，奴隶搬地抄袭资产阶级民法。参见刘贻清，张勤德. 关于物权法（草案）的大讨论[M]. 北京：中国财政经济出版社，2007：27-29.

❷ 刘贻清，张勤德. 关于物权法（草案）的大讨论[M]. 北京：中国财政经济出版社，2007：25-31.

任全国人大常委会法工委主任胡康生、副主任王胜明等约见 G 教授，谈话持续了 80 多分钟。胡康生主任说明了立法进程和相关情况，表示将其意见向上汇报，并说这是法工委第一次把 G 教授这样的学者单独请来，当面聆听。

9 月，全国人大召开会议，时任全国人大常委会委员长吴邦国亲自主持，专门听取了一些人大代表和有关人士对草案中几个重点问题的看法。10 月，人大常委会对物权法草案进行了四审。胡康生主任在汇报草案修改情况时表示，物权法草案的修改，要坚持从国情和实际出发，既要体现我国基本经济制度，又要借鉴国外有益的成分，对各种财产给予平等保护。❶在此之后，物权法草案在当年年底未能按时进入第五次审议，也没有进入次年 3 月的全国人大的议程上。

与此同时，公开信遭到了物权法起草小组成员和一些民法学者的强烈反对。2006 年 2 月，中国法学会举办研讨会，会议主题是"物权法与国有资产的保护问题"，与会者主要是民法和法理学界的专家学者及一些民法起草小组成员。同月，中国民法学会和中国人民大学法学院联合举办"物权法与中国和谐社会建设"研讨会。民法、宪法和法理等领域学者，法学会、最高人民法院和人大法工委，以及新华社、《法制日报》等十多家媒体参与会议。经过研讨，会议达成六点共识来反驳

---

❶ 胡康生指出，首先，物权法修改既要体现我国基本经济制度，又要对国家、集体和私有财产进行平等保护。针对当前问题，尤其要防止国有资产流失。要借鉴国外有益的规则，但不能照搬。其次，要坚持中国国情和实际，着眼中国特色，肯定改革成果，同时为进一步改革留下空间，充分考虑关系民众切身利益问题，重在解决现实生活迫切需要规范的问题，不必求全。参见齐彬. 关乎民众切身利益 中国物权法草案第四次审议[EB/OL].（2005-10-22）[2015-06-08]. https://www.chinanews.com.cn/news/2005/2005-10-22/8/641804.shtml.

公开信所批评的观点。❶

公开信作者认为：第一，"一封信影响立法进程"的说法是荒唐的，假如真的影响立法进程，那说明这封信反映了人民意志，原因不在我，而是草案的内容在本质上存在问题，只是现在问题被发现了而已。❷第二，其与物权法起草者的根本分歧，不在于是否保护私人的财产权利，而在于是真正保护大多数还是少数人的财产权，只有强调保护国家、集体财产权，才能对私人财产权进行可靠保护，现有的物权法草案不能阻止国有资产流失，相反会带来更多流失。❸第三，全国人大常委会法工委公布法律草案主要不是学术讨论，是政治行为。起草方谴责公开信和向全国人大建言并不是学术讨论。第四，物权法起草者应该坚持社会主义道路，不能只是相关法（民商法）领域专家学者，最低限度应该有学其他法的（如宪法、法理和刑

---

❶　六点共识主要包括：第一，宪法规定的公有制为主体、多种经济形式并存的基本经济制度需要物权法来固定和落实。《物权法（草案）》第1条、第50条分别规定了我国基本经济制度。第二，物权法是对改革开放成果的确认和巩固。社会主义市场经济体制构建的前提是要求产权清晰、权责明确，而物权法就是"调整平等主体之间因物的归属和利用而产生的财产关系"（《物权法（草案）》第2条）。第三，物权作为财产权，是人民基本权利的重要内容，是基本人权之一。第四，有恒产者有恒心，物权法规定平等保护各类财产，强化农村土地承包经营权的物权性质，从而增强人民创造财富的积极性，有利于增强综合国力。第五，社会主义法律体系建立的标志是民法典的建立，而物权法是民法典的核心部分和关键环节。第六，《物权法（草案）》是全国人民和法学专家智慧的结晶，充分征求了人民的意见，凝结了几代法学家的研究成果。参见中国法学会民法学研究会. 物权法与中国社会主义和谐社会建设理论研讨会成功举行[EB/OL]．[2015-06-09]．http://old.civillaw.com.cn/article/default.asp?id=24940.

❷　吕娟，鲁楠. 法学界的"郎顾之争"——《物权法》"叫停"的背后[J]. 法律与生活，2006（1）：32.

❸　刘贻清，张勤德. 关于物权法（草案）的大讨论[M]. 北京：中国财政经济出版社，2007：282.

法等），还要有社会学、政治学的人，还要听取广大工人农民的意见，否则会导致片面的观点。❶其他一些支持公开信观点的人员也在网上发表文章表示声援。他们对草案的善意取得、占有推定提出质疑，认为是对非法财产加以保护；要求出台国有资产保护法，加大对国有资产的保护力度等。

　　针对支持公开信方的观点，民法学者给予了回应。主要观点有：第一，宪法已经规定我国的基本经济制度，物权法只是部门法，没有必要重复。若单独规定国有的财产神圣不可侵犯，可能会使人误解财产分为不同的等级，公民的财产可能更容易被侵犯。第二，物权法实行平等保护原则完全符合宪法和十六大报告精神。第三，物权法并不会导致贫富差距扩大。财富分配不是物权法所能解决的，而是需要国家制定财政法、社会保障法和劳动法等法律制度去调整。第四，物权法只保护合法的财产。物权法草案中有 10 多条保护国有资产的条文，但其有效保护需要其他配套的法律去规定，如刑法和侵权法等。第五，物权法体系有一些是吸收了外国法有益的方面，但很多是基于我国的传统和实际，如不动产登记和土地承包经营权等。❷

　　双方的争论引起了高层的高度重视，针对通过各种途径收

---

❶　吕娟，鲁楠. 法学界的"郎顾之争"——《物权法》"叫停"的背后 [J]. 法律与生活，2006（1）：32.

❷　以上观点参见梁慧星. 正确认识物权法 [N]. 学习时报，2006-03-27（5）；何忠洲，王利明.《物权法（草案）》违宪"是误解——专访《物权法（草案）》起草人之一、全国人大法律委员会委员、中国人民大学法学院教授王利明 [J]. 中国新闻周刊，2006（9）：30；孙宪忠. 怎样科学地看物权法？[J]. 河南省政法管理干部学院学报，2006（6）：16；吕娟，鲁楠. 法学界的"郎顾之争"——《物权法》"叫停"的背后 [J]. 法律与生活，2006（1）：31.

集的意见，人大常委会继续进行立法调研、举行各种座谈会和论证会。在对草案进行四审时，确立了草案修改的三原则，即把握好政治方向、从实际出发和处理好与其他法律的关系。在草案五审、六审、七审中，除了继续完善一些法律条文外，重点对我国基本经济制度、不同所有权的平等保护等内容进行了修改或补充。❶

3. 物权立法的反思

第一，草案被质疑缺少协商和专家垄断立法。在公开法律草案之前的立法阶段，主要是全国人大常委会法工委组织民法学者参与立法，但并未有其他方面的学者参与。因此，公开信作者指责是专家垄断立法，物权法涉及人民群众的切身利益，草案的起草应该邀请宪法、法学理论甚至其他学科如社会学领域等人员参加，更需要听取社会大众的意见。宪法专家韩大元也认为，物权法的制定，不仅是民法学界的使命，也是整个法学界的事，研究宪法的人有责任参与其中，为物权法的完善提供理论基础。对于草案中争议的问题，不同学科人员应加强交流与对话，寻求合理的解决途径。❷也有人认为，在争论

---

❶　修改或补充的主要内容有：国有财产及其保护；集体财产和私有财产；公共利益和征收补偿；土地承包经营权、宅基地使用权等。具体的规定如，根据宪法，制定本法；在社会主义初级阶段，坚持公有制为主体、多种所有制经济共同发展的基本经济制度；保障市场主体的平等地位；国家所有的财产受法律保护，禁止任何单位和个人侵占、哄抢、私分、截留、破坏等。

❷　韩大元. 物权法与中国社会主义和谐社会建设理论研讨会会议议程及发言 [EB/OL].（2006-02-25）[2015-06-09]. http://blog.sina.com.cn/s/blog_569cc76c0100yhmy.html.

过程中，一些持不同观点的人被认为是"外行"或"法盲"。❶
从民主立法的角度看，每个公民都应有权提出不同的建议甚至
质疑。

　　第二，立法要考虑我国的历史和现实国情。在最早的物权
法草案中，只是概括地规定了财产权一体化平等保护，并未具
体分为国有、集体和私有财产。这被全国人大法工委认为过于
理想化，后来的草案则进行了修改，分别加以规定。草案公布
后的最主要的质疑和争议在于认为物权法草案违宪，质疑者提
出，在我国宪法中对财产进行了分类规定，设定不同的保护原
则，如国有财产神圣不可侵犯等。有学者认为，忽视民法产生
的历史与现实基础，盲目照搬西方的条文，民法典则不会具有
长久生命力。❷这种质疑尽管不一定有法理依据，但确实反映
了立法要考虑我国实际。

　　第三，充分协商，回应社会大众的呼声，才能达到立法的
效果。物权法草案公布前后，国内正在掀起国有资产流失及其
保护的论战。一些人期待物权法能依据宪法在保护国有资产方
面有所贡献。朱景文教授认为，国有资产流失问题突出，贫富
差距拉大。现代民主国家的立法机关，不仅仅是表决机关，更
是沟通和整合民意的机关。对于长期以来形成的冲突矛盾，物
权法的制定不应该使这些矛盾冲突激化。在稳定财产关系使其
合法化之前，是否要考虑一下财产的来源的合法性问题。尽管
调整财产关系不是单物权法就能解决的，但物权法应该回应大

---

❶　黎阳. 三评《南方周末》[M]// 刘贻清，张勤德. 关于物权法（草案）的
大讨论. 北京：中国财政经济出版社，2007：271—272.

❷　侨新生. 物权法的历史和现实土壤[M]// 刘贻清，张勤德. 关于物权法
（草案）的大讨论. 北京：中国财政经济出版社，2007：253.

众的呼声。●

第四，立法需要民主性和科学性的结合。基于开门立法的考虑，人大法工委在草案三审过后，公布了物权法草案，征求各界意见，导致了全民大讨论。在草案遭到质疑之后，立法组织者继续通过不同方式征求意见，表现出高度的谨慎，基本上实现了民主立法。但立法是一门科学，随着立法技术日趋复杂，专家立法和科学立法成为趋势。立法的民主性要求听取大众的呼声并落到实处，但同时也需要进行科学立法。质疑者也必须认真研究法律草案，这样才能提出中肯的建议，否则容易造成对草案的误读或曲解。

（二）其他法律制定过程中的协商

1. 反家庭暴力法

反家庭暴力法的制定，历经约 20 年，在社会各界呼吁和共同参与下才得以出台。1995 年第四次世界妇女大会的召开，使得"家庭暴力"一词进入公众的视野，人们开始关注家庭暴力问题。事实上基于实践中存在的家庭暴力现象，反家庭暴力早已进入立法者的计划当中。1996 年长沙市政府出台了我国第一个地方规范性文件《关于预防和制止家庭暴力的若干规定》；2000 年湖南省人大常委会通过了《关于预防和制止家庭暴力的决议》，这是我国第一部反对家庭暴力的地方性法规。2001 年后婚姻法、妇女权益保障法、未成年人保护法等法律

● 朱景文. 物权法与中国社会主义和谐社会建设理论研讨会会议议程及发言 [EB/OL]. （2006–02–25）［2015–06–09］. http://blog.sina.com.cn/s/blog_569cc76c0100yhmy. html.

纷纷增加了家庭暴力的条款，为反家庭暴力法的出台奠定了基础。

2012年，全国人大常委会进行立法论证，把制定"反家庭暴力法"列入立法工作计划，次年又列入五年立法规划，明确由国务院起草和提请审议，反家庭暴力立法正式进入立法日程。2014年国务院妇女儿童工作委员会起草了《中华人民共和国反家庭暴力法（草案送审稿）》之后，报请国务院审议；国务院法制办向中央有关单位以及地方政府征求意见，并进行调研和召开专家论证会，向社会各界公布《反家庭暴力法（征求意见稿）》来征求意见，此举是反家庭暴力立法历史的里程碑事件，标志着向民主立法又进了一步。❶在此基础上形成了《反家庭暴力法（草案）》，2015年全国人大常委会对《反家庭暴力法（草案）》进行一审后，在中国人大网上将草案予以公开，共收到建议4万多条；同年全国人大常委会进行二审并正式通过草案。

从反家庭暴力法的出台过程来看，首先体现了社会各界的广泛参与，可以说是协商立法的又一典范。据统计，2011年全国妇联在全国20个省开展千名公众电话抽样调查显示，93.5%的被调查者赞成制定反家庭暴力法，显示出立法具有广泛的民意基础和社会共识。其次公安部门设立的"110"反家暴报警中心、人民法院成立的反家暴合议庭、民政部门设立的救助站、司法行政部门出台的受家暴妇女法律援助制度、调解制度和建立法律援助站等表明，此次立法形成了多部门合作反

---

❶ 李明舜. 反家庭暴力法（征求意见稿）公布是重大历史进步[N]. 中国妇女报，2014-11-28（A01）.

家庭暴力的工作格局。❶

在立法过程中，全国妇联等组织、机构以及全国人大代表在其中发挥了重要的推动作用，如全国妇联多次组织研讨、征文 500 多篇，联合有关部委出台《关于预防和制止家庭暴力的若干意见》规范性文件，向国务院法制办提出立法建议，自 2008 年起连续 6 年向全国人大建议出台国家级的反家庭暴力法，推动全国 20 多个省、区、市制定了预防和制止家庭暴力的地方规范性文件或政策。❷全国人大代表也积极呼吁加快立法，如来自重庆的全国人大代表孙晓梅，2003 年起多次向人大呼吁并提出制定家庭暴力防治法的建议；在此基础上，历时 8 年，经过大量个案调研，2011 年由中国社会科学院、中国人民大学和中华女子学院等十多位专家共同起草并完成了《家庭暴力防治法》专家建议稿，为推动反家暴立法贡献了智慧。

其他如中国法学会反家暴网络（研究中心）于 2000 年成立，积极推动反家暴立法研究和立法建议。该研究中心建立了反对家庭暴力网站、对家庭暴力行为状况调查研究和对受暴妇女的法律援助等 15 个项目，并多次通过两会代表递交《家庭暴力防治法（建议稿）》《人身安全保护令司法解释》《警察干预家庭暴力规程》。❸另一些组织也积极参与推动反家暴立法，如 1992 年北京红枫妇女心理咨询服务中心开通第一条妇女心理公益热线；1994 年中国社会工作者协会京伦家庭科学中心

---

❶ 蒋月娥. 中国反家庭暴力立法的进程[J]. 中国妇运，2014（6）：39.

❷ 王君宏，张双山. 反家暴法的十年建言路[J]. 公民导刊，2013（4）：23.

❸ 北京市千千律师事务所. 中国反家庭暴力大事记梳理（1990 年—2017 年）[EB/OL].（2018–03–06）[2020–10–08]. http://www.chinadevelopmentbrief.org.cn/news-21018.html.

开通全国第一条"家庭暴力投诉热线"。

2. 民法总则

2014 年党的十八届四中全会提出"编纂民法典",标志着民法典编纂工作正式启动。2015 年十二届全国人大常委会决定采用"二步走"方式,即先行编纂民法总则,然后把其与其他民事法律整合成民法典。2016 年十二届全国人大常委会对民法总则草案进行初审,2017 年全国人大常委会通过了民法总则草案。从整个民法总则的制定过程来看,按照时任全国人大常委会法制工作委员会民法室主任贾东明的观点,可以总结为"四、三、二、一",即四场座谈会、三次网络公开、二送全体代表、一种探索:设立基层立法联系点。❶

第一,召开四场座谈会。时任全国人大常委会委员长张德江在草案二审和三审前,即 2016 年 10 月、11 月,在北京、四川召开了两场座谈会,时任副委员长李建国在宁夏、上海召开了两场座谈会。参加座谈会的主体范围涉及各省、自治区、直辖市人大常委会,中央财经、农村工作领导小组办公室,5 家民法典编纂工作参加单位,基层立法联系点等,部分全国人大代表、政协委员、专家学者、法律实务工作者等。同时,全国人大常委会还就农村集体经济组织和基层群众性自治组织民事主体地位、农村集体经济组织产权制度改革等问题进行了调研。❷

---

❶ 贾东明. 民法总则是民主立法、科学立法的典范[J]. 中国人大,2017（7）：18.

❷ 祁彪. 民法总则:民主立法的成功典范[J]. 民主与法制周刊,2019,36（9）：42.

第二，三次公开征求意见。2016 年 7 月、11 月、12 月，全国人大常委会审议草案后先后 3 次在中国人大网上公布草案内容征求意见，每次 1 个月，据统计，参与人员有 15 264 人，共提出了 69 386 条意见。另外还有通过邮寄、快递等方式提出意见。对于公开征集的意见，全国人大常委会法制工作委员会进行了认真研究。❶

第三，草案两送全国人大代表。2016 年 6 月和 2017 年 1 月，全国人大常委会在首次和第三次审议民法总则草案后，专门把草案印送各位全国人大代表征求意见。代表们通过信件、传真、电子邮件等方式提出意见，全国人大法律委员会（2018 年 3 月更名为全国人大宪法和法律委员会）、全国人大常委会法制工作委员会对所征集的意见逐条研究，其中有很多意见都被采纳，如监护等问题。在 2017 年全国人大会议召开期间，有 700 多名代表对草案提出了近 2000 条意见和建议。全国人大法律委员会据此研究，作出了 150 多处修改，如增加保护英雄烈士等的姓名、肖像、名誉、荣誉的规定。在这 150 多处修改中，近半数是对草案内容的实质性修改，对没有采纳的意见，也向有关代表逐一作了解释说明。❷

第四，设立基层立法联系点。党的十八届四中全会之后，全国人大常委会法制工作委员会在上海、湖北、江西、甘肃分别设立了 4 个基层立法联系点，立法联系点的负责同志分别参加了张德江委员长、李建国副委员长主持的民法总则草案座谈

---

❶ 贾东明. 民法总则是民主立法、科学立法的典范[J]. 中国人大，2017（7）：18.

❷ 祁彪. 民法总则：民主立法的成功典范[J]. 民主与法制周刊，2019，36（9）：43.

会，反映了基层的立法需求和意见，传递了真实的声音。同时，全国人大常委会法工委同志先后到江西景德镇、湖北襄阳、甘肃临洮 3 个基层立法联系点分别就村委会或居委会担任监护人、居委会民事主体地位、农村集体经济组织法人资格问题进行专题调研。基层立法联系点的实践，成为民法总则立法过程中"样本采集点"和"解剖麻雀"的典型样本，有利于提高立法精细化水平。❶ 在民法总则制定过程中，有许多问题引起了社会的广泛关注甚至争议，如设定限制民事行为能力人的年龄、监护制度、法人分类、民事权利种类、诉讼时效等问题，❷ 这些通过立法中的讨论、辩论和协商等方式，最大程度地形成了共识。

三、北京市人大立法过程中的协商

作为地方性人大，北京市人大及其常委会自改革开放以来，在立法方面取得了较大成绩，尤其在公众参与立法协商方面，具有鲜明的特色。

（一）开展立法协商的概况

2000 年《立法法》实施后，立法协商在北京得到进一步加强。2001 年制定的《北京市制定地方性法规条例》（历经2003 年、2017 年两次修订）作了与《立法法》中公众参与类

---

❶ 贾东明. 民法总则是民主立法、科学立法的典范[J]. 中国人大，2017（7）：19.

❷ 阿计. 民法总则，争议声中是怎样炼成的[J]. 群言，2017（4）：16–20.

似的规定。2005 年通过的《北京市地方性法规立法公示工作规程》，对立法公示的范围、程序等事项作出了规定，立法公开征求意见得以进一步制度化和规范化。●

公众参与立法协商方式多样，程度上有显著提高，如向社会公布法律草案；通过召开座谈会、来信来访和来电等方式听取有关方面的意见；推行公民旁听常委会会议制度，允许公民直接参与立法；吸收专家学者参与法规起草，保障人大代表参与立法活动方式等。党的十六大以后，除了运用传统的方式外，还建立了人大常委会 5 年立法规划项目公开征求意见制度，首次采用立法听证，建立立法咨询专家库，并注重网络的运用，以此来积极推动公众参与立法协商进一步发展。

（二）立法协商的主要方式

1. 立法公示制度

立法公示是指立法机关在立法过程中将法律法规草案及相关文件通过新闻媒体、网络等方式向社会公开，以便听取公众意见的过程。根据 2003 年《北京市制定地方性法规条例修正案》的规定，列入常委会议程的法规案，应当听取各方面意见；重要法规案经主任会议决定，可以公布法规草案征求意见。这些规定为北京市立法公示制度的建立提供了法律依据。在多年实践经验基础上，2005 年 11 月，北京市人大常委会通过了《北京市地方性法规立法公示工作规程》，标志着市人大

● 朱力宇. 地方立法的民主化与科学化问题研究——以北京市为主要例证[M]. 北京：中国人民大学出版社，2011：203.

立法公示制度正式确立。

根据工作规程，立法公示是市人大常委会在制定地方性法规过程中，将法规草案及其他相关事项，通过一定的方式向社会公布，征求群众和其他方面意见的一种工作制度。立法公示主要有两种方式：一是在市人大常委会网站和首都之窗网站公示。公示范围包括法规草案及说明、立法规划草案及说明。根据需要，可以公示市人大审议意见报告、审议结果报告和法规草案修改稿。二是通过新闻媒体公布法规草案，征求公众意见。对于公众关注的法规草案，经决定在主要新闻媒体上公布，公众可以通过电邮、电话和信函等多种方式提出意见。从1993 年至 2007 年，共有 8 项法规草案公布，如表 4-2 所示。

表 4-2　北京市人大常委会公布法规草案情况

序号	公布法规草案的名称	时间 / 年
1	北京市关于禁止燃放烟花爆竹的规定	1993
2	北京市严格限制养犬规定	1994
3	中关村科技园区条例	2000
4	北京市实施《中华人民共和国村民委员会组织法》的若干规定	2001
5	北京市市容环境卫生条例	2002
6	北京市养犬管理规定	2003
7	北京市实施《中华人民共和国道路交通安全法》办法	2004
8	北京市食品安全条例	2007

2. 公开征集立法项目建议

对法规草案进行公布征求公众意见，是人大民主立法的常见形式，但公开征求对立法规划的建议，是北京市人大比较有特色的做法。长期以来，实践中立法机关立法项目来源相对比较单一，过多地依赖政府职能部门。而向公众征求对立法规划的建议，则有利于从源头上发扬民主，扩大公民有序参与立法。至今，北京市人大常委会公开征求立法项目建议已进行多次。第一次是在 2003 年 6 月，十二届人大常委会发布公告，公开征求 2003 年至 2007 年的立法规划草案的建议。公告列出了 58 个立法规划项目，征求建议从 6 月 11 日至 6 月 20 日，共计 10 天。公民可以对列出的立法规划项目提出意见，也可以提出新的立法建议。10 天内，收到群众来信（包括电子邮件）和来电共 2081 次，提出的新的立法建议共 221 项，内容涉及各个方面，涉及立法项目 98 项，其中有 36 项被采纳。❶

第二次是 2008 年市人大常委会征集从 2008 年至 2012 年五年立法规划项目建议。此次征集建议的范围包括：市政府有关部门、区县人大常委会、有关社会组织、人大代表和社会公众。与第一次征求立法规划建议给出的 58 个项目不同，此次没有给定范围，社会公众可以自己提出立法项目建议。此次征集建议时间共计 35 天，共收到各类立法项目建议 380 项，其中收到群众来信、来电 2081 次，立法建议 224 项，合并为立法项目 28 项，内容涉及广泛，60% 以上的建议被采纳。后来，在征求各方意见基础上，人大常委会确立了本届常委会五年立法项目共 56 项。❷

2013 年北京市人大常委会再次征集 2013 年至 2017 年五

---

❶ 朱力宇. 地方立法的民主化与科学化问题研究——以北京市为主要例证 [M]. 北京：中国人民大学出版社，2011：201.

❷ 何军. 民主立法的理论与北京市人大的实践 [M]. 北京：知识产权出版社，2011：160.

年立法规划建议。前两次均称为《北京市人大常委会立法规划》，此次更名为《北京市地方性法规立法规划》。常委会通过委托研究机构调研社会立法需求等方式，分四个阶段向各区县人大常委会和市"一府两院"、人大代表、社会组织和人民群众征求立法规划项目建议。此次征集共收到立法项目建议560 多项，经过深入研究论证，最终确定了 53 项立法项目。❶

3. 公民旁听制度

1999 年 10 月，北京市人大常委会制定了公民旁听的试行办法，开始推行公民旁听常委会会议制度，也成为省级人大允许公民旁听较早的地区之一。公民旁听制度的实施，为北京市公民直接参与立法开辟了一种新途径。具体程序是，市人大常委会办公厅在人大常委会会议召开前，在媒体上发布会议召开的有关事项公告，想参加旁听的公民可以通过电话预约或者到办公厅现场预约。预约成功的公民在开会当天，携带身份证到办公厅填写登记表，领取旁听证，在指定位置就座，就可以参加旁听。会议组织者为旁听公民准备有会议文件资料和提出建议或意见的专用纸，旁听者在会议上不能发言和提问，但可以留下书面的建议和意见。据统计，截至 2002 年，共有 665 位公民参与旁听，提出了 440 条书面意见和建议。截至 2009 年 5 月，近十年间，共有 1577 人次的公民旁听了 69 次人大常委会会议。❷

---

❶ 参见 2014 年《北京市人民代表大会常务委员会工作报告》。
❷ 何军. 民主立法的理论与北京市人大的实践[M]. 北京：知识产权出版社，2011：168.

4. 立法听证

2004 年，北京市人大常委会通过了《北京市人大常委会立法听证工作规程》，对听证事项范围、准备工作、程序和听证报告作了具体规定，为听证的进行提供了法律依据。按照《立法听证工作规程》的规定，听证事项主要涉及存在重大利益冲突、重大分歧和群众高度关注等重大问题。❶

截至 2014 年年底，北京市人大常委会就部分法规主要进行了 3 次听证，即《北京市实施〈中华人民共和国道路交通安全法〉办法》（征求意见稿）、《北京市烟花爆竹安全管理规定（草案）》《北京市大气污染防治条例（草案修改稿）》。以《北京市实施〈中华人民共和国道路交通安全法〉办法》听证为例，它是北京人大立法史上的首次听证。2003 年和 2004 年全国人大常委会和国务院分别通过了《道路交通安全法》和《道路交通安全法实施条例》，为配合国家的立法，北京市人大将《北京市道路交通安全条例》列为 2003 年至 2007 年的五年立法规划项目。2001 年北京市公安局成立法规起草小组，起草过程中进行多次立法调研和专家论证，并且书面征集政府委办局和区县政府意见。2004 年 5 月，在网上公布征求意见稿，公开征求各方的意见，共收集到 1758 条市民意见。意见集中在如何分担交通事故的责任和电动自行车能否上路行驶，以及

❶　2004 年《北京市人大常委会立法听证工作规程》第 5 条（听证建议）规定："专门委员会、常委会组成人员 5 人以上联名和常委会工作机构可以就法规草案中的下列事项提出立法听证建议：（一）涉及经济、社会发展中的重大问题的；（二）涉及人民群众普遍关注的热点、难点问题的；（三）涉及公共利益或者不同利益群体之间有利益冲突的；（四）各方面意见分歧较大的。"

新手在实习期间只准在最右侧车道行驶等问题上。市公安局对此进行研究分析并形成了草案。市人大内务司法委员会则组织有关部门和人员进行视察，通过召开座谈会等方式征求意见，并将条例草案名称改为《北京市实施〈中华人民共和国道路交通安全法〉办法》。2004 年 8 月，市人大法制委员会根据人大常委会会议和内务司法委员会的审议意见，对草案进行修改，形成了办法征求意见稿，并通过媒体公布草案，向社会公开征求意见。从 8 月 9 日至 15 日，共收到社会各界意见 8855 条。❶市人大法制委员会经过认真研究，确定将"机动车负全责和驾驶非机动车能否载人"两个问题作为听证事项。

2004 年 9 月 3 日，市人大法制委员会召开北京首次立法听证会。从报名的 332 人中选出 16 名作为陈述人，选择的因素主要是：陈述人应与听证事项有利害关系；有明确的观点和充足的理由，并具有代表性；有相应的表达能力；持不同意见的人数大体相当；有一定比例的专家参与。这 16 名陈述人当中，有教师、编辑、企事业员工等，还有 3 名法律专业人士。听证程序主要是：会前准备工作；宣布开始，说明听证事项；听证陈述人陈述意见，每个陈述人有 8 分钟时间，经同意，又有 9 个人分别作了 2 分钟的补充发言；听证人询问，有 1 位听证人提出询问；制作听证记录；旁听人员提交书面意见（实际有 2 人提交）。听证结束后，听证组织者对有关问题作出深入调查研究，并通过媒体公布了立法听证报告。听证报告印发市人大常委会组成人员，一些意见和建议在二次审议时被采纳。

---

❶ 朱力宇. 地方立法的民主化与科学化问题研究——以北京市为主要例证 [M]. 北京：中国人民大学出版社，2011：208.

此次听证会成为北京市人大立法民主化的一个范例，达到了较好的效果。归纳起来，主要有以下几个因素：第一，在听证之前制订了听证规则，为听证程序的顺利进行提供了依据；第二，听证前后进行了大量调研，征求了民意；第三，遴选听证陈述人采用了较科学的方法，根据立法中争议较大的问题确立听证事项；第四，听证全程公开，大众、媒体充分参与；第五，更为重要的是根据听证反馈制作了听证报告，其中一些意见在第二次审议草案时被采纳，对立法产生了直接影响。

另外，北京市政协参与立法协商也非常有特色，这将在本章第五部分进行阐释。

四、我国行政立法中的协商——以《广州市规章制定公众参与办法》为例

广东地区的公众参与立法探索比较早，而且一直走在全国的前列，其不仅体现在广东省、广州市一级地方性法规层面，也体现在一级政府规章层面。❶在地方性法规方面，公众参与立法的形式多样，很有特色，如立法提议、立法听证、立法论坛、立法公示等形式。《广东省人民代表大会常务委员会制定地方性法规规定》（1998 年）规定社会公众可以提出立法建议。❷广东地区在全国范围内首次举行了听证会，即 1999 年省

---

❶　如《广东省人民代表大会常务委员会制定地方性法规规定》（1998 年）、《广东省地方立法条例》（2006 年）和《广州市规章制定公众参与办法》（2006 年）等。

❷　如《广东省人民代表大会常务委员会制定地方性法规规定》（1998 年）第 6 条规定，一切国家机关、政党、人民团体、社会组织、公民都可以向省人民代表大会常务委员会提出制定地方性法规的建议和意见。《广州市人民政府规章制定办法》（2006 年）等作了类似的规定。

人大常委会对《广东省建设工程招标投标管理条例》的修订举行了听证；1999 年，深圳市法制局举行的"建筑材料核准制"听证会，则是全国第一次行政立法听证会。❶紧接着 2001 年出台的《深圳市人民代表大会常务委员会听证条例》则为全国第一个关于立法听证的地方性法规。立法论坛也是广东的创新，2001 年 8 月，广东省人大、省法制办等单位联合举行电子商务立法论坛，反响较好。

公众参与行政立法，在广东地区主要的规范有：《广州市人民政府规章制定办法》（2002 年）、《珠海市人民政府规章制定办法》（2003 年）、《汕头市人民政府拟定法规草案和制定规章规定》（2003 年）、《广东省地方立法条例》（2006 年修正）和《深圳市人民政府制定规章和拟定法规草案程序规定》（2010 年）等。尤其是《广州市规章制定公众参与办法》（2006 年），是我国第一部公众参与政府立法的规范性文件。

《广州市规章制定公众参与办法》（以下简称《参与办法》）于 2006 年制定，2010 年进行了修订。《参与办法》分 5 章 37 条。总则部分规定了公众参与的概念、参与的原则和奖励措施。❷参与采用公开、平等、广泛和便利原则，并对积极参与立法并且意见被采纳者颁发荣誉证书或奖励。

在规章立项参与方面，《参与办法》规定了公众提出制定规章的程序、政府拟定年度立法计划征求公众意见的程序。政

---

❶ 袁曙宏. 公众参与行政立法：中国的实践与创新[M]. 北京：中国法制出版社，2012：29.

❷《广州市规章制定公众参与办法》（2006 年）第 2 条规定，公众参与是指公众参与规章立项、起草、审查、实施等环节并提出意见，行政机关决定是否采纳并及时反馈的活动。

府法制部门应在网站上公布接受意见的方式，公众可以通过信函、邮件等方式提出规章制定、修改等意见；法制部门应在网站上公布公众意见，并进行研究或报送有关部门，在45日之内针对处理意见进行答复，如公众意见被采纳，则纳入年度立法计划考虑之中。与此相类似，年度立法计划征求公众意见也要遵循公布、征求方式和反馈等程序。

在规章起草方面，《参与办法》规定了规章起草部门在形成送审稿草案时，应当制定公众参与的工作方案并报政府法制部门审核。公众参与的主要方式及要求，如表4-3所示。

起草部门采用上述方式征求意见时，法制部门应派员参加，起草部门在征求意见结束后要形成公众参与规章起草情况的说明。

表4-3　广州市公众参与规章起草的形式

方式	内容	备注
1. 座谈会	座谈议题：规章拟解决的主要问题、主要措施和拟确立的主要制度	涉及行业协会和社会团体，应邀请相关代表参加
2. 论证会	论证对象：有争议的专业技术性或者合法性问题	
3. 问卷调查	调查对象：利益可能受制度影响的相关人员或群体	调查设计应简单、通俗易懂，避免可能对公众产生诱导的问题
4. 开放式听取意见	要求：提前5天公布时间和地点，公众可以以书面或口头形式反映意见	起草部门在听取意见结束后5天内，通过其网站公布公众意见
5. 听证会	听证条件：各方面意见有重大分歧的	程序：提前20天公布听证事项；综合考虑知识背景、表达能力等因素，选择听证代表；听证代表提问、发表意见；制作笔录、结束后5日内在网站上进行公布

在规章审查方面，《参与办法》规定政府法制部门要审查起草部门的送审稿及公众参与情况。在此基础上形成征求意见稿，通过信息统一发布平台公布草案等方式，征求大众意见。若需要进一步征求意见的，则可以通过座谈会和论证会等方式进行。最后要形成公众参与情况的说明（包括采纳情况及原因等），报市政府常务会议或者全体会议讨论。

在最后的规章实施阶段，《参与办法》规定对实施 1 年以上的规章实施评估，评估时要通过法制部门网站公开征求意见，并形成评估报告，以期进一步完善规章。

总体上，《广州市规章制定公众参与办法》规定得比较完善、细致，操作性强，可以为地方性立法公众参与所借鉴。

五、我国人民政协参与立法协商——以北京市、南京市为例

（一）北京市政协参与立法协商

早在 2005 年，北京市人大到市政协，就《北京市集体合同条例（草案）》《北京市大型社会活动安全管理条例（草案）》听取政协委员的建议，双方首次尝试立法协商，取得较好效果。❶但由于当时没有相应的制度规定，政协参与人大立法前协商基本上没有。

党的十八届三中全会决定提出立法协商后，北京市政协积

---

❶ 赵升. 北京人大政协双方首次正式尝试"立法协商" [EB/OL]. （2005-04-29）[2015-07-30]. https://news.sina.com.cn/o/2005-04-29/07165780929s.shtml.

极参与人大立法前的协商活动。2013 年 11 月下旬，北京市委确定将《北京市大气污染防治条例（草案）》作为立法协商的对象，要求政协参与协商。为此，市政协专门成立立法协商工作领导小组。市政协采用全员协商和专家论证的方式，组织了 30 次界别及专家组座谈会，收集了近千条意见。在此基础上形成了"建议汇总稿"，经过论证，政协常委会审议后报北京市委。❶后来该条例在人大通过时，有 80 多处修改涉及政协提出的建议。

2014 年，北京市政协参与立法协商继续推进，协商的对象涉及城镇基本住房保障、居家养老服务和控制吸烟问题。❷ 2015 年，北京市政协参与了《北京市建设工程质量条例》的立法协商工作，取得了良好的效果。

随着政协参与立法协商的常态化，北京市立法协商工作逐渐走上正轨。2014 年 12 月上旬，中共北京市委发布了《关于在市政协开展立法协商工作的通知》和《关于制定实施北京市政协协商年度工作计划的意见》，对政协参与立法协商提出明确要求。据此，市政协通过《立法协商工作实施办法（试行）》，将政协参与立法协商工作进一步具体化。

---

❶ 崔晨. 立法协商　迈出协商民主新步伐[J]. 北京观察，2014（1）：13.

❷ 市政协召开了 32 次座谈会，有 700 多名委员参与，共汇集了 596 条意见和建议并报送市委，后来通过的条例中吸收了其中的很多意见和建议。参见杜燕，尹力. 北京立法协商制度化，围绕工程质量相关条例建言[EB/OL].（2015-01-22）[2015-07-30]. http://www.chinanews.com/df/2015/01-22/6996637.shtml.

（二）南京市政协参与立法协商

南京市政协积极参与立法协商，积极进行创新，在制度、组织、操作、机制方面富有特色，工作卓有成效，走在了全国的前列。第一，制度方面。2004 年起，市政协社会法制委员会与市人大法制委员会签订《关于加强南京市地方立法协商工作的意见》，与市政府法制办制定《关于加强南京市政府立法协商工作的意见》，两个意见对立法协商的主要问题作了规定，要求政协、人大和政府相关部门进行对口联系，建立三方联席会议制度。❶第二，建立组织。为顺利高效完成协商任务，市政协制定《南京市政协立法协商咨询小组工作简则》，专门成立"立法协商咨询小组"，主要由律师委员、法律工作者、政府部门同志及专家学者组成，为立法协商提供人才保证。第三，制定立法协商计划和方法。由政协、人大和政府共同协商确定年度重点立法协商项目和计划，确立集体商议、协商会和座谈会等方式。第四，制定《南京市政协开展立法协商工作的运作办法》，成为立法协商的规程。2015 年制定的《南京市人民代表大会常务委员会提高地方立法质量的办法》提出要建立和完善立法协商机制，在法规案立项、起草、审议等步骤中，尊重政协委员等的建议。

正是由于南京市政协对立法协商的创新和探索，立法协商工作取得了显著成效。有统计表明，近年来南京市政协共对市

---

❶ 李强. 立法协商：理论、实践与发达国家的经验[J]. 湖北经济学院学报（人文社会科学版），2014，11（11）：86.

人大和市政府提供的近 60 项地方性法规开展了立法协商工作，提出各类修改意见和建议近 300 条，约 80% 都得到不同程度的采纳或接受。❶具体涉及城市绿化、征地拆迁补偿、被征地人员保障、城市排水管理、知识产权保护和行政执法监督等方面。❷

❶ 延安政协. 建立立法协商制度与组织 提升地方立法工作民主化 [EB/OL]. （2012-07-03）［2016-02-14］. http://www.yazx.gov.cn/xxzl/1524262929667059714.html.

❷ 南京市政协参与立法协商的实例主要有，对于《南京市城市绿化条例》，市政协提出"加大对擅自移树、砍伐树木等破坏绿化的行为处罚力度"等 6 条建议和意见被条例采纳；对于《南京市国有土地上房屋征收与补偿办法》（2012 年），市政协提出《进一步完善征地拆迁政策，妥善解决安置补偿矛盾》等 13 件提案，其中"拆迁评估和补偿全程公开，半数拆迁户反对补偿方案则应召开听证会，评估机构由拆迁户投票选择"等条文被采纳；对于《南京市被征地人员社会保障办法》，政协组织专题视察和协商；政协参与协商讨论《南京市行政执法监督办法》和《南京市知识产权促进和保护条例》，组织进行 2 次专题调研，召开 3 次专题座谈会，邀请专家进行理论研讨。参见徐继昌. 南京市政协全程参与立法协商 [N]. 人民政协报，2013-02-27（A01）.

第五章 域外立法协商的领域、形式和实践

立法协商是协商民主的表现，因此立法协商多体现在协商民主诸领域，如国会立法、特设论坛、地方治理、区域治理甚至全球治理领域。在这些领域中，有的虽然并不导致直接的立法，但也会对立法产生间接的影响，如特设论坛中的协商民意测验形式，可以用于立法民意调查。同时，立法协商的许多形式来源或借鉴了协商民主的实践。

一、西方国家立法协商的领域

协商论者认识到，在协商民主制度化方面，"尽管关于合法性、制度设计和可行性的讨论已经有深度，但仍然缺乏足够水平和规模的协商民

主的实证案例研究"。● 但是，实践中一些实证案例研究已经出现并加以运用，这些包括协商制宪、协商民意测验、共识会议和公民陪审等。

（一）立法过程中的协商

一些协商论者认为，国会的立法本身就是协商立法。约瑟夫·毕塞特不赞同对美国宪法作出精英的和贵族的解释，并且为美国宪法的协商特征进行辩护；● 他认为，国会或议院等立法机关是由民众投票产生的，在协商中代表人民的利益，因此是协商的一个主要机关。学者认为，1787 年美国费城制宪会议的过程就是制宪代表们协商辩论的过程。1787 年 5 月至 9 月的 4 个月期间，代表们就建立一个有力的、人民权利能够得到保护的联邦政府展开争论，基于制宪过程中的协商安排，代表们能够以和平和理性辩论的方式，就制宪会议规则确定、选择宪法方案以及国会议席的分配等问题进行协商，达成共识。●

布鲁斯·阿克曼（Bruce Ackerman）认为，在美国建国、重建及新政时期，即在宪法需要修订的"宪政时刻"，公民能够参与更多的法律决策，此时精英们号召并倾听人民大众的意见，由此辩论扩大，并导致宪法模式转换，这是典型的大众宪

● 詹姆斯·博曼. 协商时代的来临[M]// 陈家刚. 协商民主与政治发展. 北京：社会科学文献出版社，2011：78.

● 约瑟夫·毕塞特. 协商民主：共和政府的多数原则[M]// 陈家刚. 协商民主与政治发展. 北京：社会科学文献出版社，2011：41.

● 戴激涛. 协商民主研究：宪政主义视角[M]. 北京：法律出版社，2012：167.

法修正过程。● 约翰·S. 德雷泽克也认为，立法机关是由选民选举出的代表组成的，在协商中需要考虑选民的利益，因此，立法机关是一个显而易见的协商机关。●

美国最高法院也被认为是一个协商机关，其最高法院在政策制定中具有重要地位，大多数的政策争论或辩论最后都要接受是否违反宪法判决的约束。

（二）特设论坛

1. 协商民意测验

协商民意测验是一种建立在信息对称的前提下，通过协商的方式所进行的民意调查，目的在于克服旧的调查方式的不足。协商民意测验由美国斯坦福大学詹姆斯·菲什金（James Fishkin）教授所倡导，主要步骤包括：第一，通过随机抽样产生参与者；第二，参加小组讨论或全体会议，获取充分信息，交换不同意见，形成观点；第三，讨论之后，再次发放与前一次相同的调查问卷。在美国国家议题大会上（如1996年的一次国家协商民意测验），议题为是否消减或保留对外援助问题。更为常见的是中期选举前一周的协商日，参与者将讨论竞选中的中心议题。具体分为四个阶段：第一阶段，在协商日上午，15人一组，大概35个小组，观看国家主要候选人之间就主要问题（2～4个）进行的现场直播的电视辩论。候选人

● 西蒙·钱伯斯. 协商民主理论［M］// 陈家刚. 协商民主与政治发展. 北京：社会科学文献出版社，2011：89.

● 约翰·S. 德雷泽克. 不同领域的协商民主［J］. 王大林，译. 浙江大学学报（人文社会科学版），2005（3）：33.

需要回答 3 个国内顶级记者的提问和阐释，用时 1 个多小时。第二阶段，每小组 15 名协商者推选出一名发言人参加下午的大组会议（500 人左右）；紧接着，小组召开圆桌会议，每人 5 分钟发言时间，提出并讨论下午大组会议应该考虑的问题，通过投票决定提交下午大组会议的 3 个问题。第三阶段，大会协调人（多为地方法官等）从各小组提交的近 100 个问题中抽取 15 个。下午大组会议上，两个（或 3 个）党派的代表回答上述问题，每个问题 2 分钟，总时间在 2 小时左右。第四阶段，协商者再次召开小组圆桌会议，评价政党代表的回答，但并不进行投票或形成所谓总结决议。詹姆斯·菲什金认为，协商日的造势将会起到极大的聚焦作用。通过对 4～6 个议题的特别关注，鼓励他们的固定读者对于"关键议题"进行深入的认识，从而鼓励在协商日当天能够进行更多的、有见识的意见交换。[1] 协商日的活动能够在一定程度上改变参与者的偏好，协商民意测验表明，就公众议题进行大型的对话，往往会使人们在考虑问题时跳出个人利益的局限而转向公共利益。[2]

2. 公民共识会议

公民共识会议，是一种新兴的公民参与方式，20 世纪 80 年代源于丹麦，其形式类似于公民陪审团，但二者又有很大的不同。丹麦科技委员会（Danish Board of Technology）主要负责推动与科技议题相关的公众讨论，共识会议是其采用的一种

---

[1] 詹姆斯·菲什金，彼得·拉斯莱特. 协商民主论争[M]. 张晓敏，译. 北京：中央编译出版社，2009：17.

[2] 同[1]：23.

方式。科技委员会邀请那些不具备专业知识的人参与到会议中，对争议的主题进行自由讨论。参与者阅读相关材料并提出问题，由专家学者给予帮助，以加深其理解；然后参与者进行争论；最后依据所达成的结论制作出正式报告，发送到国会议员和决策者手中供其参考，如表5-1所示。

表5-1　由丹麦技术委员会主持的共识会议

序号	主题	年份
1	基因疗法	1995
2	渔业的未来	1996
3	未来的消费和环境	1996
4	远程办公	1997
5	转基因食品	1999
6	噪声和技术	2000
7	电子监控	2000
8	道路定价	2001
9	测试我们的基因	2002
10	我们如何分配环境价值？	2003

资料来源：http://www.loka.org/TrackingConsensus.html.

丹麦的公民共识会议得到其他国家的关注和仿效，如荷兰、英国、法国、瑞士、挪威、加拿大、澳大利亚、日本、韩国、以色列等。据美国Loka研究所统计，全球的共识会议议题涉及的领域很广泛，如价值环境分配、绿色农业和动物科技等。[1] 至于采用公民共识会议的数量，许多国家都在加以运用，如表5-2所示。

表5-2　截至2000年采用共识会议的国家和数量

国家	实施次数	国家	实施次数
阿根廷	2	荷兰	2
澳大利亚	1	新西兰	3
加拿大	1	挪威	2
丹麦	20	瑞士	2
法国	1	韩国	3
德国	1	英国	2
以色列	1	美国	2
日本	3		

资料来源：佟贺丰："国外公众参与科学事务分析"科技进步与对策［J］. 2006（7）：97.

公民共识会议能在其他国家和地区得以采纳，这与公民共识会议的议程和优势是分不开的。以丹麦为例，共识会议基本程序包括：①选择议题。由丹麦技术委员会计划管理小组负责选择，内容多是科学技术方面的。②组建项目规划组。由议题涉及的所在领域4~6名核心专家组成，其任务是监督会议的进程，组建公民小组和专家小组，确保来自广泛的参与者对议题多方面的评估，保证所有的专家和关键人物参加会议，其作用相当于项目管理小组的专业顾问。③挑选公民小组和专家小

---

❶　具体来说，议题包括：我们如何分配价值环境？（2003）、测试我们的基因（2002）、电子监控（2000）、极限在哪里？——食品和环境中的化学物质（1995）、绿色农业部门（1994）、不孕不育（1993）、动物科技（1992）等，涉及10个领域。参见 http://www.loka.org/TrackingConsensus.html.

组。从约 2000 名志愿者中随机抽取 14 ~ 16 人组成公民小组，在聘用的流程顾问的帮助下走完程序。④召开预备会议。公民小组成员阅读相关材料，提出问题，由专家给出意见。⑤召开正式的会议。专家回答公民小组提出的问题，公民小组进一步讨论后形成报告，专家小组更正表述上的错误。⑥在国家新闻发布会上公开报告。共识会议最终报告文本发送所有与会者、国会议员和其他重要的决策者，供其参考。

3. 公民陪审团

公民陪审团源于美国历史上的陪审制度，后来运用在公共事务上，并逐渐发展成为现代的一种公民参政形式。发起者（通常是政府部门、地方权威或其他机构）选择证人（或专业人士）并通过随机抽取的方式把公民聚集在一起就某一具体问题进行协商。参与者连续几天接受相关问题的大量信息，听取证人的意见，并可诘问证人或要求更多的信息；在连续几天的协商之后，陪审团将通过公民报告的方式提出对策；通常组织者要作出回应，要么采纳建议，要么说明拒绝的理由。

公民陪审团在美国，首创者为内德·克罗斯比（Ned Crosby），他倾向于采用由 12 ~ 14 人组成的独立陪审团，进行为期 3 ~ 5 天的讨论。和美国传统的陪审团制度相比，公民陪审团引起了媒体的注意，但目前还没有对政治决策产生直接影响。在德国，陪审团以"设计小组"（planning cells）方式出现，Wappertal 大学公民参与研究所彼得·迪耐（Peter Dienel）教授主持的计划小组每组成员 25 人，最大的项目包括 500 人，由政府机构等发起人运作的设计小组给其提供财政支持，并同意在将来的决策程序中考虑其建议和判断。❶在美国和德国影响下，英国和加拿大也采用了陪审团方法。在英国，国王基金政策机构、公共政策机构和地方政府管理董事会已倡导公民陪审团的运用，支持一系列与健康权威机构和地方政府合作的试点计划。❷

公民陪审团的运用，通过选择一个具有代表性的陪审团吸纳具有不同经验和背景的成员，比较接近协商民主赋予每个公民享有参与决策的权利。格雷厄姆·史密斯（Graham Smith）认为，陪审团具有包容性，德国迪耐教授的设计小组方法保证了协商参与的平等机会，避免了在美、英国家小规模陪审团程序中出现的紧张关系，而且在很多方面，它已超越了委托代理和小规模代表制问题的范围。❸在小规模陪审团里，能创造一个稳定和信任的环境，增进双方的了解，允许所有的参与者发言，也减少了被组织者操纵的机会。在英国，许多试行的陪审团在程序开始前就留出一段时间制定行为准则，主要是强调应该尊重并聆听他人的意见。❹通过对比陪审前后的调查问卷发现，陪审成员态度发生明显变化的因素之一是参与者在一定程度上对他们参与并影响决策的能力有了自信心。❺对陪审团的批评主要在于，一方面，组织者可能存在偏见或者操纵，如在

❶ P. DIENEL, O. RENN. Planning Cells: A Gate to 'Fractal' Mediation [M] // Renn, et al. Fairness and Competence in Citizen Paticipation. Berlin: Springer Press, 1995: 117–140.

❷ 毛里西奥·帕瑟林·登特里维斯. 作为公共协商的民主：新的视角 [M]. 王英津, 等译. 北京：中央编译出版社, 2006：109.

❸ 同❷：111.

❹ 同❷：113.

❺ 同❷：116.

参与者协商之前，议题、信息和证人可能在程序之外已经被设计好了；另一方面，批评者认为公民陪审只是一种伪装——决策者只选择自己喜欢的决策，利用陪审团使不受大众欢迎的决策具有法律效力而已。❶

（三）地方治理

镇民会议（大会），是美国独特的基层政治形式。镇民会议最先产生于 17 世纪 20 年代末马萨诸塞湾殖民地（Massachusetts Bay Colony）——美国新英兰地区（包括今天的马萨诸塞州等），现在仍有 500 多个镇采用。镇民会议是镇的最高权力和决策机关，由全体选民组成。每年召开一次会议，可以决定全镇的重大事项，如征税、拨款、选举官员、制定法律和规则乃至街灯照明。镇民会议下设镇管理委员会，主要负责日常管理事务、审核各个委员会拨款和召集特别镇民会议。❷镇民大会下设置镇财政委员会，具有准备年度财政预算方案、确定税率和审计镇的账务等职能。财政预算方案需交由选民讨论，一般在下一个财政年度前 3 个月召开年度预算镇民大会和听证会，选民可以在镇民大会上发言，最后投票通过。若方案未获通过，需要重新对其修改，直至投票通过。

城镇大会，又称"大规模协商大会""21 世纪城镇大会"，最早开始于美国的新型城镇会议，由非营利性组织"美国之声"（America Speaks）策划，是大规模公民直接参与民主的新

---

❶ 毛里西奥·帕瑟林·登特里维斯. 作为公共协商的民主：新的视角[M]. 王英津，等译. 北京：中央编译出版社，2006：118.

❷ 刘重春. 西方国家农村基层政府体制比较研究[J]. 中州学刊，2007（3）：12.

形式。随着科技和网络技术的发展，大规模协商大会把网络运用于其中。主要流程包括：组织者选定议题、小组进行讨论、汇总讨论结果和参与者提交建议等。其中，小组讨论的结果是通过计算机系统传输并展示在屏幕上，参与者很容易获得他人的观点。组织者分析参与者的建议，重要的问题及建议被优先考虑，并送至有关部门参考。2002年，"美国之声"组织了纽约几千名市民对世贸中心旧址重建问题进行讨论。他们共进行了3次讨论，第一次对规划设计的重建过程进行讨论，约有600人参加；第二次有4500人再次进行讨论；第三次有800名纽约市民在网上花了两周时间进行讨论。经过大规模参与者几次的协商讨论，设计者改变了最初的蓝本，获得了社会的高度肯定。❶

（四）区域性政治

随着欧洲联合的进程加快，制定一部欧洲统一的宪法被提上日程，欧洲各国元首们着手讨论制定欧盟宪法条约。1999年10月欧盟理事会成立制定宪章大会，制定出了《欧盟基本权利宪章（草案）》。2000年召开尼斯高峰会议，商讨欧盟的制宪步骤；后历经《拉肯宣言》《欧洲宪法条约（草案）》，至2007年《里斯本条约》的通过，至此，欧盟制宪历程基本

---

❶ 何包钢. 协商民主：理论、方法和实践[M]. 北京：中国社会科学出版社，2008：97.

完成。❶

纵观欧盟制宪历程，伴随着国家间的博弈，协商在其中发挥着重要作用。首先，在制宪计划中确立协商的程序。如在尼斯会议上，确立制宪三步走计划，第一步就是要在欧洲展开制宪的公开辩论。实际上，在这之前，欧洲已经进行了制宪大讨论，内容主要是欧洲是否需要一部宪法，需要什么样的宪法，如何制定和实施等，政府官员、普通民众和公共知识分子（如哈贝马斯）等参与了其中讨论。在尼斯会议上，代表们对《欧盟基本权利宪章（草案）》进行了讨论并给予认可。这次大会被认为是"第一次公开进行讨论的协商大会，并最终达成了一个妥协文本"❷，尽管各方对于宪章前言持不同观点并进行了激烈辩论。其次，在正式的制宪会议过程中，无论是代表的组成还是会议的透明度和公开度，均体现了协商。如在105名制宪筹委会代表中，绝大多数由成员国公民选举产生，仅15名由政府指定，这和以前召开政府会议的形式差异明显。❸由于制宪会议的文件和讨论记录可以在网上查阅，民众可以通过各种民间论坛参与讨论，讨论的结果能够反馈给制宪会议。制宪会议在德斯坦领导下，经过近3年的酝酿、讨论和协商，欧洲宪

----

❶　欧盟制宪历程大致如下：2001年，在比利时拉肯会议上，通过《拉肯宣言》，成立欧盟制宪筹备委员会，拉开欧盟立宪的正式序幕。2002年2月，布鲁塞尔会议召开。在法国前总统吉斯卡尔·德斯坦领导下，从2002年2月至2003年6月，筹委会拟定出《欧洲宪法条约草案》。2004年通过了《欧洲宪法条约》正式文本，但由于2005年，法国和荷兰全民公决否决了《欧洲宪法条约》。2007年，欧盟通过了《里斯本条约》来取代《欧洲宪法条约》，《里斯本条约》于2009年12月生效。

❷　赵晨. 协商还是博弈？——对"欧洲制宪会议"的考察[J]. 欧洲研究，2007（5）：47.

❸　同❷：49.

法文本得以制定。最后，社会精英对社会大众的协商妥协。欧洲宪法文本达成后却遭到荷兰和法国民众的否决，这反映了欧洲民主赤字的问题和社会大众对精英们的不满。制宪的议题仍在讨论，作为妥协，2007 年，欧盟首脑会议在里斯本通过了《里斯本条约》来取代《欧盟宪法条约》。《里斯本条约》不再使用"宪法"字样，大大简化了宪法条约，但其核心的东西得以维持。《里斯本条约》的通过，加快了欧洲一体化的进程；同时也反映出，欧盟制宪是政治精英和社会大众妥协、协商民主与选举民主相结合的结果。❶

（五）全球治理领域

在全球化时代，人类面临着诸如环境恶化、恐怖袭击和贫困等威胁。各种政府间国际组织和非政府组织纷纷登上国际舞台，在许多国际事务中发挥重要作用。在新的背景下，国家之间和全球治理问题需要由国家、次国家和非国家等行为体进行参与，这需要制定规则和程序。❷ 在实践中，全球问题的解决也非仅仅是国家间力量博弈的结果，各种参与者之间的合作与协商在其中有时发挥着关键作用。

以全球环境治理为例，形成了以国家为主体、政府间国际组织和非政府组织参与的多元治理体系。非政府组织数量在20 世纪 50 年代前不到 1000 个，到了 2000 年发展到 4 万多个。政府间组织、非政府间组织、非国家行为体、议题网络、社会

　　❶ 阳安江. 协商民主研究[M]. 北京：同心出版社，2010：133.
　　❷ 赵可金. 协商性外交：全球治理的新外交功能研究[J]. 国外理论动态，2013（8）：35.

运动、游说共同体等都参与了全球环境治理的过程。❶非政府组织积极参与国际环境立法，如努力促成了斯德哥尔摩人类环境大会（1972 年）的召开，250 多个非政府组织代表参与。非政府组织基于信息、专业技术和分布广泛等优势，通过提供专业知识、举办论坛、出席会议、参与谈判和提交文件等方式，游说各国代表，深刻影响了国际环境谈判的进程和结果。❷如1992 年巴西里约热内卢联合国环境与发展大会，跨国环境非政府组织等通过内部谈判，拟出了 30 多个"条约"，向大会及参与国施加压力，最终非政府组织的许多观点和建议被大会形成的文本所吸收。❸

二、美国、德国、日本立法协商形式及实践

　　域外的立法协商案例主要选取了美国、德国和日本三个国家。当然英国的全民公决、公民评审会（类似公民陪审团），以及瑞典的利益集团等组织游说和立法动议、立法传阅和评议、听证会和立法旁听也值得借鉴。鉴于这些形式大多在美、德、日三国有所反映，故不再进行论述。

（一）美国的立法协商

　　美国的立法协商形式主要有公民提案、利益集团游说、参

　　❶　刘颖. 多元中心体系下的全球环境治理[J]. 理论月刊, 2008（10）：157.
　　❷　王彦志. 非政府组织参与全球环境治理——一个国际法学与国际关系理论的跨学科视角[J]. 当代法学, 2012, 26（1）：47.
　　❸　同❶：159.

与听证会、行政部门规章中的通知和评议程序等,《协商制定规章法》则在行政法规的制定中具有代表性。

1. 公民提案和全民公决

美国联邦宪法把立法权授予国会,每一个议员可以提出提案和法案(bill)。在联邦层面上并没有规定公民提案权和全民公决,但宪法第一修正案规定了不得剥夺公民请愿的权利。因此,公民和选民可以以个人身份或通过公民团体行使向议员的请愿权。[1]通常情况下公民可以提出关于国家的立法请愿书(memorials),通过其官方代表或参、众两院的代表提交适当的委员会。

在美国的许多州和郡、市、镇也规定了公民提案。提案分直接提案和间接提案,前者是提案的发起和签署由民众进行,投票也是由所在选区选民进行;后者把获得法定人数签名的提案提交至议会表决,有些地方规定若议会未通过则到此结束,有些地方规定还可以再次把提案交付全体选民表决。据统计,在美国有21个州允许公民提案和全民公决,如阿拉斯加州、亚利桑那州、阿肯色州、加利福尼亚州等;另外,佛罗里达州、伊利诺伊州、密西西比州允许公民提案而未规定全民公决。[2]

全民公决(referendum)也是规定于地方当中,主要是全体选民对某个提议进行投票,以赞成或否决其通过,投票的对

---

[1] 蔡定剑,杜钢建. 国外议会及其立法程序[M]. 北京:中国检察出版社,2002:259.

[2] Initiative & Referendum Institute. STATE I&R[EB/OL]. [2015-12-18]. http://www.iandrinstitute.org/state.cfm.

象可以是宪法修正案、法律法规和其他议题，但是有些事项如和平、健康、安全或者是权力机构的运作一般是不可以公决的。据统计，美国有24个州规定了全民公决，包括肯塔基、马里兰、新墨西哥仅规定了全民公决的3个州。不同的州对所需选民的投票数比例规定不一样，如俄勒冈州规定，法规的修改需要最近的州长选举中投票人数的6%，而加利福尼亚州则需要5%的比例。❶

2. 利益集团游说

美国宪法修正案规定了请愿权，实际上也就是支持了利益集团的游说的活动，使游说成为美国政治活动中的普遍现象，也成了美国政治活动中不可缺少的部分。在美国立法提案中，利益集团是一个重要的来源。

美国利益集团种类繁多，大体上可以分为：经济利益集团，如各种劳工和工商业组织；公共利益集团，如同道会、公共利益研究组织和一些公共慈善机构等；意识形态或单一问题利益集团，如全国步枪协会、生命权利组织、美国公民自由协会等；对外政策利益集团，如纽约对外关系委员会、美国—以色列政治行动委员会等；政府及雇员利益集团，如全国州长协会、全国城市协会、美国乡村协会等；其他利益集团，如绿色和平组织和保护自然资源委员会等。❷

利益集团施加影响的方法主要有：进行游说、政治行动委

---

❶　许晓娟. 美国议会立法与公众参与[M]// 李林. 立法过程中的公众参与. 北京：中国社会科学出版社，2009：198.

❷　詹姆斯·麦格雷戈·伯恩斯，等. 民治政府——美国政府与政治：第20版[M]. 吴爱明，李亚楠，等译. 北京：中国人民大学出版社，2007：147–154.

员会的行动；通过广播电台、电视、报纸等媒体，邮件及口头宣传的方式来影响选举、法律和规章的制定；当政治途径不能奏效时，它们甚至会采用诉讼的方式来产生影响。游说是指试图向立法者和政府官员施加影响，包括对公务官员（尤其是议员）个人的影响及其政策制定（立法）活动。[1]利益集团的游说人（说客）多为律师，还有相当部分以前在政府部门或国会（委员会）任职，熟悉政府运作和立法的程序。他们通常起草法案或帮助议员起草，向议会提交并推动立法进程；有时在立法中担任"辩护律师"，影响议员的立场和立法活动；在立法无望时，为代理人进行宣传，以给议会造成压力。[2]政治行动委员会数量在 20 世纪 70 年代后大增至 4000 余个，以工商业和劳工组织为主，如"美国商会"政治行动委员会。行动委员会的工作主要是参与选举活动和游说，如美国—以色列政治行动委员会就曾进行过一系列成功的游说，使得通过对以色列援助法案、1985 年对以色列的能源援助。[3]

游说与说客被称为国会"第三院"（院外活动集团），对美国政治影响很大。客观地说，游说是公民和利益集团参与立法的一种有力的方式，因为在美国多元化的社会中，个人的力量几乎可以忽略不计。利益集团的活动确实代表了它们的成员———一部分选民的利益。然而，弱势群体和边缘人群的呼声得不到重视，利益集团的游说活动对选举的卷入程度和对立法的影响，给公众留下了一定的负面印象。

---

[1] 詹姆斯·麦格雷戈·伯恩斯，等. 民治政府——美国政府与政治：第 20 版 [M]. 吴爱明，李亚楠，等译. 北京：中国人民大学出版社，2007：158.

[2] 王亚平. 美国的议会立法与公众参与[J]. 人大研究，2005（11）：39.

[3] 同[1]：153.

3. 立法听证

立法听证的过程是立法机关面向社会公开化的一个环节。当一项法案被提交到众议院或参议院时，会被分配至有关的委员会讨论。在联邦层面上，并没有要求每一项议案都进行听证，而是由对该议案进行处理的委员会决定是否进行听证。在各州，进行立法听证非常普遍。在行政规章制定中，听证会是行政程序法的一个程序性规定。

一旦决定听证，委员会至少提前一周向公众公布听证会的地点、时间和主题。听证参加人的确定，一般是由小组委员会邀请个人（包括专家）、政府部门和相关组织人员进行作证。在实践中，参加听证的多为收到邀请的人，也有可能是没有收到邀请的人；既可能是事先确定好的代表不同利益群体的专家和证人，也可能是愿意作证进行登记的人。❶

在听证会开始时，委员会主席主持先作一个说明，阐释此次听证会的目的。然后是证人进行陈述作证，作证顺序一般是国会议员、政府工作人员、利益团体代表等。在作证过程中，委员会委员可以向证人进行询问。实践中，政府代表、专家证人和直接利害关系人能获得较多的发言机会。听证会结束后，需要作出一份书面报告，在州一级则作出摘要即可，书面报告需要反馈给证人进行修正。听证报告被提交国会议员，作为立法的参考。整个听证过程是开放的，允许媒体采访；听证会报告也是公开的，允许公众查阅听证报告和议员查阅听证

---

❶ Randy Peerenboom. 美国立法和治理中的公众参与[M]//李林. 立法过程中的公众参与. 北京：中国社会科学出版社，2009：220.

记录。❶

美国的听证会为国会向公众开放提供了参与立法的机会，也是塑造国会形象、获取公众支持的一个途径。总的来说，听证会可以帮助国会收集有关材料、背景和事实，成为国会立法和决策的基础；由于国会委员会主导听证进程，增强了委员会的地位；将公众纳入听证，为他们影响政府决策提供了正规渠道。公众可以支持、怀疑和发泄等，因此听证会起着泄洪和安全阀的作用。❷但同时，听证会也面临着成本高昂、效率低的批评。

4. 通知、评议和协商制定规章

按照美国 1946 年《行政程序法》，规章的制定要遵循通知和评议程序（public notice-and-comment），即行政部门需要在《联邦登记》上发布其制定的规章草案，并给予公众进行评论的机会。按照《行政程序法》第 553 条规定，发布的通知应该包括：该规章制定的法律依据、规章条款和内容；利害关系人以通过提供书面资料、观点和口头辩论等方式参与该规章的制定。❸行政部门对公众意见进行审查后，有权决定把规章的最终文本发布在《联邦登记》上，并且附上制定规章的理由和目标的说明，或者决定进行新的通知、评议，或者宣布不再制定该规章。

---

❶ 田良. 美国国会的立法听证[J]. 中国人大，2010（3）：52.

❷ 孙哲. 左右未来：美国国会的制度创新和决策行为[M]. 上海：上海人民出版社，2012：92.

❸ 吴浩. 国外行政立法的公众参与制度[M]. 北京：中国法制出版社，2008：277-278.

　　在规章制定过程中，立法者还可以通过非正式咨询（电话、信函）、印发草案征集评论、召开听证会等方式来征集公众的意见。相比较而言，通知—评议程序更加正式，征求意见更广。尽管《行政程序法》给予了公众参与的机会，但由于整部法律采用了对抗模式，利害关系人可以进行一定程度的抗辩，甚至可以通过诉讼方式要求对规章进行司法审查。《行政程序法》在20世纪70年代后受到了指责：程序法限制了政府权力，但无法使民众得到更好的服务；能保障个人自由不受政府侵害，但无法保证人民获益。❶

　　在这种背景下，有政府部门（如交通部、环保局等）开始尝试以协商的方式制定规则，比较典型的是1985年美国联邦航空局关于驾驶员的作息时间的规定。1990年国会通过了《协商制定规章法》（*Negotiated Rule-making Act*），有效期为6年。后经过听证受到好评，因此该法案于1996年获得国会永久性授权。

　　协商制定程序主要包括以下几个步骤：①评估阶段。行政机关对拟采用协商制定的规章是否适合该程序进行评估，看其是否符合公共利益、有无制定必要、利害关系人状况等。❷②召集阶段。当决定采用协商程序后进行公告，由利害关系人代表和行政机关代表组成协商委员会，委员一般不超过14人。③协商阶段。这是程序的关键步骤，委员们对规章中的焦点等问题进行协商和讨论，以达成合意。④协商的完成阶段。若委员会达成合意，则需要向行政机关提交报告；若不

---

　　❶　参见莫吉武，杨长明，蒋余浩. 协商民主与有序参与[M]. 北京：中国社会科学出版社，2009：47.

　　❷　美国规章协商制定程序法[J]. 薛刚凌，王霁霞，译. 公法研究，2004：519.

能达成一致，也需要提交并说明哪些内容已达成合意。达成一致的报告提交后，成为协商制定规章的基础和依据。然后，按照正常的通知—评议程序继续进行，因此，"协商成为通知＋"评议程序的前置程序。

与传统的立法模式相比，协商性立法的优势主要在于公众广泛的参与、创造性地解决问题、降低执法成本和避免法院的讼累。❶但同时也有认为程序过于复杂和更加耗时的指责。本书认为，恐怕不能仅从时间和效率成本考虑，而是要综合考量，与优势相比，指责还是可以容忍的。

（二）德国的立法协商

1. 请愿与全民公决

德国《基本法》第 17 条规定了请愿权，即公民可以向联邦议院提出书面请求和控诉，请求主要是关于制定、修改或废止法案等方面。请愿书会被送到议院的请愿委员会，由其将请愿事项及处理建议报告联邦议院。请愿在东西德统一后每年达到 2 万件左右，请愿者有权要求得到答复。有时候议会党团可以提出对个人请愿进行辩论的动议，这种辩论每年要进行 5 次左右。❷请愿委员会在处理请愿时拥有广泛的权力，可以让合适的委员会发表意见；可以要求政府和其他组织等提供有关信息和协助；可以要求官员参加相关会议，听取专家、证人等意

❶　沈岿. 关于美国协商制定规章程序的分析[J]. 法商研究（中南政法学院学报），1999（2）：86.

❷　蔡定剑，杜钢建. 国外议会及其立法程序[M]. 北京：中国检察出版社，2002：339.

见，这些措施有利于请愿受到议院的关注。

全民请愿和全民公决在联邦层面没有被正式规定，可能的原因是出于对魏玛共和国和纳粹时期群众鼓动的警惕。《德国基本法》第 29 条规定，只在涉及联邦地区重新区划时进行全民公决，但这只是部分州的民众表决，谈不上真正意义的全民公决。另外，对于基本法失效后制定新宪法是否为全民公决存在争议。因此，有学者认为，全民公决在联邦层面只是一个初步存在甚至根本不存在。❶

全民请愿和全民公决被规定在联邦州的宪法中，比较常见但各州规定差异较大。全民请愿一般是针对州一级法案的制定、修改或废止，需要达到法律规定的有表决权的最低签名人数比例，全民公决也有类似的人数比例要求。如对于全民请愿的签名人数和收到期限，巴符州规定为 16.6% 和 14 天；而柏林规定：普通法律 7%、修宪为 20%，期限均为 4 个月。对于全民公决的人数，分为普通法律和修宪，巴符州规定为 33% 和 50%；而柏林规定为 25% 和 50%。❷

2. 听证会

听证会可以运用在议会和政府起草或审查法案的过程中。在联邦议会审议法案过程中，如果责任委员会认为法案比较复杂或者涉及政治争议，就可以举行听证会。举行听证会的目的一方面是获得专家的建议和意见，以便更加深入研究和论证；

---

❶ 哈拉尔德·霍夫曼. 德国居民在政治决策上的参与决定权［J］. 北京行政学院学报，2013（5）：125.

❷ 刘平，鲁道夫·特劳普－梅茨. 地方决策中的公众参与：中国与德国［M］. 上海：上海社会科学院出版社，2009：10.

另一方面是引起媒体大众关注和激发辩论。●

听证会的提起可由责任委员会多数委员提起或者 1/4 以上亦可。参加听证会的团体由议会党团来推荐，实践中议会党团更愿意选择他们所熟知和欣赏的专家或社团。受到邀请的专家、社团事先会被提供相关材料，他们也需要向委员会提交书面的说明。在通常情况下听证会对社会是公开的，但有时候委员会可决定不公开，那么收到邀请的人才可以参加。

除了立法事项可以召开听证会外，委员会还可以对政府报告、质询事项进行听证。在州一级没有法案的听证，主要是一些具体的行政管理事项的听证。

对于听证的效果，一方面，多数民众认为是积极的，它可以增加立法透明度、给社团及成员提供影响立法或决策的机会、议员也可以获得更多的信息促进科学立法或决策。但另一方面，由议会党团选择他们所谓认可的相关社团和专家，在公众看来可能有失公正。●

（三）日本的立法协商

日本采用议会内阁制，宪法把法律的制定权赋予议会，同时也规定内阁（中央政府）享有制定法令的权力。在国会审议的法律当中，大部分是由政府所提出的，而议员提出的只占少部分。在立法过程中，主要的协商形式是政府机关召开的审议会和议院组织的公开听证会。

---

❶　蔡定剑，杜钢建. 国外议会及其立法程序[M]. 北京：中国检察出版社，2002：375.

❷　蔡定剑. 国外公众参与立法[M]. 北京：法律出版社，2005：150.

1. 审议会

在行政程序公开、透明要求和国际压力下，日本政府于 1999 年通过了《为制定、修改、废除法规征求公众意见的通知》，实际上是把公众参与纳入规章制定过程中。其规定规章制定要公布草案、倾听国民意见，如规定公示的方法可以是：柜台发放，杂志、报纸发表宣传，互联网公布；公示的内容包括：命令的宗旨、基础等背景信息、法律依据及可能的影响等；收集信息的时间原则上是 1 个月。❶ 2005 年，又修订了《行政程序法》，专章规定了征求公众意见的程序，被视为公众参与的制度化。

在行政部门审议法令过程中，审议会发挥着重要作用。审议会是附设在国家行政机关或地方公共团体下，参与制定法令或集体政策的一种合议制机构。❷审议在日语中是咨询的意思，审议会有时又称为"调查会""协议会"等，其主要职能是进行调查、提出意见和咨询意见、协调各方利益等，审议会对行政部门没有法律约束力，因此它又是一个咨询和协商的平台。

审议会数量众多，各个省厅设置的审议会数量达到几百个。按照所起的作用来划分，审议会可以分为授权批准型、矛盾协调型、政策立法型和临调型。授权批准型主要是对政府的咨询给予答复，按照省厅的政策提出建议，如政府税制调查委员会。有的审议会负责矛盾的协调，如中央社会保险医疗协议会。政策立法型审议会主要是对省厅的课题提出方案，如法务

❶　吴浩. 国外行政立法的公众参与制度[M]. 北京：中国法制出版社，2008：456.

❷　川崎政司. 日本的审议会[M]// 吴浩. 国外行政立法的公众参与制度. 北京：中国法制出版社，2008：517.

省下设的法制审议会，主要负责对民商事法律、刑事法律等起草和审查，但其近些年来面临审期太长和能力问题的指责。❶临调型审议会主要根据内阁等部门的决定临时设立，如临时行政改革推进审议会。

审议会由委员长和委员组成，人数20名左右。委员一般由省厅负责人从具有"学识经验"的人中选拔产生，主要有学者、财经界、产业界、工会代表、新闻工作者及省厅内部人士等。委员也可以通过参众两院的批准、内阁或某些团体的推荐而加入。❷审议会一般的工作流程是：接受省厅等咨询→组织审议会→专业小组协商、讨论→审议会委员讨论并审议→制作决定意见书→提交审议结果。审议会还有一个辅助机构即省厅部门设置的事务局，负责审议会讨论的记录汇总和意见草案拟定。

审议会的主要功能在于促进行政的民主化和科学化。日本是行政官僚主导政策制定的国家，而行政官员并非选举产生，采用审议会成为弥补其正当性的手段，同时在一定程度上弥补代议制民主之不足。❸客观上，审议会可以通过委员们的参与实现协调各方面利益、利用委员们的专业知识、对行政机关进行制约监督实现其职能，为日本的政策和法律制定提供了强大的智力支持。

然而审议会也存在一些弊端，如审议会委员不是选举产

---

❶ 川崎政司. 日本的审议会[M]// 吴浩. 国外行政立法的公众参与制度. 北京：中国法制出版社，2008：527.

❷ 李丽娜. 日本审议会制度阐释[M]// 陈文. 国外的协商民主. 北京：中央文献出版社，2015：201.

❸ 同❶：519.

生，省厅往往选择那些有利于自己的人，使审议会成为行政机关的橡皮图章；审议会往往反映了利益集团的意见；审议会过程不公开，存在不透明性；大量采用审议会，在一定程度上抑制了议会的功能，并使其功能空洞化。因此，改革审议会的呼声一直不断。

2. 公开听证会

按照日本《国会法》，国会参众两院的委员会在审议比较重要的（如预算、税收等）或者受到广泛关注的法律案时，可以召开公开听证会（简称"公听会"），听取利害关系人及专家等的意见。国会的委员会可以召开立法听证会，国会的常设机构——调查会也可以就所调查事项举行听证会。另外，行政机关在制定法令过程中也可采用听证会。

立法听证会的主要规则是：①公布听证事项。委员会决定听证事项后，需在新闻媒体上公布拟听证的法律案名称和时间等。②确定公述人。委员会在事先申请出席者和其他人员中，选择并确定公述人（利害关系人和专家学者等），赞成者和反对者人数应公平安排。③公述人发言。公述人发言不得超过提案的内容范围，否则委员长可以禁止。经由委员长许可，公述人可以发言；听证会委员可以向公述人提出质询，公述人需要进行答辩。④听证会议纪要。听证结束后，委员会需要制作听证记录，签名后印刷交付议员。❶在调查型听证会中，委员会可以要求与所调查事项相关的利害关系人出庭作证，证人有义务出庭作证，否则可以强制其出席。

---

❶ 蔡定剑. 国外公众参与立法[M]. 北京：法律出版社，2005：160.

　　总体上，听证会能够增强立法透明度和公众民主参与程度。具体来说，一方面，听证会具有收集民意、发现事实、宣传立法和政治权衡等作用，成为一种安全阀。另一方面，也存在听证会召开随意性大、公述人选择不够民主、受到利益集团深刻影响和对立法影响效果有限等指责。❶

---

❶ 蔡定剑. 国外公众参与立法[M]. 北京：法律出版社，2005：170.

第六章 立法协商中的问题分析

一、西方立法协商面临的挑战

（一）精英主义倾向

在西方国家代议制政体下，虽然宪法和法律规定了公民参与权，但实际上公民的参与协商还是受到很多的限制，如在美国，其政体的设计更倾向于精英阶层，惧怕广大民众的过分参与，因此，代议制成为其最好的选择。

在西方国家协商实践中，基于参与者文化水平及社会地位的不同，人们参与和发言的机会并不均等，协商往往忽视了弱势群体，如穷人、少数民族和妇女等。在爱丽丝·M.扬眼中，这种实际的不平等会影响协商的过程，在实践当中协商程序往往"偏向更有权力的一方"。●即使组织者同意与他们（协商参与者）坐在一起协商，但讨论的过程仍有可能被官员们有意地操纵。❷詹姆斯·博曼认为，交往不平等产生扭曲的政治交往，即权力不对称构成对大众公共语言的限制。不平等使得公共协商比较难以展开，部分公民就免不了被排除在协商之外，他们的理性就可能被忽视。詹姆斯·博曼还指出，尽管存在此类障碍，但只要参加者能够参与协商之中，利用自己的公民身份向其他参加者表达其想法；同时通过共同行动这样一个非正式手段，就能够改变其交往受到的约束。❸

在西方立法实践当中，同样存在着明显的精英主义倾向。如日本的审议会被大量采用，一定程度上促进了行政的民主化，但由于审议会委员非选举产生，而是由政府官员自行选择，往往使审议会成为行政机关的橡皮图章。

（二）利益集团的操纵

在现代社会，多元主义和不平等常产生强有力的社会势力和制度，而现代社会的高度复杂性和规模性又使得公民有可能左右不了控制其生活的力量，这有可能分化和压缩公民公共领域。❹但詹姆斯·博曼认为这不是不可逾越的障碍，协商民主

● 爱丽丝·M.扬. 激进分子对协商民主的挑战[M]//詹姆斯·菲什金，彼得·拉斯莱特. 协商民主论争. 张晓敏，译. 北京：中央编译出版社，2009：108.

❷ 同●：110.

❸ 詹姆斯·博曼. 协商不平等[M]//[美]詹姆斯·博曼. 公共协商：多元主义、复杂性与民主. 黄相怀，译. 北京：中央编译出版社，2006：126.

❹ 同❸：127.

的运作依赖于合理的制度，允许公民进行有效的交流，产生基于建立在持续性合作目标之上的公共理性和合作性共识的对话机制，还需有一个框架保证对话过程的民主及开放性。❶

但在实践中，情况比詹姆斯·博曼设想的要复杂且严峻。事实上在只有决策者才会影响决策的状态下，协商者才在私下就政治事务进行协商，最终，那些没有发言的人的利益可能就被忽视，这是一种不平等的表现。

在西方许多国家，如美国利益集团种类众多，它们通过游说与说客，对美国政治产生很大影响甚至操纵，被称为国会"第三院"（院外活动集团）。利益集团的游说活动对选举的深度卷入和对立法的影响，公众多有不满。同时弱势群体和边缘人群的呼声往往又得不到重视。在日本，公听会有利于公众参与立法，但同样面临着公述人选择不够民主，受利益集团深刻影响的指责。❷德国的听证会也存在这样的问题。

（三）理论与实践的差距

协商民主引入了一种理想程序，假定参加者在形式、实质两方面都是平等的。前者要求规则的调整对参加者是一样的，而且每一个人都有平等的机会；后者要求现有的权利及资源配置不影响参加者在协商中的地位。❸协商民主理论认为通过理想程序，所作出的决策是每个公民都能接受的公平的决策。但理

---

❶ 詹姆斯·博曼. 协商不平等[M]//詹姆斯·博曼. 公共协商：多元主义、复杂性与民主. 黄相怀，译. 北京：中央编译出版社，2006：199.

❷ 参见蔡定剑. 国外公众参与立法[M]. 北京：法律出版社，2005：170.

❸ 谈火生. 审议民主[M]. 南京：江苏人民出版社，2007：178.

想的协商目标实现，需要很多前提条件，而这些条件能否具备，如何能保证公平的程序和决策，一些协商论者对此表示质疑。

如哲学家戴维·埃斯特伦（David Estlund）、杰拉德·高斯（Gerald Gaus），他们质疑协商的认知价值，质疑是否通过公共检验的理由都是好的。● 又如林·M.桑德斯（Lynn M. Sanders）认为，很多人被排斥在协商之外，这一点协商理论也不能完全解决，实践中存在的问题、诊断及药方之间存在着严重的脱节。如协商需要公民之间相互尊重，但是基于各种条件的限制，一些人很少参与美国的政治活动，鲜有机会表达且被认真对待，处于主宰地位的精英阶层恐怕难以认真"关注他人的观点"。●

在西方立法实践中，制度设计的理想与现实之间存在着很大的差距，如日本审议会审议过程不公开，被精英阶层和利益集团把控。又如在美国的立法请愿中，更多地是各种利益集团在游说，而那些弱势群体的影响则很微弱。

（四）协商的失败或低效

理想协商的目标是要求达成共识。然而，在社会复杂性和多元文化背景下，不同的文化群体具有不同的知识架构和道德价值观等，这些差异可能使得参与者难以形成解决分歧的共同基础，共识也就难以达成。丹尼斯·汤普森（Dennis

---

● 詹姆斯·博曼. 协商时代的来临[M]// 陈家刚. 协商民主与政治发展. 北京：社会科学文献出版社，2011：55.

● 林·M.桑德斯. 反对审议[M]// 谈火生. 审议民主. 南京：江苏人民出版社，2007：328.

Thompson）认为，在每一个民主社会都存在各种各样的信仰，想要在每一个有争议的问题上达成共识是不现实的。^❶乔舒亚·科恩也承认，即使在理想的状态下，也无法保证共识的理由会是现存的。若这种共识的理由实在无法得到保证，则最终不得不运用多数原则通过投票来解决。^❷

协商还需要解决一系列问题，如规模不大而行动缓慢的协商团体怎样能够治理现代高度专业且庞大而复杂的社会？协商民主怎样作出及时有效的决策？立法领域面临着同样的问题，如美国的听证会和规章制定中的协商被认为是立法民主的表现，但存在成本高昂、程序过于复杂和更加耗时的问题。又如日本的审议会近年来面临着审期太长和能力问题的指责。^❸

二、我国立法协商中存在的问题

（一）协商制度规定尚不完善

1. 协商的规定过于宏观

我国的协商脱胎于人民政协的政治协商，主要在特殊的历史实践和国情下产生，是一个探索和逐渐发展的过程。总体上，关于政治协商的规定多是宏观的原则规定，如 1949 年颁

---

❶ 丹尼斯·汤普森. 审议民主意味着什么？［M］// 谈火生. 审议民主. 南京：江苏人民出版社，2007：35.

❷ 詹姆斯·博曼，威廉·雷吉. 协商民主：论理性与政治［M］. 陈家刚，等译. 北京：中央编译出版社，2006：57.

❸ 川崎政司. 日本的审议会［M］// 吴浩. 国外行政立法的公众参与制度. 北京：中国法制出版社，2008：527.

布的《共同纲领》，1982 年宪法、人民政协章程，政协全国委员会 1995 年规定，2005 年《关于进一步加强中国共产党领导的多党合作和政治协商制度建设的意见》，以及 2006 年《关于加强人民政协工作的意见》等。这些都只是原则性地规定了政协的地位、职能和要把协商纳入决策当中等。因此，从政治协商的发展过程来看，宏观的规定较多，实际操作的规定较少，除了《共同纲领》起着代行宪法的作用外，其余的多为政协章程和全国政协的一些规定，以及中共中央的一些政策文件。政治协商已经运作很多年，但仍缺乏法律层面的规定。

对于立法协商，党的《十八届三中全会决定》指出要推进协商民主广泛、多层、制度化发展，深入开展立法协商和其他形式的协商，这是第一次提出立法协商，但未涉及其概念和范围。报告大体上指出协商的领域和大致的范围，但至于什么是重大问题、立法协商和社会协商等并无明确具体规定，只是按照惯例执行，具有不确定性。《十八届四中全会决定》在科学和民主立法中提出建立立法协商，发挥公民、政协委员、社会团体和专家学者等作用。2015 年《协商民主建设意见》规定，要在人大的工作中开展立法协商，在具体的立法规划、法案起草过程中进行协商，并且要进行意见反馈。紧接着在 2015 年《立法法》中，规定了立法协商中立法机关征求公众意见的几种形式。这些仅为立法协商的一些宏观和原则性规定，至于立法协商的内涵、主体、范围、渠道、形式和程序等，国家层面并没有具体规定，只是个别地方进行探索而作出了一些具体规定。因此，协商缺乏全国性的统一、具体规定，从而限制了立法协商的健康发展。

2. 协商范围、渠道规定不太明确，形式尚需拓宽

目前协商（包括立法协商）的范围规定不太明确，如人民政协政治协商的范围，按照 2004 年政协章程，主要涉及国家的大政方针以及有关经济、政治、文化和社会方面，在决策之前和执行过程中的重要问题；2006 年《政协工作意见》作了类似的规定。党的十八大报告指出要就经济社会发展的重大问题和涉及群众切身利益的实际问题进行广泛协商，《十八届三中全会决定》指出要开展立法协商和社会协商。形式上协商范围很宽，但由于并不具体确定，相关部门基于惰性，能不协商就不协商，只有明确规定必须要协商的才有可能实施协商。在行政领域，2004 年国务院发布了《全面推进依法行政实施纲要》，提出要建立一个公众参与决策机制。❶社会涉及面广、与人民群众利益密切相关的决策事项，要广泛听取公众意见。公众参与协商涉及范围广泛，如社会保障、环境保护、城乡规划、拆迁等，各地规定要求协商的范围五花八门，极不统一，而且不是必经程序。而实际上与人民群众利益密切相关的事项众多，因此，需要统一加以规定。

关于协商的渠道，《十八届三中全会决定》列举了国家政权机关等 5 个主要的协商渠道，并强调要深入开展立法、行政、参政协商、民主协商、社会协商。2014 年习近平同志在政协成立 65 周年大会上的讲话中，对协商渠道进行了细化，

---

❶ 《全面推进依法行政实施纲要》规定，建立健全公众参与、专家论证和政府决定相结合的行政决策机制，实现依法、科学和民主决策。

提出了 10 个协商渠道。❶但这两种划分存在不周全或模糊之处，如民主协商与其他协商渠道和领域相交叉，社会协商的内涵、社会组织和各类智库的范围规定得并不明确。因此，经过认真研究和总结，2015 年出台的《关于加强社会主义协商民主建设的意见》列举了协商的 7 个主要渠道：政党协商、政府协商、政协协商、人大协商、人民团体协商、基层协商和社会组织协商。以上这些划分反映出了我国推进政治体制改革的决心和协商民主的不断完善。从理论上说，这些实际上主要是按照参与协商主体身份所作的划分，与上述划分相对应，每一种渠道都可以涉及立法领域。但实践中，参与立法协商的主体远远不止这些，比如新近的京津冀协同发展（区域化）的立法协商等。对此，如何科学地界定与分类，还需根据理论与实践的发展进一步研究总结。

现有的协商形式比较少，法律主要规定了听证会、座谈会、论证会和公开征求意见的方式，以至于人们一提起协商和公众参与，就以为是公布草案或听证会。其实随着社会和科技的进步，一些新的公众参与立法活动方式出现，如法规表决前评估制度，立法论坛、网络论坛、网络调查等。相比较而言，西方国家公众参与形式更加丰富，如协商民意测验、公民陪审团和共识会议等，均可运用于立法当中。

---

❶　即中国共产党、人民代表大会、人民政府、人民政协、民主党派、人民团体、基层组织、企事业单位、社会组织、各类智库等的协商渠道。参见习近平. 在庆祝中国人民政治协商会议成立 65 周年大会上的讲话[EB/OL].（2014-10-09）[2015-01-13]. http://www.cppcc.gov.cn/zxww/2014/10/09/ARTI1412841028191314.shtml.

3. 协商缺乏统一的规定

首先，目前对协商的具体规则，国家层面没有统一的规定，主要是地方上作了一些探索性规定，北京、上海、南京、杭州、济南、福建省等地制定了专门的立法协商规则，如北京市委发布了《关于在市政协开展立法协商工作的通知》《关于制定实施北京市政协协商年度工作计划的意见》，北京市政协通过了《立法协商工作实施办法（试行）》。南京市政协社会法制（民族宗教）委员会与市人大法制委员会签订了《关于加强南京市地方立法协商工作的意见》。杭州市、济南市、广州市、福建省等，也出台了类似的立法协商规则。❶这些规定对立法协商的概念、范围、主体、程序等规定不一，如对于立法协商的组织者、参与主体和程序，北京市和广东省等地立法主要由人大主导（或通过市委）进行立法协商，与人民政协协商时需要通过市人大将协商方案报市委，由市委转交市政协，市政协经过协商提出的立法建议也要通过市委转交市人大。而南京和济南等地人民政协则主动出击，与市人大或市法制办联合制定有关立法协商的规则；福建省政协则单独制定了立法协商工作意见。这些探索大大推动了立法协商工作的进展，问题在于有些学者将立法协商局限于人民政协参与的协商，一些地方立法协商规则把立法协商定位于人民政协参与的立法协商，如上述的南京、福建和济南等地。这种做法可能会对人大主导立法协商体制造成冲击，无意中把除政协之外的公众参与排斥在

---

❶　主要有杭州市《关于建立政府立法协商机制的实施意见》、福建省政协制定的《关于加强地方立法协商工作的意见》、济南市《立法前协商工作规则》和广州市政府制定的《广州市规章制定公众参与办法》等。

立法协商之外。此外，各地不统一的规则，也不利于人民政协参与立法协商的有效运作。

其次，人大工作中、政府工作中和具体协商形式中协商的规定也面临着同样的问题。对于人大工作中的协商规定，散见于一些法律和制度当中，而且缺乏系统和具体的规定。实践中，在人大选举、立法和决定国家大事的过程中，广泛存在协商的环节，如根据《立法法》的规定，要保证人民有机会通过各种渠道参与立法活动。全国人大常委会在立法活动中，应当听取各方面的意见，可以通过问卷调查、研讨会、听证会和座谈会等方式听取专家和大众的意见。问题是，如何举行听证会等，全国并无一个统一的规则，只是地方省级人大作了一些探索，制定出一些听证规则，而且运作方式在有些环节上存在很大差异，这使得听证在立法中的效用大打折扣。

在政府工作过程中的协商，主要存在于行政决策、行政听证等当中，其规定更为原则。党的十三大、十四大和十六大报告提出要实行民主决策，扩大公民有序的政治参与，建立重大事项社会公示制度和社会听证制度等。2004年国务院发布的《全面推进依法行政实施纲要》也是原则性的规定，在决策中要听取公众意见。❶党的十七大和十八大报告同样强调了这个问题，国家政权机关要就经济社会发展的重大问题和涉及群众切身利益的实际问题进行广泛协商。但究竟哪些具体问题需要协商，如何协商，并无明确具体统一的规定。对于实践中运用比较多的行政听证，主要存在于行政处罚、价格听证、房屋拆

---

❶ 《全面推进依法行政实施纲要》指出，社会涉及面广、与人民群众利益密切相关的决策事项，应当向社会公布，或者通过举行座谈会、听证会、论证会等形式广泛听取意见。

迁和行政立法等领域；2008 年，国务院制定并颁布《关于加强市县政府依法行政的决定》，规定了在重大行政决策中，要采用听证等方式征求公众意见。但这些听证的规定往往是一个程序性要求，没有具体的规则。

（二）参与协商主体的限制

真正的协商，要求理性的公民参与平等的协商。詹姆斯·博曼认为，在公共领域中存在着"协商不平等"，即根据相关组织的公共能力和机会的不对称，可分为机会不平等、资源不平等和能力不平等；从政治学意义上可分为权力不对称、交流不对等和公共能力的缺乏（或政治贫困）。它们影响着公众参与的途径、机会和有效的参与。❶而政治贫困意味着，在公共协商中（团体）能力失灵，不能有效利用机会及有利于自己成员的方式影响协商过程。

1. 参与协商的主体范围受到限制

按照协商民主的本意，立法及政策制定者应征求受到立法或政策影响的利益群体的意见或与其协商。但在实践中，由于历史、制度规定等原因，仍存在不尽如人意的地方。在我国，这种不对等主要表现在制度的设计方面。如在制定《城市房屋拆迁管理条例》时并未真正做到公布法规草案、征求社会大众

---

❶ 詹姆斯·博曼认为，权力不对称影响着进入公共领域的途径，交流不对等影响参与能力机会的有效利用；政治贫困或公共能力的缺乏使得政治上贫困的公民更加不可能全然参与到公共领域当中。詹姆斯·博曼. 公共协商：多元主义、复杂性与民主[M].黄相怀，译. 北京：中央编译出版社，2006：94.

的意见，也缺乏与利益相关者进行协商的环节。

2. 部分协商主体有效参与不足

在协商过程中，还有基于个人能力和拥有资源能力大小导致的协商参与有效性问题。其主要因素有以下几个方面。

第一，参与协商意识薄弱。总体上，我国民众参与政治意识淡薄，协商的积极性不高。对于党政机关等协商的组织者来说，虽然制度的设计要求其应该组织和实施协商，但是在操作过程中，有些组织者存在着"嫌麻烦"等思想，于是"走形式、摆架子"现象时有发生。如在听证实践当中，有些组织者往往把听证当作一种符合法律规定的纯粹过程，走走过场，体现出对听证陈述人和旁听人的不尊重。[1]典型的事例是，2008年12月在哈尔滨水价听证会上，许多代表身份涉嫌造假，持反对意见的唯一代表向主持人扔了一瓶矿泉水抗议才得到发言机会。[2]对于普通大众来说，受传统文化影响，认为参与本身与其关系不大，加上缺乏必要的培训，参与热情不足，怠于参与协商成为常态。

第二，理性能力不足。乔舒亚·科恩认为，协商民主的重要特征之一是理性，在协商中，参与者在表达和评议各种建议时，需要提出依据。他们提出这些依据，即运用更好观点的力量，是希望它们（不是它们的权力）会决定他们建议的命运。[3]在协商过程中，参与者通过讨论、辩论等协商形式，倾

❶ 李定毅. 我国听证法律的规范与实证分析[J]. 理论界，2013（2）：109.

❷ 王超. 哈尔滨水价听证疑点重重[J]. 中国青年报，2009-12-10（8）.

❸ 詹姆斯·博曼，威廉·雷吉. 协商民主：论理性与政治[M]. 陈家刚，等译. 北京：中央编译出版社，2006：56.

听他人观点，适时修正自己的观点，经过批判性和反思性的理性运用，使得参与者的偏好得以转换。这就要求参与协商者必须是基于公共利益或公共理性的立场进行协商，甚至是改变自己的偏好和立场。因此，参与者应当具有相应的理性能力。但在我国协商的实践过程中，存在参与者理性不足的情况。如在我国政治协商当中，一些民主党派成员参与协商动力不强，往往把参政当成一种荣誉，在协商中表现出一种被动状态；往往是在和谐的宗旨下表现出模糊的态度，缺少批判性、建设性意见；加上一些委员本身对于专业性强的问题并不了解，只好以沉默对待。

第三，资源缺乏，参与渠道少。如在立法领域，2000 年《立法法》出台前，我国对于民主立法的要求是征求公众意见，但并非强制性规定。《立法法》出台后，规定全国人大出台的法律案应当听取社会各方意见，可以采取听证会等多种方式。重要的法律案，可以公布法律草案。2008 年以后全国人大出台法律案原则上都要公开，广泛征求意见，不公开成为例外，立法民主化成为常态。具体的形式可以是立法机关通过人大的网站及新闻媒体进行公开，公众也可以通过纸质信件、电话和网络方式反映意见。应该说，社会公众参与立法的机会增多。但和法治发达国家立法相比较，参与渠道仍然显得较为狭窄。如劳动合同法的制定，全国人大常委会也坦言，个体劳动者的表达机会和途径比较少，通过这次开门立法，使得他们有机会发出声音。然而，尽管如此，在劳动合同法草案征求的意见当中，只有 1138 位农民工提出了 2475 件意见。●而全国人大收集到的意见高达 191 849 件，这表明每 300 条意见中约有 4 件来自农民工，而当时的农民工数量是 1 亿多。

（三）协商过程存在暗箱操作的风险

在西方国家的协商实践中，精英操纵协商的局面是常见的现象。事实上的不平等，导致协商可能被精英阶层所控制，弱势群体在协商中处于劣势地位，其呼声遭到忽视。有学者认为，操纵和偏见的指控，存在于西方的公民陪审团，组织者清楚地认识到，在陪审公民被推选前，讨论的主题一经被确定，相关的信息和证人都已经被指定了。●

总体上，我国的协商呈现一种广泛而碎片化的态势。协商的规定并不系统，有些还比较模糊，导致有的协商程序过于简单，缺乏可操作性；或者过于模糊，裁量权过大；有的协商程序各地规定差异显著，影响了实施的效果等。如人民政协民主协商程序，主要规定在政协章程里，原则方面规定得较多，实际操作方面规定得较少。各地规定的具体实施意见或操作规程表现出不统一、不规范和随意性强，越往基层越突出。●

在我国，尽管政治协商开展得较早，在其他领域，受西方

● 中国人大网公布的数据，在一个月征求意见期，全国人大通过各种渠道，共收到 191849 件意见；79873 人通过网络提出意见 187744 件。参见阿计. 一场考验民主的立法博弈[J]. 群言，2006（9）：30.

● 毛里西奥·帕瑟林·登特里维斯. 作为公共协商的民主：新的视角[M]. 王英津，等译. 北京：中央编译出版社，2006：112.

● 李昌鉴. 人民政协的软法建设历程及思考[J]. 中国政协理论研究，2011（3）：13.

协商实践的影响，协商实践的快速推进是在 2000 年后。与西方国家相比，我国历史、国情及文化的影响，使得协商过程存在一定程度的随意化和形式化现象。学者李君如认为，实践中存在三种假协商：只在小圈子内协商，是有协商而无民主；先决策后协商，这种作用仅仅是通报领导的决策；想协商就协商，不想协商就不协商，一切依领导主观意志而定。❶仍然以协商的典型形式听证为例，一些地方组织的听证，听证的提起主要由立法机关和行政部门主导；听证的范围、参与的主体、程序及结果的反馈，也由组织者所掌控，听证的举行有时成为组织者为了符合法律程序的步骤，至于参与者是否真正有效参与协商，则不在考虑之列。

（四）协商效果有待提高

自我国协商进入实践以来，应该说取得了很大成就，但仍然未能达到预期的效果。如人民政协，中华人民共和国成立初期的政协会议实际上起着部分代行国家权力机关的作用，为新政权的建立和建设奠定了基础。改革开放后，人民政协作为统一战线组织，实现了对各个阶层、群体的代表人物的吸收，表现出吸纳和整合功能；作为多党合作与政治协商机构，实际上履行着民意表达和部分代议功能；❷作为纳入决策程序的机制，

---

❶　李君如. 协商民主在中国[M]. 北京：人民出版社，2014：68.

❷　有学者认为人大制度与政协制度在代议功能方面的作用有趋同之势，二者在机构设置、代表性方面，审议功能尤其是提案办理方面，与人大都有相似之处。参见胡筱秀. 人民政协制度功能变迁研究[M]. 上海：上海人民出版社，2010：122.

协商于决策前成为原则。政协的政治地位日益提高。但同时，多重因素又制约着政协功能的有效发挥。有学者认为，政协地位的限定使得民主党派和政协成员成为政治协商和决策的消极参与和辅助者；法律赋予政协崇高政治地位，但又未如国家机关那样赋予实际公权力，因此其实现形式仅靠政策和惯例来推动；政协委员由协商产生，与社会分化的各种力量没有明确的授受与沟通机制，难以有效地表达民意和诉求；政协过多地担负统一战线职能，影响其政治协商的职能发挥。❶

在立法领域，我国坚持走群众路线，采用了协商的方式，取得了较好的成效。协商的形式主要是向有关部门和单位书面征求意见，公布法律草案向社会征求意见，采取听证会等方式来听取意见。但在实践中，立法走群众路线往往带有较强的主观色彩。立法机关在征求书面意见时，部门色彩突出，往往只征求有关政府主管部门的意见，使得一些部门"借法扩权"。❷同时，2015年《立法法》修改之前，实践中大部分的法律是由国务院相关部门起草制定的，部门立法化现象突显，存在部门利益保护倾向不可避免。❸可见，这种由行政部门起草，人大常委会进行审议几乎成了立法常态，但难免会造成部门立法的嫌疑，影响立法的科学性。例如，2006年由国家邮政总局起草的《邮政法》（征求意见稿）规定了由邮政企业专营信件

❶　周天勇，王长江，王安岭. 攻坚中国政治体制改革研究报告[M]. 乌鲁木齐：新疆生产建设兵团出版社，2008：123.

❷　朱力宇，张曙光. 立法学：第2版[M]. 北京：中国人民大学出版社，2006：102.

❸　如国土资源主管部门起草的土地管理法，审计部门起草的审计法，治安管理处罚法是由治安管理主管部门公安部起草的等。参见张维炜. 立法法修改：为法治引领改革立章法[J]. 中国人大，2014（19）：16.

的寄递，把民营快递企业排斥在外。❶这条规定如果生效，将极大地影响民营快递业的发展，后来由于快递公司等强烈反对和社会公众呼吁，这一条最终被立法机关删除。

就听证（包括立法听证和行政听证）而言，随着开门立法的推进，听证被大量地运用，但总体上并未达到预期的效果。实践中，由于组织者对听证的过度控制，一些发言受到限制，使得听证会纯粹成了完成任务的程序；听证会上难以形成有效的辩论，实质成了意见陈述会；一些价格听证会变成了涨价会；听证的结果，到底有多少被有关部门采纳，不得而知；有些听证的事项范围过于狭窄，对立法影响很小。如此情形，社会公众对听证的热情下降，参与率不高，效果也大打折扣。如 2015 年青岛市组织的 3 次听证会，即水、燃气和地铁价格听证会，符合条件的报名人数分别只有 18 人、28 人和 20 人。而地铁价格听证会则需要从 20 人中抽取 12 人，其中一名参与者竟然 3 次被抽中，因此被有关媒体指责造假。❷

---

❶ 《邮政法（征求意见稿）》第 10 条规定，"信件的寄递由邮政企业专营；国际信件的速递业务和单件重量在 350 克以上的国内信件速递业务除外"。

❷ 林斐然. 市民半年 3 次露脸听证会，青岛物价局回应：报名人少[EB/OL]. （2015-11-18）[2016-02-14]. http://www.xinhuanet.com/politics/2015-11-18/c_128439513.htm.

第七章 法治路径下的中国特色立法协商对策研究

　　建立和完善中国特色的立法协商制度，需要厘清中西协商民主的差异，二者在产生背景、发展路径、理论基础、内涵本质和地位等方面存在显著差异。基于我国协商民主的优势与特色，针对立法协商中出现的问题，建立票决民主和协商民主协同发展的全过程人民民主立法形式，借鉴国外协商立法的合理因素，建立中国共产党领导下以人大为主导的立法协商体制，制定国家层面的立法协商规则，建立和完善立法协商的配套制度和措施，实现我国立法协商的法治化。

一、厘清中西协商的异同

　　如前所述，立法协商建立在协商民主基础之上，在协商民主大背景下展开，是其在立法领域的具体化。因此，欲建立中国特色的立法协商，必须先要对中西协商民主的异同进行剖析。

（一）中国式协商的本质和表达形式

自民主产生以来，多数国家都标榜是民主的，很多人也认为生活在民主社会里。对于"民主"一词的界定，也是众说纷纭，充满着争议。如罗伯特·A.达尔认为民主的标准体现在选票平等、有效参与等五个方面。❶《民主新论》的作者乔万尼·萨托利（Giovanni Sartori）则认为，民主是一种程序或机制，意味着多头统治并且经过选举进行充分竞争，权力赋予人民，领导者要对他们负责。❷实际上，按他本人的本意，民主就是西方式民主，始终是自由主义民主。美国密执安大学哲学教授卡尔·科恩（Carl Cohen）把民主看成是社会成员能够有机会参与决策的一种体制。❸而加拿大政治学教授弗兰克·坎宁安则认为，政策的制定和掌权者都直接或间接地由人民来决定。❹

可以看出，尽管学者们的民主观点侧重点不同，但多提到人民的权力（权利）和参与。马克思也认为，民主的实质是"人民当家作主"。他在《哥达纲领批判》中明确指出，"民主

---

❶　达尔认为民主的标准至少有 5 个，即有效的参与、选票的平等、充分知情权、对议程的最终控制和成年人的公民权。参见罗伯特·A.达尔. 论民主[M]. 李风华，译. 北京：中国人民大学出版社，2012：33.

❷　乔万尼·萨托利. 民主新论[M]. 冯克利，阎克文，译. 上海：上海人民出版社，2009：174.

❸　卡尔·科恩认为，"民主即民治，本质是一种社会管理体制，在该体制中社会成员大体上能直接或间接地参与或可以参与影响全体成员的决策"。参见科恩. 论民主[M]. 聂崇信，朱秀贤，译. 北京：商务印书馆，1988：10.

❹　弗兰克·坎宁安. 民主理论导论[M]. 谈火生，年玥，王民靖，等译. 长春：吉林出版集团，2010：15.

的"这个词在德语里意思是"人民当权的"。

民主的本质在于人民当家作主，但表达民主或达至路径不同。各国基于不同的历史和国情，民主的形式呈现多元化样态。按照社会制度来划分，民主可分为资本主义民主和社会主义民主。对于具体的民主形式，英国政治学者戴维·赫尔德（David Held）对世界范围内不同历史阶段的民主作了梳理，提出了民主的四种经典模式：古典民主（古希腊雅典为代表）、共和主义民主、自由主义民主和马克思主义直接民主理论。20世纪以来，又出现了竞争性精英民主、多元主义民主、参与型民主和协商民主等。❶在这其中，古典民主、发展型共和主义民主、直接民主、参与性民主和协商民主又可划到直接或参与型民主大类当中；而其余的则可大致划分到自由主义民主或代议民主当中。可见，当今世界民主形式多样，在不断发展当中，一个重要趋势就是代议民主或自由主义民主受到越来越多的批评，而参与型民主和协商民主的理论风起云涌。

我国的民主属于社会主义民主，本质是人民民主，核心体现为人民当家作主。在我国1982年《宪法》序言中，指出我国的国体是人民民主专政，人民是国家的主人。《宪法》第1条规定中华人民共和国是人民民主专政的社会主义国家，第2条规定中华人民共和国的一切权力属于人民。党的十八大报告强调指出，人民民主是社会主义的生命，坚持国家一切权力属于人民。

---

❶　共和主义民主包括以卢梭为代表的发展型共和主义和以马基雅维利为代表的保护型共和主义，自由主义民主有保护型民主和发展型民主两种变异形式。参见戴维·赫尔德. 民主的模式：最新修订版[M]. 燕继荣，等译. 北京：中央编译出版社，2008：4.

我国的人民民主的形式主要通过人民代表大会制和社会主义协商民主等来体现。2006 年《政协工作意见》中指出，人民通过选举、投票行使权利和在重大决策之前进行充分协商，是我国社会主义民主的重要形式，这实际表明了我国的民主的两种主要表现形式。党的十八大报告明确指出，人民代表大会制度是保障人民当家作主的根本政治制度，社会主义协商民主是我国人民民主的重要形式。对于我国的社会主义协商民主，不仅是人民民主的重要表现形式，同时还是中国特色和优势的形式。2014 年在庆祝中国人民政治协商会议成立 65 周年大会上，习近平同志指出，社会主义协商民主是我国民主政治特有形式和独特优势。对于我国协商民主的这种表述，在 2015 年《关于加强社会主义协商民主建设的意见》、2015 年《关于加强社会主义协商民主建设的意见》和党的十九大报告中再次得到体现。

（二）二者的差异

1. 产生背景和发展路径不同

西方协商民主理论产生于 20 世纪 80 年代，其背景就是在西方占主体地位的自由主义民主存在很大的缺陷。一方面，精英式民主难以真正代表大众利益等，精英人物、大财团和利益集团控制国家的核心部门和权力，民众的利益被忽视。另一方面，选举模式的局限，使得人民难以真正有效地参与。因此，代议制民主发展的结果，使得选民对金钱政治和公共性事务越来越冷淡，一些人放弃投票，纷纷表达对现状和没有发言权的不满。在此背景下，西方的一些学者开始提出协商民主来弥补代议制的不足，因此，协商民主是消极和被动的应对。

我国的协商民主的产生有着独特背景。在抗日战争时期，在革命根据地实行"三三制"原则，建立民主政权，与民主党派等力量协商，目的就是联合社会各种力量抗战，为抗日战争的胜利奠定坚实基础。1949 年，由中国共产党、各民主党派、各人民团体和社会贤达等组成的中国人民政治协商会议的召开，是我国协商民主实践在国家制度层面的开创。1954 年以后，人民政协并未被取消，而是定位于爱国统一战线，通过参政议政和政治协商等方式继续发挥其作用。在改革开放之后，在国家的推动之下，协商民主继续向深层发展。因此，我国的协商民主是基于中国独特的历史发展、适应经济社会和民主的发展而进行的一种积极主动的探索和实践。

西方的协商民主主要以理论研究见长，更多的是一种理想的追求，实践中的发展却相对较弱。尽管西方一些学者认为美国在建立国家时协商制宪的历史是一种协商民主，但这仅为一些宪法学者所认可。其他为数不多的实证案例却多发生在 20 世纪末之后，如欧盟制宪、协商民意测验、公识会议、城镇大会等。相比之下，我国协商民主的发展是历史实践的产物。它植根于我国人民政协政治协商，随着我国民主政治的发展而发展，最终把协商民主的形式上升到国家制度。20 世纪末，西方协商民主理论的兴起激起我国学者的研究兴趣和官方的重视，在客观上促进了我国协商民主的深入化发展。

2. 理论基础不同

西方协商民主的理论基础与直接民主和共和主义民主、自由主义民主和参与性民主密切相关。协商民主的理论可以溯源至古希腊城邦时期的公共协商民主的实践，城邦民主中的民众直接参与政治与国家事务管理，成为协商民主的纯粹和完美形式，当今的协商可以说是直接民主在现代的部分复活。共和主义和自由主义则构成现代西方占主体的代议政体的基础，协商民主的出现仍然是建立在自由主义民主基础之上。

我国协商民主的产生与发展有着独特的历史和理论逻辑。中国传统的和文化，追求和谐，强调协商；马克思民主观认为民主的实质是人民当家作主，统一战线理论认为，无产阶级要取得革命的胜利，需要联合其他力量；还有群众路线影响和民主进程的加快等，这些都为我国的协商民主发展提供了理论和文化的土壤。因此在西方协商民主理论兴起之时，我国协商民主的实践活动已经存在。

3. 内涵不同

个人主义和自由主义是西方资本主义国家的核心理念，正因为如此，代议制民主仍然占据主导地位。协商民主理论是在代议制民主出现问题之后，为矫正其弊端而出现的一种补救措施。代议制民主强调的是用选举的方法来解决偏好的聚集，很少注意偏好聚集的形成过程。协商民主强调公民平等参与到协商讨论过程中，公开地表达意见并倾听他人的观点，以期达成一致，从而增强立法和决策的合法性。这样，协商民主通过强调公众的参与实现偏好的转变，对竞争性选举制度具有补充作用。由于协商民主理论强调的是一种理想的程序，其实践活动应该说更多是探索，理论意义更具特色。

我国的协商民主基于独特的文化理论和历史实践，与西方协商民主相比，其内涵比较独特。西方的协商民主强调讨论、慎思和审议。在我国，汉语中协商主要是讨论、商议和咨询，中国人民政治协商会议（CPPCC），其中的协商用词英文用consultative 表示，主要意为"咨询"，这与西方协商民主当中平等参与的理念不太相同。西方协商民主一词在国内主要被译为审议民主、商议民主和协商民主，而协商民主的称谓在国内得到广泛运用，其理论受到官方高度重视。现在我国的协商民主早已超越人民政协的政治协商领域，进入党际协商、立法工作、社会治理和基层民主等当中去，成为我国人民民主的重要形式。因此，协商民主本质上是人民民主通过民主协商的方式而得以有效运行与实现的政治形式，既包含人民民主的本质规定，也包含协商民主的形式规定。❶协商民主的实践随着形势发展而形式多样，显示出强大的生命力。

4. 地位不同

西方民主政治的基础是三权分立和多党制，民主主流是竞争性民主。西方协商民主是建立在发达的自由主义民主和代议制民主基础之上，是对选举民主的补充甚至超越。可以说当今民主是竞争、协商和投票等环节的统一，西方民主过程也存在协商的环节，但它更重视竞争环节的票决，协商只是一种补充和完善。在多党制背景下，立法和决策更多地体现了党派之争，是一个讨价还价的过程。因此，西方的民主本质上还是竞争性选举民主，协商民主作为一种补救工具，是对选举民主的

---

❶ 林尚立. 协商民主：中国的创造与实践[M]. 重庆：重庆出版社，2014：34.

一种补充。❶协商民主的出现，不是对竞争性民主的取代，对其批评不是否定的，而是一种改进和建设；它不能改变代议制民主的核心地位，也不能完全解决代议制下存在的问题。

我国的民主本质是人民民主，包含了协商民主和选举民主两种形式。基于我国协商的传统、多党合作和政治协商的历史实践，在某种程度上，协商民主在实践中往往发挥着更为基础性的作用。中国特色民主政治过程中比较重视协商环节的作用，虽然也存在一定的竞争因素，但票决的结果主要酝酿于协商环节，甚至协商直接得出结果。因此，总体上是一种协商性选举民主。❷在历史上，我国先有政协的协商民主，后有人大的协商和选举民主。在实际运作中，协商民主与选举民主是相互衔接和统一的，如在选举之前协商，在充分协商基础上再进行民主选举和票决，然后又在集中指导之下进行新的协商。在立法过程中，同样是需要征求公众意见，让公众参与协商，最后才是表决通过。因此，在大多情况下，协商和票决结合在一起，协商到一定程度，需要通过票决的方式来落实协商的成果，然后又进行新的协商和票决。

（三）二者的耦合性

1. 目标：尽可能达成一致意见

乔舒亚·科恩认为，理想的协商的目标是实现理性推动的

---

❶ 林尚立. 协商民主：中国的创造与实践[M]. 重庆：重庆出版社，2014：12.

❷ 阳安江. 协商民主研究[M]. 北京：同心出版社，2010：142.

共识。● 在西方理想的协商过程中，相关利益者平等地参与到协商讨论当中，通过理性的思想交流，参与者可能会改变自身的偏好，最终达成共识。即使是未能达成共识，也为问题的解决提供了条件。我国的协商民主，虽然发展的进程不一样，但无论是人民政协政治协商、人民代表大会中的立法协商、重大决策中的协商，还是基层的协商，通过协商，基本上在重大分歧和争议方面达成一致。

2. 功能：增强立法和决策合法性

詹姆斯·博曼指出，"从广义上说，协商民主是一种观念，合法的立法来自公民的公共协商"。● 西方的协商民主出现之前，在代议制民主体制下，制定出来的立法和决策多是精英的产物，广大民众基本上被排除在外。协商民主的产生，则有助于增强立法和决策的合法性。在协商过程中，平等、公开的推理程序和辩论是一个进行争论和理性化的过程，目标在于获得倾听者的认同。这样在立法和决策过程中进行协商，则有助于提高其质量。我国的协商民主，如人民政协中的政治协商，主要职能之一就是要发挥民主党派的智慧等优势，广泛征集意见，为民主立法和决策提供智力支持。至于人大立法过程中的协商，如公布法律草案征求意见，举行听证会等，则是民主和科学立法的典型方式。

● 詹姆斯·博曼，威廉·雷吉. 协商民主：论理性与政治[M]. 陈家刚，等译. 北京：中央编译出版社，2006：57.

● 同●：324.

3. 程序：尽可能扩大公众参与，保障公民的参与权

西方的协商民主的出现，在一定意义上就是要打破精英政治的桎梏，让更多的利益相关者参与到立法或决策当中来，如西方的共识会议、公民陪审团、城镇大会等实践形式。我国的协商民主是人民民主的表现形式之一，公众参与立法协商、人民政协的政治协商、社会管理中的协商及基层民主协商等，保障了人民的政治参与权，使民众能够有序地参与到协商程序当中来。

除此之外，中西协商民主在维护公共利益及面临的挑战等方面也具有一定的共性。

总之，中西协商民主在产生背景、发展路径、内涵、理论基础和地位上呈现明显的差异，在立法上也打上了这样的烙印。

二、建立票决民主、协商民主互为补充的全过程人民民主立法形式

当今西方世界，代议制背景下选举民主仍然占主体地位，协商民主只是一种有益的补充。在实际的立法和决策中，同样也体现了这个倾向。总的来说，公民拥有参与立法和决策并进行协商的权利，而且形式较为丰富。然而，由于大多西方国家政治建立在多党制背景下，其立法和决策的精英主义和利益集团影响色彩浓厚，并且呈现党派之间的讨价还价。他们之间也存在妥协和协商，但根本受制于党派利益之争，甚至出现"立法僵局"的状态，如美国校园深受枪击案之害而长期得不到解

决。然而控枪法案却无法通过，很重要的原因在于美国的两党利益之争、联邦与州之间的博弈以及利益集团游说等。❶

在我国，在共产党领导下，尽管也存在不同利益的诉求，但人民的整体利益存在一致性，人民内部的矛盾被视为是可控的和可协调的。因此，基于独特的历史背景及实践，票决民主和协商民主之间的关系表现了与西方明显的差异性。❷ 在立法领域，票决与协商成为民主立法的两种方式，共同发挥着相应作用。

（一）厘清票决民主与协商民主的关系

西方选举民主理论认为，权力的来源和合法性的基础是权力属于人民，即人民主权，它是民主选举的基础。人民通过选举产生政府，授权政府代表人民来行使权力。因此，选举民主的意义在于解决权力的合法性基础问题，即权力建立在人民普遍同意的定期选举投票之上。通过授权，政府获得了合法的治理权力，但治理如何，人民也只能寄希望于下一次选举投票来解决。西方协商民主理论则与此不同，它主要解决的是在现代选举民主制下，人民主权虚化的问题。它更关注主权在民的落实，强调人民的参与权利，使得人民切实参与到协商当中，赋予立法和决策的合法性。二者相比较，协商民主更关注治理过程人民的参与，是一种治理（权）民主或过程的民主。因此，

---

❶ 记者观察. 美国控枪为什么这么难？［EB/OL］.［2016-02-08］. http://usa. people.com.cn/n1/2016/0108/c241376-28029069.html.

❷ 按照通说，基于论述的方便，本书把西方的选举和投票视为"选举民主"，把我国的人民参加选举和（或）投票的方式简称为"票决民主"。

协商民主并不是要取代选举民主，而是在代议制的基础上，为了矫正其弊端而出现，它对代议制只能是一种补充。

在我国，2006年《关于加强人民政协工作的意见》已确定通过选举投票和协商成为社会主义民主的两种重要形式，即票决民主与协商民主。协商民主的理论、发展的路径等与西方有所不同，因此，票决民主与协商民主的关系呈现一定的差异性。

1. 目标相同

民主的本质是人民民主，在我国体现为人民当家作主。我国的国家性质是人民民主专政，人民代表大会制度是根本政治制度，人民政治协商会议是基本政治制度。我国的人民民主既表现为通过民主选举出代表，组成我国各级机关，行使国家权力；也表现为民主决策、民主管理和民主监督。前者主要体现为票决民主，后者主要体现为协商民主，共同的目标是实现人民民主。2006年《关于加强人民政协工作的意见》和中共十八大报告均指出，人民政治协商会议是我国发扬社会主义民主的重要载体和形式。党的《十八届三中全会决定》和2015年《关于加强社会主义协商民主建设的意见》还指出，协商民主在我国具有独特优势，是我国民主政治的特有形式。

2. 性质不同

在我国，票决民主主要体现在人民代表大会工作中，以及其他需要投票表决的领域；协商民主则体现在人大立法、人民政协政治协商和政府工作等广泛的领域。以人民代表大会和人民政协为例，票决与协商二者在权源和功能方面有所不同。

第一，权源不同。人民代表大会是国家的权力机关，其权力来源于人民的授权，人民通过选举产生人大代表。人民政协是我国的统一战线组织，政协委员按照党派、界别和团体等单位，通过协商推荐等方式产生。可见，二者权源产生方式不一样。从终极意义上说，人民是一切权力的根源，鉴于现代国家事务领域的扩大和日益专业化，人民通过选举把权力委托给代表行使。基于此，人大代表就获得正当的权力授予从而行使该权力；而政协委员由于不是通过选举产生，不能直接参与行使国家的权力。❶

第二，功能不同。权源的不同导致二者功能的差异，人民代表大会通过人民选举和经过授权，成为国家的权力机关，享有立法、监督和决定国家大事的权力。而人民政协并非选举产生，不是国家的权力机关，只是我国的统一战线组织，具有政治协商、民主监督、参政议政的职能，但这并不是行使国家的权力。

3. 互相交融

总体上，我国选举民主发展并不充分，而协商民主发展较为充分。中华人民共和国成立初期，在当时的历史条件下，中国人民政治协商会议召开，选举产生中央临时政府，通过《共同纲领》，制定《中央人民政府组织法》等法律，实际上起着代行全国人民代表大会的作用，履行着协商建国和制宪的职责。

---

❶ 浦兴祖. "协商民主"若干问题初探[J]. 工会理论研究（上海工会管理干部学院学报），2007（4）：1.

1954 年后，随着人民代表大会制度的建立，人民政协成为统一战线组织，主要发挥政治协商等职能。虽然人民代表大会和人民政协性质不同，但在实际工作中体现着选举与协商相互交织，即你中有我，我中有你。如在政协工作中，政协委员通过协商推荐方式产生，但政协常委会和领导人的产生也需要通过选举。又如，人大在对重大问题进行决议之前，要和相关各方进行协商；在选举之前，先进行充分的协商，然后在此基础上进行选举，对协商的结果用票决加以确认。因此，人大在选举之前充分协商，在此基础上再进行民主选举和票决，以达到集中的效果；而在集中之后，又在集中指导下进行新的协商，讨论和决定如何贯彻落实决策。❶在人大立法过程中，在草案表决之前，往往需要经过运用各种方式征求公众意见，通过协商的方式消减存在的重大分歧，最后付诸表决。

在协商过程当中，为了避免协商不成或久拖不决，也需要用票决等方式作出最终的决定。

4. 相互补充

按前所述，选举民主更注重权力的来源，是一种授权民主；而协商民主注重权力的行使过程，要求通过协商参与到立法和决策中，是一种治权的民主。

从人大代表的产生方式看，主要是按区域划分（块块）方式选举产生；政协委员的产生主要是以党派、团体、界别为单位产生，二者的结合实际上基本涵盖了我国的大部分领域的代表人物。而协商参与者参与不同形式的协商，则使得更大范

---

❶ 阳安江. 协商民主研究[M]. 北京：同心出版社，2010：145.

围的公民得以有机会参与到立法和决策中，更有利于民主的发展。

一方面，协商民主有利于缓解选举民主不够成熟带来的压力和流动人口选举的难处；有利于在选举民主发展不充分的地方填补民主真空地带；而网络技术的兴起，需发挥协商民主作用；利益多元主体的诉求，同样需要协商来解决。另一方面，选举民主则可以弥补协商民主可能存在的效率不高的不足，同时，选举的刚性要求也能弥补协商的软性约束缺陷。

（二）票决民主与协商民主的协同发展

现代民主政治，经历了一个权力委托的基本政治过程，即人民通过自己行使或者委托他人行使，受委托者获得了权力，这个基本过程就是选举。而选举需通过竞争来实现，因此，现代民主的三段论逻辑是：民主需有选举，选举需要竞争，所以，没有竞争就没有民主。这个判断是正确的，但反过来说，民主就是竞争，则是有问题的。学者林尚立认为，竞争是民主的必要条件，但不是充分条件。民主的充分条件是，人民在经济与社会领域的自主及由此形成的在政治领域对国家的决定权。❶竞争民主面临"萨利托难题"，选民无法监督竞争本身及其带来的影响。任何民主要以实现人的自由平等为逻辑起点，竞争只是一种手段，且受到具体民主的规定。❷要解决"萨利托难题"，在我国则需要把竞争与协商结合起来，将竞争建立

---

❶　林尚立. 协商民主：中国的创造与实践[M]. 重庆：重庆出版社，2014：50–52.

❷　同❶：53.

在协商的基础之上。

2006年《关于加强人民政协工作的意见》实际上明确了票决民主与协商民主是我国的两种民主形式，同时也表明票决与协商的有机结合，即票决前进行协商，往往更能达成共识。十八大报告重申，协商民主是我国民主的重要形式。2015年《关于加强社会主义协商民主建设的意见》中强调，协商民主还是我国民主的特有形式，具有独特优势。它有利于扩大公民政治参与，实现人民当家作主，增强执政的合法性基础；有利于增强立法和决策的科学性；通过与相关利益者的沟通协商，可以化解矛盾，促进建立和谐社会；可以弥补票决民主作用发挥的真空地带。在中华人民共和国成立时期的民主实践中，协商民主还起着协商建国作用。改革开放后，在人大的实际工作（如立法和选举）中，协商民主发挥着重要作用，以至于有学者认为，人民代表大会制度是我国的根本政治制度，是一种选举民主制度，同时又是一种协商民主制度，全面地讲，协商民主是一种以协商为主要基础的选举民主制度。❶这种观点在一定意义上是有道理的。因此，需要继续大力推进协商民主。

对于选举民主，它是现代民主的基础。选举是权力产生的根本机制，是法律和政策制定的基本方式。宪法规定了我国根本政治制度——人民代表大会制度，多党合作及政治协商制度成为我国基本政治制度，这也就规定了人民代表大会制度中通过选举、投票等票决民主更具基础性地位。协商民主具有巨大优势，但也存在易被精英阶层操纵、可能出现的效率低下等弊端，需要票决民主来解决。大力发展协商民主，并非要忽

---

❶ 阳安江. 协商民主研究[M]. 北京：同心出版社，2010：11.

视选举所起的基础作用，其有效运作还需要健全的选举民主的支撑。我国的选举民主还刚起步，发展并不充分。因此，需要继续完善选举民主，逐渐扩大差额选举的范围、层次和差额比例，同时增强选举的竞争性和公开性；扩大直接选举的范围；在干部推荐和候选人提名的环节，扩大直接推荐和提名的范围。❶进一步完善人民代表大会制度和基层群众自治制度，以推进选举制度的完善。

具体到立法领域，在我国，人民通过选举出各级代表，组成国家机关，实行民主集中制的原则，以此来间接参与到国家立法活动当中。因此，由立法机关代行立法，这大体上可以看成一种票决民主。然而，由于代表制本身的缺陷，扩大民众参与立法活动成为必然的趋势。人民群众参与民主立法既是人民当家作主的内在要求，又是立法的首要原则。随着协商民主的大力发展，拓展至立法领域，立法协商被提出。

因此，在实践中我国的立法是在发扬民主的基础上，由领导和专门机关作出适当的、正确的集中。❷民主立法主要是票决和公众参与协商方式的结合，在协商民主复兴的背景下，协商的作用越来越重要。

（三）将全过程人民民主贯彻到立法当中

2019年习近平总书记在考察全国人大常委会法工委基层立法联系点——上海虹桥街道时指出，人民民主是一种全过程

---

❶ 李君如. 协商民主在中国[M]. 北京：人民出版社，2014：152.

❷ 朱力宇，张曙光. 立法学：[M]. 2版.北京：中国人民大学出版社，2006：76.

的民主。2021年习近平总书记在中央人大工作会议上发表重要讲话时指出，我国全过程人民民主是全链条、全方位、全覆盖的民主，实现了过程民主和成果民主、程序民主和实质民主、直接民主和间接民主、人民民主和国家意志相统一。要把人民当家作主体现到党治国理政的政策措施、党和国家机关各方面各层级工作当中。❶

全过程人民民主的本质是人民当家作主，协商民主是其重要的组成部分。具体到立法协商当中，对于法律、法规和规章的制定，需要把全过程民主贯穿到立项、起草、审议、论证、评估、监督全流程和全链条当中；在具体形式上，立法规划、立法调研、法律草案公开、座谈、论证、评估、法规备案审查等均需要贯彻全过程人民民主理念、原则和要求❷，扩大公众参与，加强立法协商。

三、建立和完善我国立法协商配套措施与制度

（一）借鉴西方的合理因素，加大公众参与协商力度

西方协商民主所涉及的领域，既包括全球、区域性国家层面，如全球环境治理、欧盟制宪；也包括国家层面、公共领

---

❶ 习近平. 习近平在中央人大工作会议上发表重要讲话［EB/OL］.［2021-12-10］. http://www.npc.gov.cn/npc/zyxxxxzk008/202110/a34d102f24284f8eb923cfae91b831c1.shtml.

❷ 全国人大常委会法制工作委员会. 坚持和践行全过程民主 推进新时代立法工作高质量发展［EB/OL］.［2021-12-10］. http://www.qstheory.cn/dukan/qs/2021-07/03/c_1127618914.htm.

域层面和地方政府层面，如美国的国会立法听证、得克萨斯州的公共事业调查等。协商的实践形式有协商民意测验、共识会议、公民陪审团、愿景工作坊、专题小组、市政会议、镇民会议、城镇协商大会和参与式预算等。

协商主题所涉及的范围非常广泛，如共识会议的议题包括环境、基因、电子监控、噪音和技术、转基因食品、电子办公、消费和环境、渔业的未来、基因疗法、食品和环境中的化学物质、绿色农业、不孕不育、动物科技等。协商民意调查则涉及民族政策、能源、住房、就业、医疗保健和食品安全等方面。

西方协商的实践程序相对规范，操作性较强。如共识会议包括以下六个步骤：选择议题、组建项目规划组、挑选公民小组和专家小组、召开预备会议、召开正式会议和公布报告等流程。公民陪审团则是借鉴了美国刑事和民事审判中陪审团制度，并把它运用到公共议题的协商讨论之中，其规范的流程和科学抽样保证了活动的有效和生命力。❶再比如协商民意测验，通过随机抽样产生参与者，给予每个公民平等地参与协商的机会；通过小组会议或全体会议，参与者有机会获得充分的信息并交换不同的意见之后，形成自己的观点。因此，协商民意测验，将科学的随机抽样置于一个具有激励措施的条件下，可以有效地克服理性的无知。❷

在西方国家的立法实践中，总的来说，许多国家在宪法中规定了公民的参与权，当然也包括参与立法活动。公众参与立

---

❶ 毛里西奥·帕瑟林·登特里维斯. 作为公共协商的民主：新的视角. 王英津，等译. 北京：中央编译出版社，2006：108.

❷ 詹姆斯·菲什金，彼得·拉斯莱特. 协商民主论争[M]. 张晓敏，译. 北京：中央编译出版社，2009：12.

法活动的方式和渠道比较多，如有的国家全部或部分地规定了参加旁听和听证、立法游说、立法请愿和全民公决以及对规章的评议、协商等制度。在信息公开方面，许多国家提供了比较便利的条件，如通过纸质媒体、网络公开，对立法活动进行传播等。这些有益的方面，值得我们借鉴。

基于此，我国可以从以下几点加以完善。

首先，在完善我国已有的公众参与立法协商形式（如听证等）基础上，进一步拓展参与协商形式，如扩大在立法规划阶段公众的参与。这在全国人大及其常委会的立法当中还未形成制度。一些地方立法当中对此进行了探索，如北京市人大立法，公开向社会征集五年立法规划项目的建议，这样可以把群众呼声很高、利益诉求强烈的有关立法建议纳入考虑之列。

其次，在新媒体和信息化时代，善于利用现代的网络手段，开展立法调查或网络讨论等，如广东人大与政府法制办联合举行的电子商务立法论坛，就收到了很好的效果。

最后，借鉴西方国家立法过程中公众参与的有益形式。①借鉴西方的公民提案制度。意大利宪法规定，50万选民以上可以联名提出法案，称为"人民法案"。奥地利宪法规定20万选民或3个州各一半选民，可以提出立法倡议。在美国，公民有间接提出议案的权利，民众提出的关于国家立法请愿书（memorials）可以通过其官方代表或他们代表团中的参众两院的议员提交至相应的委员会。❶我国宪法和法律并未规定公民有提出法案的权利，只是规定符合法定人数的人大代表可以提出议案。②借鉴西方协商民主中的共识会议方式。共识会议能

---

❶ 曹海晶. 中外立法制度比较[M]. 北京：商务印书馆，2004：220.

够把随机抽选的非专业的公民与专家的帮助集合起来，就社会中广泛的议题进行信息的收集和交流，形成报告供立法决策者参考。我国立法中有专家论证和征求公众意见的制度规定，但把二者结合起来，发挥专家的技术性优势，可以借鉴共识会议的方式。

（二）推行信息公开制度，保障公众知情权

知情权是公众参与协商的前提，保障知情权的一个重要方面是信息公开，只有公众掌握了必要的信息，才有可能有效地参与协商。以政府信息公开为例，2004 年国务院颁布的《全面推进依法行政实施纲要》规定，行政机关应当公开政府信息，国家秘密和依法受到保护的商业秘密、个人隐私的事项除外。公众有权查阅公开的政府信息，行政机关应当提供便利条件。2007 年国务院通过的《中华人民共和国政府信息公开条例》确立了政府信息公开制度，对信息公开的范围、方式和程序作出了具体规定。信息公开不限于行政领域，在立法和司法领域也有一些信息公开的制度规定。但在实践中，公众知情权并未得到有效保障，如在政务公开方面，有学者认为，我国政务公开存在的问题主要有：公开的形式主义化，内容避重就轻，有时涉及群众切身利益的问题没有公开；重视公开而不重视反馈，较少考虑如何收集公众意见及其反馈；公开结果而不重视公开过程，可能会造成暗箱操作。●也有学者认为，我国政府当前还缺乏信息公开的动力机制，对公开采取了审慎和保

● 石路. 政府公共决策与公民参与[M]. 北京：社会科学文献出版社，2009：207.

守态度，公开主要服务于自我监督和规范的需要，还未达到"实质性"的阶段。❶但毕竟条例确立了公开制度，政府已踏入公开的门槛。

（三）培育公民政治参与意识，落实公民参与权

协商民主的有效进行，需要平等、理性的公民切实参与到协商当中。扩展并深化公民参与是发展公民民主政治活动的中心议题，稳定的公共生活和繁荣的民主政治是以社会中多数人积极参与为前提的，因此公民参与是公共生活的晴雨表。❷而积极的公民参与则需要培育公民参与意识和保障其参与权利。

培育公民参与意识。传统的和合文化和中庸思想有助于协商政治在我国的发展，但其，也阻碍了协商的有效进行。我国的传统政治文化呈现从依附性向参与性状态发展，容易出现政治冷淡和对权力崇拜现象，表现为民众不愿意通过政治参与和进行诉讼等手段表达自己的诉求，而倾向于通过上访等手段去维护受到严重损害的权益。中国是一个传统的熟人社会和关系社会，人们会把在熟人社会中的规则和意识带入协商中，从而有悖于协商中的平等、理性、辩论等要求。因此，需要对公民进行必要的培训，使其具备一定的参与意识。

保障公民参与权利。我国的宪法和相关文件规定了公民参与权，《宪法》第 2 条规定，人民有权通过各种方式依法管

---

❶ 王锡锌. 公众参与和中国新公共运动的兴起[M]. 北京：中国法制出版社，2008：127.

❷ 玛莎·麦科伊. 协商对话扩展公民参与：民主需要何种对话？[M]// 陈家刚. 协商民主. 上海：上海三联书店，2004：103.

理各种国家事务等。第 34 条、第 35 条明确规定，公民有选举权利和言论等自由。党的十三大报告提出建立社会协商对话制度，重大情况让人民知道，重大问题经人民讨论。党的十五大报告提出要健全民主制度，实行民主选举、决策、管理和监督，把人民权利落到实处。党的十七大报告又提出要建立四方组成的社会管理格局，即"党委领导、政府负责、社会协同、公众参与"。不仅如此，还要保证公民的参与权落到实处。实践中，一些公民的参与权利遭到剥夺；或者是即使参与，但实质也只是走过场；或者基于能力和条件的限制，无法有效参与。因此，需要制定和完善相关法律法规及其细则，创造相应的条件，落实公民的参与权。

（四）完善人大和政府其他工作中的协商制度

1. 加强人大工作中的协商

（1）健全人大代表选举工作中的协商。现行选举法规定了协商环节，直接选举人大代表的，由各政党、各人民团体和选民提名推荐代表候选人，正式代表候选人需要经过该选区的选民小组讨论、协商，进行确定。县级以上的人大代表，需要各该级人民代表大会全体代表酝酿、讨论。总体上目前人大代表的选举，朝着更加规范化和程序化发展。但也存在需要进一步完善的地方，如人大代表中党政机关领导人比例偏高；❶部分代表缺乏相应的参政议政能力，有的代表仅把它作为一种

❶ 朱景文. 中国法律发展报告：数据库和指标体系[M]. 北京：中国人民大学出版社，2007：105.

荣誉，未能有效履职；人大会议工作成本较高，效率也有待提高。因此，需要进一步完善选举制度，如适度增强选举的竞争性，适当放宽代表候选人的提名限制，探索允许自荐报名参选和自我宣传等。进一步加强协商在人大选举的作用，尤其在推荐代表候选人过程中，要充分酝酿、民主协商，听取各方意见，遵循公开、公平、公正原则，在协商基础之上进行选举。实践也表明，在选举之前就候选人问题进行协商，更容易达成共识，并与选举有机结合，有利于选举的有序进行。

（2）重大决定方面。审议重要问题、作出重大决定是人大及其常委会的重要职能，有利于发挥人大制度的作用，保障人民当家作主，提高决策的科学性和民主性。重大事项可以从是否影响全局、影响时间长久、群众高度关注三个方面进行判断。❶实践中，有些审议的质量需要进一步提高，公众参与协商不够。在审议前，人大代表与选民、选区联系不多；审议时往往议题过多，时间过于紧张，审议人员对审议内容不太了解，这就可能导致出现代表"举举手、鼓鼓掌、握握手"的局面。

完善人大审议重要问题和作出重大决定制度，具体来说：第一，研究和界定重大问题和决定的范围。重点围绕国民经济和社会发展中的重大问题、人民群众高度关注的问题，广泛征求政府等部门、人大代表和社会公众的意见，确定选题。第二，在审议前，积极开展调研活动，与社会各界人士商谈、广泛收集意见。第三，改进审议程序。适当延长会议时间，探索

---

❶ 陈斯喜. 人民代表大会制度概论[M]. 北京：中国民主法制出版社，2008：260.

设立专职人大代表制度；在审议决定时，强化协商环节，如邀请人大代表列席常委会会议；制定公民旁听人大会议制度，鼓励公民的政治参与。另外，还需要强化选民、选区对代表的制约关系，加深代表与群众的协商与沟通。通过微信、电子邮件，设立代表工作室、聘请助理联络员等，广泛收集民意、反映民情。

2. 推动政府工作中的协商

（1）制定协商目录，明确协商的范围。国务院发布的《全面推进依法行政实施纲要》规定需要征求意见的决策事项主要是涉及面广和关系群众切身利益的事项。党的十七大报告提出，听取意见的对象主要是涉及群众利益的公共政策和法律法规，并且要增强透明度和公众参与度。党的十八大报告明确提出，国家政权机关要就经济社会发展重大问题和涉及群众切身利益的实际问题进行广泛协商。以上文件原则地指出了协商范围，主要是关系到群众切身利益和经济社会发展重大问题，但何谓重大问题和群众利益，并无明确规定，各地的实践也不一致，这需要认真研究决定协商的事项，确定协商项目和建议协商目录。

（2）扩大参与协商的主体和协商方式。对经济社会发展重大问题需要广泛听取社会各方面意见，对于涉及群众切身利益的实际问题，还需要利益相关方参与协商。扩大协商参与的主体范围，加强与人大代表、政协委员和无党派人士等的沟通协商；专业问题需要实行专家咨询论证方式。创造条件，为参与协商人员，尤其是弱势群体提供应有的信息和物质保障。拓展协商方式，探索新的渠道，如网络沟通、微信平台等。

（3）推动政务公开，提高政府运作透明度。公民享有知情权，获得相应的信息，是保证有效参与协商的前提条件。党的十六大报告提出，要建立与群众利益密切相关的重大事项社会公示制度。《全面推进依法行政实施纲要》指出，应当向社会公布涉及面广、与人民群众利益密切相关的决策事项。但实践中，存在公开形式主义、避实就虚、暗箱操作等问题。因此，应当建立信息公开和清单制度，除依法应以保密或不宜公开之外，其余信息均应公开；不仅决策要公开，过程和结果也要适当公开；公开渠道要形式多样和畅通，保障各种群体至少能通过一种渠道便利地获得信息；公开过程允许公众互动，以进一步改进政府工作。严格执行党的十八届三中全会提出的要求，完善公开制度，对权力运作流程依法进行公开，推进决策、管理、服务和结果公开。❶

（4）完善重大决策公众参与制度。社会主义民主不仅是选举民主，同时要求民主决策与民主管理，公民参与民主决策是现代行政的必然要求。然而，现实并非如此，公众参与行政决策受到本能的抵抗。著名公共行政学者凯登认为，东方或西方国家均可以发现行政傲慢、无效率和行政帝国主义等现象，其根源在于国家常常以"精英主义""国家主义""集权主义"等方式对社会进行过分的控制。❷我国自党的十四大提出民主决策以来，国务院《全面推进依法行政实施纲要》《关于加强市县政府依法行政的决定》和《关于加强法治政府建设的意

---

❶　中共中央关于全面深化改革若干重大问题的决定[M]．北京：人民出版社，2013：36．

❷　GERALD E. CAIDEN. Administrative Reform Comes of Age[M]．New York：Walter de Gruyter, 1991：1.

见》等均要求实行公众参与和民主决策。尽管公众参与取得重大进步，但同样存在参与协商意识不强、参与主体较为狭窄、参与渠道和力度不够、参与效果有待提高等问题。

实现决策的科学化和民主化，需要制定完善的重大决策公众参与和协商制度。首先，明确规定把公众参与列为行政重大决策的必经程序，非经公众参与不得进入下一程序。在作出重大决策前，通过听证会和征求意见等方式，广泛听取各方意见并适时反馈。如《广东省依法行政考评办法》就明确规定民意调查和听取意见等是重大行政决策必经程序。其次，建立专家咨询和风险评估制度。对于提请政府决定的重大事项，需深入调查，要经过专家论证程序。对于涉及群众切身利益和经济社会发展重大问题，必须进行合法性等各种风险评估，建立风险评估工作机制。最后，建立集体决策、跟踪反馈等制度。所有重大决策，在广泛征求意见、充分论证基础上，实行集体决定，避免盲目和草率决策。在决策执行过程中，及时监测实施状况，通过各种途径了解社会公众的意见和建议，必要时根据实际情况进行调整。

（五）理性对待和规范立法中的博弈

立法是利益的再分配机制，也是利益表达机制。立法的过程是立法者与利益主体在利益竞争中求得利益妥协的过程。❶在西方一些国家，立法博弈表现为利益集团的游说，不同的声

---

❶　蔡定剑. 公众参与：风险社会的制度建设［M］. 北京：法律出版社，2009：69.

音能够得到一定的表达，对立法产生深刻的影响。我国没有正式的大规模的利益集团的游说，但并不表明我国在立法中，各种利益群体没有利益诉求，他们通过不同的方式表达利益的声音，更多的是为了维护自身的利益，甚至是一种维权的方式。在我国《立法法》出台后，不同社会组织、民间团体甚至一些国家权力部门也参与到立法博弈当中。在《反垄断法》《邮政法》《物权法》《劳动合同法》等立法过程中均存在明显的利益团体的游说和立法博弈。

因此有学者认为，立法过程成为权力博弈平台，立法博弈成为一种趋势和治理方式。立法博弈与政策博弈相比较，具备较高的公开性、民主性，主体多元、过程公开，修辞运用于博弈当中。❶适度的立法博弈是立法民主的表现，公众的参与立法是立法博弈的应有之义。立法博弈过程中的公开性和程序化，允许参与各方能够进行协商，排斥某些力量垄断立法，利于达至最低限度的共识。

但现在的问题是我国公众参与立法协商的形式不多，主要是立法机关主持的全民讨论、公开征求意见、立法听证会、座谈会、论证会等有限的方式，公民参与的方法主要是通过互联网，这些方式的局限导致那些缺乏条件和机会的群体无法有效参与到立法协商当中。在实践中，有时会出现单个公民的参与和利益的诉求无法产生有效的呼声而引起立法者的注意，只能通过某些组织（如行业协会、公益组织等）的力量来反映。对于立法者来说，应该认识到立法博弈和立法游说是发展的趋

---

❶ 三项修辞指：合法私利及正当性、法制的外衣及与国际接轨。参见许章润. 从政策博弈到立法博弈——关于当代中国立法民主化进程的省察[J]. 政治与法律，2008（3）：3.

势，不可回避，对于立法民主化有所帮助。不应该视立法游说为风险所在，西方式的职业游说要避免，但目前主要的问题还是立法博弈不足的问题。因此，还需要加强适当的立法博弈，尤其是对于博弈能力不足的群体，应发挥团体组织及非营利组织（如行业协会等）在立法博弈中的作用，使得立法机关能够倾听在利益多元化背景下的不同呼声，从而有利于增强立法的民主性和科学性。

四、立法协商的法治化

（一）建立中国共产党领导下以人大为主导的立法协商体制

1. 发挥人大立法主导作用，减少部门化立法弊端

过去很长一段时间，我国不少法律的制定，先是由国务院等部门起草法案然后提交人大审议，部门化立法现象突出。部门起草法律可以发挥其熟悉业务和经验丰富的优势，但由于民主立法做得不够，弊端也很明显，如可能会导致对公民权利的侵害、部门趁机扩权、部门利益法律化、法律的冲突及迟延出台等问题。● 如 2006 年《邮政法》的修改，由邮政总局起草，结果草案规定把信件业务由邮政企业专营，这一规定在快递民营企业等强烈反对下才得以删除。要破解部门立法化的弊端，需要做到立法机关尽量自己起草制定；有困难的，可以考虑委托立法、招标立法；确实需要由行政机关起草的，需要严格程

● 王利明．立法应当去部门化[J]．当代贵州，2015（21）：64.

序，进行开门立法，通过各种途径征求公众和专家意见，尽可能减少部门利益之争。

发挥人大主导作用，体现在立法的过程当中。例如，在制定立法规划和计划时，要围绕党和国家工作大局和经济社会发展全局；制定和完善立法项目征集、调研和论证制度。在起草法律案时，尽可能由人大或常委会自己起草，形成人大主导和多方参与的工作机制；建立重大利益调整论证咨询机制，平衡和协调存在的利益冲突。在审议过程中，要听取各方意见，按照要求适时召开论证会和听证会等。

2. 发挥党委（党组）在立法协商中的领导和协调作用

在我国立法协商体系中，参与的主体比较广泛，有立法机关、人民政协、各种团体组织和社会公众等。实践中，还有党委主持的政党协商，或者党委在立法机关和政协之间牵线搭桥，使得政协参与到立法协商中。这些渠道，都在很大程度上反映了立法民主化的趋势和立法协商的兴起。但如何组织立法协商，由谁主导协商，学者观点不一，实践中各地存在一定的认识差异，做法多样。如前述对立法协商的概念界定当中，认为立法协商就是政治协商，是政协参与或组织的立法协商，而且人大等立法机关应当参与政协组织的立法协商中。❶

应该说，一方面，政协性质决定其具有进行政治协商的职能，是协商民主的重要渠道，理所当然享有参与立法协商的权力。另一方面，我国宪法和立法法均把立法权限专门赋予人大

❶ 常纪文. 关于立法协商的几个基本问题[N]. 中国科学报，2014-05-09（07）.

等立法机构，人民享有终极的立法参与权，参与协商是其合法的权利。因此，立法协商并非只有政协参与的协商才是立法协商，政协参与协商只是立法协商的一个重要组成部分。立法协商的主导者，应该是我国专门的立法机构。至于采取何种具体形式，只要有利于协商的开展，则可以进行具体实践创新和研究，采取多种形式，如制定协商规程，建立立法机构和政协联系会议制度等。

值得注意的是，党委在立法协商中的地位问题，主要是起着领导者的作用，这一点在《立法法》中有明确的规定。● 在我国，中国共产党起着总揽全局和协调各方的作用，通过立法把党的主张变成国家意志，有利于保证立法的正确方向。《十八届四中全会决定》规定，立法涉及重大政策和体制变化调整的需要报中央决定，对于法律制定和修改的重大问题也需要全国人大常委会党组向中央报告。作为执政党和领导者，中国共产党领导和组织立法协商，具体的立法协商可由人大等享有立法权限的机构组织实施。

（二）制定立法协商规程，规范基本要素

1. 制定立法协商指导意见和规程

尽管我国立法实践中一直强调走群众路线和公众参与协商，但真正提出立法协商的时间并不长。近年来，实践中各地纷纷出台立法协商的意见和规程等，进行立法协商的探索。但

● 2015 年《立法法》第 51 条规定，全国人民代表大会及其常务委员会加强对立法工作的组织协调，发挥在立法工作中的主导作用。

各地规定极不统一，认识上也存在一定的偏差，因此，在各地探索实践的基础上，出台一部统一的立法协商指导意见或规程势在必行。新的指导意见或规程应该规定：立法协商的概念界定、参与主体、协商范围、协商形式、协商程序和协商反馈等。

2. 明确立法协商的主体、范围

我国提出立法协商的时间不长，学者们研究得不多。但实践已经先行，各地纷纷出台各种协商意见和协商规程等。多数学者和地方规定把立法协商界作狭义规定，认为是人民政协参与的立法协商，以至于一提起立法协商，人们就以为是人民政协的政治协商。[①] 如前述所，基于人民主权的理论，公民、各种组织等有权参与立法活动和立法协商。立法协商并不局限于人民政协参与的立法协商，还有公众参与立法协商的其他形式。当然，基于政协的地位、性质等原因，政协应该成为非常重要的立法协商参与主体。因此，立法协商的主体应该包括：按照现行《立法法》规定的具有法定立法权限的机构，如设区的市以上人民代表大会及其常委会、设区的市以上各级人民政府等；参与立法协商的各种机关、社会团体、组织和公民等，其中，人民代表大会起着主导作用。

至于立法协商的范围，此处的法应作广义的解释，按照现

[①] 参见常纪文. 关于立法协商的几个基本问题 [N]. 中国科学报，2014-05-09；胡照洲. 论立法协商的必要性和可行性 [J]. 湖北省社会主义学院学报，2014（1）：44-48；王丛伟. 社会主义协商民主视阈下立法协商问题研究 [J]. 山西社会主义学院学报，2014（1）：29-34；朱志昊. 论立法协商的概念、理论与类型 [J]. 法制与社会发展，2015，21（4）：184-191.

行《立法法》的规定，包括狭义的法律、行政法规、地方性法规、自治条例和单行条例、规章（行政规章和地方政府规章）。实践中，一些地方制定的协商意见和规程未把重要的地方性法规纳入协商当中，乃是一种认识上的错误或者滞后的反应，对此需要加以修正。因为《立法法》、政协章程、《十八届三中全会决定》和中共中央有关文件等表明地方性法规、地方政府规章可以纳入协商范围。

3. 拓展和规范立法协商的渠道

党的十八大报告规定了国家政权机关、政协组织、党派团体等协商渠道；2015 年《关于加强社会主义协商民主建设的意见》列举了政党协商、人大协商等 7 个主要协商渠道。但在实践中，实际的协商渠道远远不止上述这些，因此还需要进一步拓展公众参与协商的渠道。

在参与立法协商的渠道中，人民政协参与立法协商具有非常重要的地位。首先，人民政协历史上有着丰富的参政议政经验，还经历了协商建国（1948—1949），建章立制，起着代行人民代表大会的作用。其次，由人民政协的性质职能所决定。宪法、政协章程和中共中央相关决定明确规定了其独特的政治协商功能。最后，人民政协参与立法协商有其自身巨大的优势。政协中成员具有广泛代表性，汇集了各民主党派、无党派、各民族、各团体、社会各界及海内外各方面人才，并且不断吸纳新的群体和阶层代表，成员层次高，集中了众多的专家与智囊。立法过程是各种利益协调、博弈的过程，政协具有很强的利益协调、整合性，通过参与立法协商，各界代表能借助政协的平台进行利益关系的协调与整合。❶基于此，人民政协成为除立法者自身之外的最重要的立法协商参与组织。21世纪以来，随着政协工作的加强，政协参与政治协商日益勃兴。各地纷纷出台（立法）协商规程，以推进和加大协商的力度。但问题也随之而来，各地规程内容不一，如协商主体、范围、方式，由哪一方来组织，程序的安排等仍存在很大差异。因此，出台统一的协商示范规程势在必行，以利于人民政协充分参与协商。

4. 增加和完善立法协商的形式

传统的立法协商形式主要有：公布法律法规等规范性文件草案，向社会公开征求意见；举行听证会、座谈会、论证会；向有关部门、组织征求书面意见；公开征集立法项目建议；立法机构等参与的各种研讨会等。近些年来，一些新的公众参与方式开始出现，如法规表决前评估制度，立法论坛、网络论坛，网络调查等。

总体上，我国公众参与立法协商的形式与西方国家相比还比较少。国外公众参与协商的方式多样，值得我们借鉴，如市民陪审团（Citizens Juries）、市民调查群（Citizen'Panels）、焦点小组（Focus Groups）、公民论坛、公共调查（Public Inquiry）和公共辩论等。❷因此，一方面，我们可以借鉴外国的公众参与立法的形式，如公民提案、共识会议等；另一方

❶　殷啸虎. 人民政协参与地方立法协商的目标与路径[J]. 江西师范大学学报（哲学社会科学版），2013，46（3）：4-5.

❷　蔡定剑. 公众参与：风险社会的制度建设[M]. 北京：法律出版社，2009：23.

面，丰富和完善我国实践中已经运用的形式，如公开草案征求意见和进行听证等，允许各地进行立法协商方式的创新，适时将运行成熟的方式加以规定并制度化。

（三）加强政党协商和政协参与立法协商

1. 加强政党协商

党的十八报告指出要加强中共与民主党派的政治协商；党的《十八届三中全会决定》重申了这句话，并指出通过座谈会、协商会等形式进行协商，民主党派中央可直接向中共中央提出意见。2015 年《关于加强社会主义协商民主建设的意见》用专节的方式规定了政党协商的形式、程序及保障机制建设等。规定的形式主要有会议协商、约谈协商和书面协商；保障机制包括考察调研、知情明政和协商反馈机制。

2015 年年底发布的《关于加强政党协商的实施意见》，专门就政党协商作出系统具体的规定，包括政党协商的指导思想、意义、主体、内容、形式、程序和保障机制等。如规定政党协商应当坚持共产党的领导，协商的主体是共产党、民主党派和无党派人士，工商联也参加政党协商，尤其是明确把宪法修改、重要法律的制定与修改纳入政党协商的内容当中。❶但如何就法律修改问题进行协商规定得不太明确，需进一步完善。

---

　　❶ 《关于加强政党协商的实施意见》规定，中共中央同民主党派中央开展政党协商的主要内容包括：中共全国代表大会、中共中央委员会的有关重要文件；宪法的修改建议，有关重要法律的制定、修改建议等。中共中央办公厅. 关于加强政党协商的实施意见[EB/OL]．（2015-12-10）[2016-01-10]．http://news.xinhuanet.com/politics/2015-12/10/c_1117423452.htm.

2. 完善政协参与立法协商

人民政协政治协商在我国协商制度中最具特色，是协商的典范，对我国政治协商和统一战线建设意义重大。新的形势下，需要进一步推进政协协商民主制度化、规范化。

（1）强化政治协商软法效力与完善政协规范。

所谓软法，罗豪才认为，是多元主体制定或形成的具有非强制约束力的规范。●有关政治协商的规范主要由三部分组成：宪法的原则规定；政协章程、《关于加强人民政协工作的意见》《关于政治协商、民主监督、参政议政的规定》等文件规定；各地为落实政协具体运作而制定的各种"操作法"。后二者实际上属于软法规范。政协的软法规范实际上形成了软法之治，尽管没有国家强制力，只有建议权，但在我国的实际政治生活中，远远超出团体章程范畴，具有强大的政治影响力。这从我国的"两会"制度、政协机关工作人员实际享受公务员待遇、政协机关负责人成为党政负责人乃至国家领导人、外交场合的接待规格等方面可以看出。●

随着政协的影响逐渐扩大，完善政协规范的呼声也日益扩大。第一，进一步完善政协"基本法"。明确政协的地位，与相关机构的关系；赋予政协一定的审议权，但不具有否决权。第二，拓展和规范人民政协履职的操作法。操作规范仍有很多

● 罗豪才认为，软法是由多元主体经或非经正式的国家立法程序制定或形成，并由各制定主体自身所隐含的非强制性约束力予以保障实施的行为规范。参见罗豪才，等. 软法与协商民主[M]. 北京：北京大学出版社，2007：2.

● 周天勇，王长江，王安岭. 攻坚中国政治体制改革研究报告[M]. 乌鲁木齐：新疆生产建设兵团出版社，2008：105.

空白，且各地规则不太规范和统一。第三，争取出台"硬法"，实化政协权力。研究政协入宪和政协专门法的出台，明确政协的地位、功能、组织机构和运作方式等。❶

（2）合理设置界别，优化委员推荐提名机制。

目前全国政协有 34 个界别，范围广泛，几乎囊括了社会的方方面面。但随着经济和社会的发展，新的阶层不断出现，如"两新"组织、非公有制经济人士（私营企业主、个体户、自由职业者）等。这些新的阶层没有专门的界别加以体现，在有关界别中所占比例较小。又如，从事法律工作人员很多，影响日益增加，但也未有相应的界别。另外，一些界别委员结构需要调整，如经济界由于历史等原因，委员多属经济学家、国有企业领导干部、工业界人士，很难体现复杂的经济关系等。❷因此，需要合理地设置界别，尽可能扩大协商面，吸收不同阶层和利益群体的代表，增强政协的包容性。

加强政协委员推荐过程中的协商，增强委员推选过程中的公开化、民主化程度。科学设置委员进入的门槛，改进推荐的标准和程序；在界别内施行群众协商，在推荐前进行充分的协商；探索引进推荐候选人公示制度和竞争淘汰制度。加大对政协委员的培训，提高其参政议政和协商能力。要求委员密切联系群众，倾听群众呼声，反映群众意见。

（3）明确协商的范围，拓展协商新形式。

明确协商范围。党的十七大报告明确指出了把政治协商纳入决策程序，在政策上确定了协商环节的要求。按照 2006 年

---

❶ 李昌鉴. 人民政协的软法建设历程及思考[J]. 中国政协理论研究，2011（3）：13.

❷ 张平夫. 人民政协概论[M]. 北京：中央编译出版社，2008：307.

《关于加强人民政协工作的意见》和 2015 年《关于加强社会主义协商民主建设的意见》，均把协商范围规定为国家和地方的大政方针以及政治、经济、文化和社会生活中的重要问题等。到目前为止，几乎所有的省级政府都出台了协商规程、办法或意见。但何为重要问题，并不明确，各地规定不一。如对于人事协商与立法协商，特别是对重要的地方性法规是否应当纳入协商范围分歧较大，如江西省委、浙江省委并未纳入，但广东省委《政治协商规程》将其纳入协商条款。❶

拓展协商新形式。除了传统的方式，如各种会议协商、界别协商、专题协商、对口协商和提案办理协商外，探索远程和网络协商新形式。允许各地探索新形式，成熟时加以推广并制度化，如广东协商规程，规定了高层次、小范围谈心会和情况通报会等。

（4）完善政协协商的程序，加大公众参与力度。

完善协商程序。第一，明确协商议题提出程序，制订年度协商计划。在以前主要由党委、人大、政府、党派和团体提出议题，然后党委根据年度工作重点或政协党组建议，确定政治协商的议题的基础上，探索由界别和委员联名提出议题。第二，规定协商的具体程序。规范协商具体流程，做到与有关部门有效衔接；为政协委员参与协商提供便利，及时通报信息；规范党委、政府及部门负责人参与协商活动。强化协商程序的刚性规定，使其成为必要的工作环节。如广东省委《政治协商规程》规定，按照规程规定的协商内容，未经协商的，原则

---

❶　李昌鉴. 完善政治协商规程　实践人民政协软法建设[EB/OL].（2010-11-19）[2015-12-16]. http://cppcc.people.cn/GB/34957/63646/13259797.html.

上不提交省委决策、省人大及其常委会表决和省政府实施。第三，建立规范的协商成果反馈机制。

　　加大公众参与协商力度。政协委员多为社会各界精英，其参与协商有时可能并一定代表了其所属界别的观点或者反映了相关群体的真实声音，因此，可以让社会公众以一定形式参与到协商当中，以保障协商成效。第一，建立公民旁听政协会议制度；第二，就事关民众生计重要问题，探索采用召开听证会方式；第三，利用多元媒体渠道，公开提案和建议，允许大众发表意见；第四，通过不同方式，加强政协委员与社会公众的沟通。❶

　　（5）规范政协参与立法协商的要素。

　　政协参与协商的形式有多种，中央和地方还在探索当中。如执政党到政协办公地与民主党派、政协委员协商；人大及其常委会通过当地党委征求政协的书面意见；人大及其常委会、政府与政协建立联席会议制度进行协商等。这些探索，一方面，有利于进一步发挥政协的协商功能，增强立法民主化，在一定程度上遏制立法机关的专断，有利于立法机关集思广益。另一方面，各地对政协参与协商认识程度不一，有些地方对政协参与立法协商产生认识上的偏差，作出的规定也不一致。①协商的主体和范围问题。有些省市认为人大是权力机关，在政协参与的协商当中，人大不是协商机关，因此，没有必要与政协协商。尤其是对立法协商和人事协商问题，各地对重要的地方性法规是否应纳入协商范围，分歧较大。❷②政协参与的

---

❶ 阳安江. 协商民主研究 [M]. 北京：同心出版社，2010：182.

❷ 李昌鉴. 完善政治协商规程　实践人民政协软法建设 [EB/OL]. （2010-11-19）[2015-12-16]. http://cppcc.people.com.cn/GB/34957/63646/13259797.html.

阶段。多数地方在立法规划的阶段，政协并未参与，一般是立法机构出题，政协只能被动地答题。③政协参与立法协商的方式。各地规定更不统一，有党委主持、人大主导、政协参与等多种方式。因此，政协参与立法协商，但在主体、范围、方式和程序等方面存在问题，需要出台统一规范，进一步发挥政协参与立法协商的作用。

（四）强化立法协商的程序设计

1. 完善立法协商程序，防止暗箱操作

协商民主在我国已成为一种民主形式，立法协商也成为一种制度。总体上，我国的协商呈现一种广泛而碎片化的态势。有关的协商规定散见在一些具体政策和制度中，如人大立法的协商，体现在党的《十八届三中全会决定》和2015年《立法法》等当中；人民政协政治协商，主要规定在党的文件和政协章程里，这些多是原则性的规定，实际操作规定得较少。实践中，有些规定还比较模糊，导致协商程序过于简单，缺乏可操作性；有的程序规定过于弹性，组织者裁量权过大。各地出台的具体实施意见或操作规程，差异显著，规定不统一、不规范和随意性强，越往基层越突出。❶这些都影响了协商的实施效果。此外，协商还存在着精英操纵和暗箱操作的风险，若不加以控制，协商就有走偏的可能性。因此，必须设计相对完善的程序，尽可能防范协商中的风险。

---

❶　李昌鉴. 人民政协的软法建设历程及思考[J]. 中国政协理论研究，2011（3）：13.

我国没有统一的立法协商规范，因此，在总结各地协商规范和实践经验的基础上，要制定统一立法协商指导意见或规范。其中对于立法协商的程序规定，公众参与大体上可以分为以下几个大的环节，如立法信息公布、立法机关组织协调、公众实质参与、协商反馈和监督。具体的阶段和步骤，以人大立法为例，立法主要分为立法准备阶段、从法案到法的阶段和法的完善阶段。

第一，立法准备阶段，主要是立项（立法计划）和起草法案。制订立法计划方面，公众参与协商的形式主要有征集五年立法计划及年度立法项目、立法项目论证等。在这个阶段，立法机关需要及时公告相关信息，公众（包括专家）可以参与其中。在起草阶段，立法机关可以通过委托起草、招标起草和吸纳专家及公众代表等方式，加大公众参与的力度。在此阶段，起草者需要广开言路，听取公众（尤其是利害关系人）的意见，具体形式可以是立法意向调查和咨询，召开座谈会、论证会和听证会等。

第二，从法案到法阶段。这是公众参与立法协商的主要阶段，主要包括提出法案和审议法案等步骤。对于法律案的提出，建议修改《立法法》，允许公众（包括组织）在符合条件的情况下，可以提出法案，由立法机关进行审查。审议法律草案阶段，公众参与的主要形式包括：公布法律草案征求公众意见，召开座谈会、论证会、听证会等。在此期间，立法机关还可以采用更加广泛的形式来收集意见，如立法问卷调查、立法咨询、立法论坛和公众旁听审议法案等。在技术日益发达的背景下，"电子民主"成为可能，通过媒体直播或网络直播可以在很大程度上实现人大立法过程的公开（包括法案表决）和公众的参与。

第三，法的完善阶段。主要包括立法评议、法的修改和立法监督等，应允许公众参与立法监督和评议，提出规章违法审查和修改等规范的建议等。

在公众参与立法协商的过程中，尤其要建立协商信息公开和反馈制度。立法的相关信息必须及时公开，使得公众知晓，他们才有可能充分地参与到协商当中，否则基于信息的缺失或不对称，协商就有可能成为一种形式主义。协商结果的公布或反馈，能够使参与者感受到其意见受到尊重，进而会增强参与协商的动力和积极性。如听证，实践中大多数听证报告并没有公开，立法机构或听证机构是否采纳了听证会的意见、建议及采纳的程度，公众并不知晓。尽管听证只是听取意见和进行参考，不具有强制性，但如果听证会召开后就没有下文，则易使人认为听证仅仅是"作秀"或者纯粹的形式主义。若公众的合理意见和参与权利被漠视，那将会打击公众的参与信心，损害法律和政府的权威，这是一种隐性的成本。❶

2. 制定和完善听证等具体制度，充分发挥其职能

听证制度是我国协商民主中典型方式之一。实践中存在立法型听证（包含价格听证）、执法型听证、司法领域内听证和重大决策等方面的听证，尤其在政府工作中使用频率较高。若运用得当，则能发挥协商民主的多重价值，具有广阔前景。但实践中存在听证范围不明确，规则过于模糊、极不统一问题；

---

❶ 蔡定剑. 公众参与：风险社会的制度建设[M]. 北京：法律出版社，2009：43.

有效参与不足、形式主义严重，损害了听证的价值，降低了公众参与的积极性，如环境影响评估和城乡规划中的听证，都是可选项，在实践中很少使用。至于为什么同样是涉及公众重大利益，有些事项规定了需要采用听证等形式征求公众意见，而有些事项并未规定，让人觉得缺乏科学性。

要走出听证的困境，充分发挥听证的作用，需做到：第一，条件成熟时制定统一的听证规则。听证涉及领域比较广，并且差异较大，需要分门别类进行规定。第二，明确各种听证的范围。研究制定听证的事项清单，确立听证事项和建议听证事项。第三，完善听证程序，保障听证陈述人的权利。合理选择不同类别听证参与人，提前告知相关听证事项和信息，保障参与人在听证会上的交流、协商、辩论等机会，允许公众参与旁听。第四，建立听证信息反馈制度。应向社会公布听证报告，让听证参与者知晓听证建议的采纳程度或对相关政策制定产生的影响。

参考文献

一、马克思主义经典文献

［1］中共中央马克思恩格斯列宁斯大林著作编译局. 马克思恩格斯选集：第1卷［M］. 北京：人民出版社，1995.

［2］中共中央马克思恩格斯列宁斯大林著作编译局. 列宁选集：第3卷［M］. 北京：人民出版社，1995.

［3］毛泽东. 毛泽东选集［M］. 北京：人民出版社，1991.

［4］邓小平. 邓小平文选：第1卷［M］. 北京：人民出版社，1994.

［5］邓小平. 邓小平文选：第3卷［M］. 北京：人民出版社，1993.

二、中文著作

［1］周世中，等. 马克思主义民主与法制理论的中国化［M］. 南宁：广西民族出版社，2007.

［2］中共中央文献研究室. 邓小平年谱（1904-1974）［M］. 北京：中央文献出版社，2009.

［3］董必武. 董必武选集［M］. 北京：人民出版社，1985.

［4］彭真. 论新中国的政法工作［M］. 北京：中央文献出版社，1992.

［5］朱景文. 中国法律发展报告：数据库和指标体系［M］. 北京：中国人民大学出版社，2007.

［6］朱景文，韩大元. 中国特色社会主义法律体系研究报告［M］. 北京：

中国人民大学出版社，2010．

［7］朱景文．中国法律发展报告2010：中国立法60年——体制、机构、立法者、立法数量［M］．北京：中国人民大学出版社，2011．

［8］孙国华．孙国华自选集［M］．北京：中国人民大学出版社，2007．

［9］张春生，朱景文，冯玉军．让每一部法律都成为精品［M］．北京：法律出版社，2015．

［10］张春生，朱景文，冯玉军．地方立法的理论与实践［M］．北京：法律出版社，2015．

［11］周旺生．立法学［M］．2版．北京：法律出版社，2009．

［12］朱力宇，张曙光．立法学［M］．2版．北京：中国人民大学出版社，2006．

［13］朱力宇．地方立法的民主化与科学化问题研究——以北京市为主要例证［M］．北京：中国人民大学出版社，2011．

［14］朱力宇，叶传星．立法学［M］．4版．北京：中国人民大学出版社，2015．

［15］李君如．协商民主在中国［M］．北京：人民出版社，2014．

［16］林尚立．协商民主：中国的创造与实践［M］．重庆：重庆出版社，2014．

［17］王绍光．民主四讲［M］．北京：生活·读书·新知三联书店，2008．

［18］俞可平．民主与陀螺［M］．北京：北京大学出版社，2006．

［19］闫健．民主是个好东西——俞可平访谈录［M］．北京：社会科学文献出版社，2006．

［20］俞可平．中国学者论民主与法治［M］．重庆：重庆出版社，2008．

［21］高鸿钧，何增科．清华法治论衡：走向民主的时代［M］．北京：清华大学出版社，2009．

［22］高鸿钧，等．商谈法哲学与民主法治国——《在事实与规范之间》阅读［M］．北京：清华大学出版社，2007．

［23］蔡定剑，杜钢建．国外议会及其立法程序［M］．北京：中国检察出

版社，2002.

［24］蔡定剑. 中国人民代表大会制度［M］. 4版. 北京：法律出版社，
2003.

［25］蔡定剑. 国外公众参与立法［M］. 北京：法律出版社，2005.

［26］蔡定剑. 宪法精解［M］. 北京：法律出版社，2006.

［27］蔡定剑. 公众参与：风险社会的制度建设［M］. 北京：法律出版社，
2009.

［28］蔡定剑. 公众参与：欧洲的制度和经验［M］. 北京：法律出版社，
2009.

［29］李鹏. 立法与监督：李鹏人大日记［M］. 北京：新华出版社，2006.

［30］李适时，信春鹰. 科学立法　民主立法［M］. 北京：中国民主法制
出版社，2013.

［31］孙哲. 全国人大制度研究［M］. 北京：法律出版社，2004.

［32］陈斯喜. 人民代表大会制度概论［M］. 北京：中国民主法制出版社，
2008.

［33］万其刚. 立法理念与实践［M］. 北京：北京大学出版社，2006.

［34］何俊志. 从苏维埃到人民代表大会制——中国共产党关于现代代议制
的构想与实践［M］. 上海：复旦大学出版社，2011.

［35］徐振光. 中国共产党人大制度理论发展史稿［M］. 上海：东方出版
中心，2011.

［36］曹海晶. 中外立法制度比较［M］. 北京：商务印书馆，2004.

［37］尹中卿，等. 国外议会组织架构和运作程序［M］. 北京：中国民主
法制出版社，2010.

［38］全国人大常委会法制工作委员会国家法室. 中华人民共和国立法法解
读［M］. 北京：中国法制出版社，2015.

［39］吴浩. 国外行政立法的公众参与制度［M］. 北京：中国法制出版社，
2008.

［40］袁曙宏. 公众参与行政立法：中国的实践与创新［M］. 北京：中国

法制出版社，2012.

［41］孙哲．左右未来：美国国会的制度创新和决策行为［M］．上海：上海人民出版社，2012.

［42］王锡锌．行政过程中公众参与的制度实践［M］．北京：中国法制出版社，2008.

［43］王锡锌．公众参与和中国新公共运动的兴起［M］．北京：中国法制出版社，2008.

［44］贾西津．中国公民参与案例与模式［M］．北京：社会科学文献出版社，2008.

［45］石路．政府公共决策与公民参与［M］．北京：社会科学文献出版社，2009.

［46］于海青．当代西方参与民主研究［M］．北京：中国社会科学出版社，2009.

［47］刘平，鲁道夫·特劳普 – 梅茨．地方决策中的公众参与：中国与德国［M］．上海：上海社会科学院出版社，2009.

［48］彭宗超，薛澜，阚珂．听证制度：透明决策与公共治理［M］．北京：清华大学出版社，2004.

［49］李楯．听证：中国转型中的制度建设和公众参与——立法建议、实践指南、案例［M］．北京：知识产权出版社，2009.

［50］何军．民主立法的理论与北京市人大的实践［M］．北京：知识产权出版社，2011.

［51］宋月红，方伟．城市立法与公民参与［M］．北京：中国社会出版社，2010.

［52］侯东德．我国地方立法协商的理论与实践［M］．北京：法律出版社，2015.

［53］沈惠平．台湾地区审议式民主实践研究［M］．北京：九州出版社，2012.

［54］陈弘毅．香港特别行政区的法治轨迹［M］．北京：中国民主法制出

版社，2010.

［55］刘贻清，张勤德. 关于物权法（草案）的大讨论［M］. 北京：中国
财政经济出版社，2007.

［56］胡康生. 中华人民共和国物权法释义［M］. 北京：法律出版社，
2007.

［57］何包钢. 民主理论：困境和出路［M］. 北京：法律出版社，2008.

［58］何包钢. 协商民主：理论、方法和实践［M］. 北京：中国社会科学
出版社，2008.

［59］阳安江. 协商民主研究［M］. 北京：同心出版社，2010.

［60］谈火生. 审议民主［M］. 南京：江苏人民出版社，2007.

［61］谈火生. 民主审议与政治合法性［M］. 北京：法律出版社，2007.

［62］孙永芬. 西方民主理论史纲［M］. 北京：人民出版社，2008.

［63］陈家刚. 协商民主与当代中国政治［M］. 北京：中国人民大学出版
社，2009.

［64］陈家刚. 协商民主［M］. 上海：上海三联书店，2004.

［65］陈家刚. 协商民主与政治发展［M］. 北京：社会科学文献出版社，
2011.

［66］韩冬梅. 西方协商民主理论研究［M］. 北京：中国社会科学出版社，
2008.

［67］王晓升. 商谈道德与商议民主——哈贝马斯政治伦理思想研究［M］.
北京：社会科学文献出版社，2009.

［68］陈剩勇，何包钢. 协商民主的发展［M］. 北京：中国社会科学出版
社，2006.

［69］李后强，邓子强. 协商民主与椭圆视角［M］. 成都：四川人民出版
社，2009.

［70］孙存良. 当代中国民主协商研究［M］. 北京：中国社会出版社，2009.

［71］戴激涛. 协商民主研究：宪政主义视角［M］. 北京：法律出版社，
2012.

［72］陈文. 国外的协商民主［M］. 北京：中央文献出版社，2015.

［73］胡莜秀. 人民政协制度功能变迁研究［M］. 上海：上海人民出版社，
2010.

［74］蒋作君. 政协学概论［M］. 合肥：安徽人民出版社，2010.

［75］张平夫. 人民政协概论［M］. 北京：中央编译出版社，2008.

［76］何增科，等. 中国政治体制改革研究［M］. 北京：中央编译出版社，
2008.

［77］周天勇，王长江，王安岭. 攻坚中国政治体制改革研究报告［M］.
乌鲁木齐：新疆生产建设兵团出版社，2008.

［78］高鸿钧. 清华法治论衡：第11辑［M］. 北京：清华大学出版社，
2009.

［79］李维汉. 回忆与研究：下［M］. 北京：中共党史资料出版社，1986.

［80］吕世伦. 西方法律思潮源流论［M］. 2版. 北京：中国人民大学出版
社，2008.

［81］许崇德. 香港基本法及未来的立法问题［M］∥许崇德自选集. 北京：
学习出版社，2007.

［82］辞海编辑委员会. 辞海［M］. 6版. 上海：上海辞书出版社，2010.

［83］全国人民代表大会. 中华人民共和国立法法：2015年修订［M］. 北
京：中国法制出版社，2015.

［84］中央统战部，中央档案馆. 中共中央解放战争时期统一战线文件选编
［M］. 北京：档案出版社，1988.

［85］中国共产党第十八届中央委员会. 中共中央关于全面深化改革若干重
大问题的决定［M］. 北京：人民出版社，2013.

三、中文译著

［1］詹姆斯·博曼，威廉·雷吉. 协商民主：论理性与政治［M］. 陈家
刚，等译. 北京：中央编译出版社，2006.

［2］詹姆斯·博曼. 公共协商：多元主义、复杂性与民主［M］. 黄相怀，

译. 北京：中央编译出版社，2006.

[3]詹姆斯·菲什金，彼得·拉斯莱特. 协商民主论争[M]. 张晓敏，译.
北京：中央编译出版社，2009.

[4]毛里西奥·帕瑟林·登特里维斯. 作为公共协商的民主：新的视角
[M]. 王英津，等译. 北京：中央编译出版社，2006.

[5]约翰·邓恩. 民主的历程[M]. 林猛，译. 长春：吉林人民出版社，
2011.

[6]约翰·S.德雷泽克. 协商民主及其超越[M]. 丁开杰，等译. 北京：
中央编译出版社，2006.

[7]约·埃尔斯特. 协商民主：挑战与反思[M]. 周艳辉，译. 北京：中
央编译出版社，2009.

[8]戴维·赫尔德. 民主的模式：最新修订版[M]. 燕继荣，等译. 北京：
中央编译出版社，2008.

[9]亚里士多德. 雅典政制[M]. 日知，力野，译. 北京：商务印书馆，
1959.

[10]昆廷·斯金纳. 近代政治思想的基础：上卷：文艺复兴[M]. 奚瑞
森，亚方，译. 北京：商务印书馆，2002.

[11]卢梭. 社会契约论[M]. 何兆武，译. 北京：商务印书馆，2003.

[12]汉密尔顿，杰伊，麦迪逊. 联邦党人文集[M]. 程逢如，在汉，舒
逊，译. 北京：商务印书馆，1980.

[13]弗兰克·坎宁安. 民主理论导论[M]. 谈火生，年玥，王民靖，译.
长春：吉林出版集团，2010.

[14]乔万尼·萨托利. 民主新论[M]. 冯克利，阎克文，译. 上海：上
海人民出版社，2009.

[15]科恩. 论民主[M]. 聂崇信，朱秀贤，译. 北京：商务印书馆，
1988.

[16]罗伯特·A.达尔. 论民主[M]. 李风华，译. 北京：中国人民大学
出版社，2012.

［17］罗伯特·A.达尔. 民主及其批评者：上，下［M］. 曹海军，佟德志，译. 长春：吉林人民出版社，2011.

［18］罗伯特·A.达尔. 美国宪法的民主批判［M］. 佟德志，译. 北京：东方出版社，2007.

［19］迈克尔·帕伦蒂. 少数人的民主［M］. 张萌，译. 北京：北京大学出版社，2009.

［20］凯斯·R.孙斯坦. 设计民主：论宪法的作用［M］. 金朝武，刘会春，等译. 北京：法律出版社，2006.

［21］罗伯特·阿列克西. 法　理性　商谈：法哲学研究［M］. 朱光，雷磊，译. 北京：中国法制出版社，2011.

［22］约翰·罗尔斯. 正义论：修订版［M］. 何怀宏，何包钢，廖申白，译. 北京：中国社会科学出版社，2009.

［23］约翰·罗尔斯. 政治自由主义：增订版［M］. 万俊人，译. 南京：译林出版社，2011.

［24］哈贝马斯. 在事实与规范之间：关于法律和民主法治国的商谈理论［M］. 童世骏，译. 北京：生活·读书·新知三联书店，2003.

［25］于尔根·哈贝马斯. 现代性的哲学话语［M］. 曹卫东，译. 南京：译林出版社，2011.

［26］乌尔里希·贝克. 世界风险社会［M］. 吴英姿，孙淑敏，译. 南京：南京大学出版社，2004.

［27］詹姆斯·麦格雷戈·伯恩斯，等. 民治政府——美国政府与政治：第20版［M］. 吴爱明，李亚楠，等译. 北京：中国人民大学出版社，2007.

［28］艾伦·布林克利. 美国史（1492～1997）：第10版［M］. 邵旭东，译. 海口：海南出版社，2009.

［29］约翰·克莱顿·托马斯. 公共决策中的公民参与［M］. 孙柏瑛，等译. 北京：中国人民大学出版社，2010.

四、论文报刊类

[1]朱景文.关于立法的公众参与的几个问题[J].浙江社会科学，2000（1）.

[2]朱景文.我国立法监督制度之反思[J].群言，2015（1）.

[3]朱景文.关于法制建设的中国经验[J].第二届中非合作论坛——法律论坛，2013.

[4]朱景文.法治基础的系统性思考[J].人民论坛，2013（14）.

[5]朱景文.反恐与全球治理的框架、法治[J].华东政法学院学报，2007（1）.

[6]刘作翔.扩大公民有序的政治参与——实现和发展社会主义民主的一条有效途径[J].求是，2003（12）.

[7]周旺生.论中国立法原则的法律化、制度化[J].法学论坛，2003（3）.

[8]张献生.关于立法协商的几个基本问题[J].中央社会主义学院学报，2014（5）.

[9]殷啸虎.人民政协参与地方立法协商的目标与路径[J].江西师范大学学报（哲学社会科学版），2013，46（3）.

[10]郭杰.立法协商初探——以协商民主理论为视角[J].特区实践与理论，2014（5）.

[11]李强.立法协商：理论、实践与发达国家的经验[J].湖北经济学院学报（人文社会科学版），2014，11（11）.

[12]胡照洲.论立法协商的必要性和可行性[J].湖北省社会主义学院学报，2014（1）.

[13]王丛伟.社会主义协商民主视阈下立法协商问题研究[J].山西社会主义学院学报，2014（1）.

[14]朱志昊.论立法协商的概念、理论与类型[J].法制与社会发展，2015，21（4）.

[15]韩冬梅.西方协商民主理论兴起的实践基础和理论渊源[J].中国政协理论研究，2010（1）.

［16］马奔. 公民参与公共决策：协商民主的视角［J］. 中共福建省委党校学报，2006（8）.

［17］陈尧. 从参与到协商：当代参与型民主理论之前景［J］. 学术月刊，2006（8）.

［18］佟贺丰. 国外公众参与科学事务分析［J］. 科技进步与对策，2006（7）.

［19］刘重春. 西方国家农村基层政府体制比较研究［J］. 中州学刊，2007（3）.

［20］赵可金. 协商性外交：全球治理的新外交功能研究［J］. 国外理论动态，2013（8）.

［21］刘颖. 多元中心体系下的全球环境治理［J］. 理论月刊，2008（10）.

［22］王彦志. 非政府组织参与全球环境治理——一个国际法学与国际关系理论的跨学科视角［J］. 当代法学，2012，26（1）.

［23］王亚平. 美国的议会立法与公众参与［J］. 人大研究，2005（11）.

［24］田良. 美国国会的立法听证［J］. 中国人大，2010（3）.

［25］美国规章协商制定程序法［J］. 薛刚凌，王霁霞，译. 公法研究，2004.

［26］沈岿. 关于美国协商制定规章程序的分析［J］. 法商研究（中南政法学院学报），1999（2）.

［27］哈拉尔德·霍夫曼. 德国居民在政治决策上的参与决定权［J］. 北京行政学院学报，2013（5）.

［28］李定毅. 我国听证法律的规范与实证分析［J］. 理论界，2013（2）.

［29］夏良宝. 福州市政协在为地方立法协商中履职［J］. 政协天地，2007（4）.

［30］何忠洲，王利明.“《物权法（草案）》违宪”是误解——专访《物权法（草案）》起草人之一，全国人大法律委员会委员、中国人民大学法学院教授王利明［J］. 中国新闻周刊，2006（9）.

［31］孙宪忠. 怎样科学地看物权法？［J］. 河南省政法管理干部学院学报，2006（6）.

[32]吕娟，鲁楠．法学界的"郎顾之争"——《物权法》"叫停"的背后[J]．法律与生活，2006（1）．

[33]蒋月娥．中国反家庭暴力立法的进程[J]．中国妇运，2014（6）．

[34]王君宏，张双山．反家暴立法的十年建言路[J]．公民导刊，2013(4)．

[35]祁彪．民法总则：民主立法的成功典范[J]．民主与法制周刊，2019，36（9）．

[36]贾东明．民法总则是民主立法、科学立法的典范[J]．中国人大，2017（7）．

[37]阿计．民法总则，争议声中是怎样炼成的[J]．群言，2017（4）．

[38]阿计．一场考验民主的立法博弈[J]．群言，2006（9）．

[39]李昌鉴．人民政协的软法建设历程及思考[J]．中国政协理论研究，2011（3）．

[40]崔晨．立法协商　迈出协商民主新步伐[J]．北京观察，2014（1）．

[41]戴激涛．充分发挥人大在立法协商中的主导作用[J]．人大研究，2015（4）．

[42]李君如．人民政协与协商民主[J]．中国人民政协理论研究会会刊，2007（1）．

[43]李君如．协商民主：重要的民主形式[J]．世界，2006（9）．

[44]郑万通．在中国人民政协理论研究会成立大会上的讲话[J]．中国政协，2007（1）．

[45]燕继荣．协商民主的价值和意义[J]．科学社会主义，2006（6）．

[46]林尚立．协商政治：对中国民主政治发展的一种思考[J]．学术月刊，2003（4）．

[47]浦兴祖．"协商民主"若干问题初探[J]．工会理论研究（上海工会管理干部学院学报），2007（4）．

[48]王洪树．国内关于协商民主理论的研究综述——现实启迪、实践探索和理论思考[J]．社会科学，2008（3）．

[49]曹立新．决策概念研究综述[J]．广东技术师范学院学报，2010，31（8）．

［50］庄聪生. 协商民主是中国特色社会主义民主的重要形式［J］. 中共中央党校学报，2006（4）.

［51］郑宪. 运用好人民政协的协商民主形式——学习《中共中央关于加强人民政协工作的意见》的体会［J］. 山西社会主义学院学报，2006（1）.

［52］金安平. "协商民主"：在中国的误读、偶合以及创造性转换的可能［J］. 新视野，2007（5）.

［53］李龙. 论协商民主——从哈贝马斯的"商谈论"说起［J］. 中国法学，2007（1）.

［54］约翰·S. 德雷泽克. 不同领域的协商民主［J］. 王大林，译. 浙江大学学报（人文社会科学版），2005（3）.

［55］范会勋. 中国社会主义协商民主问题研究［D］. 北京：中共中央党校，2014.

［56］谈火生. 审议民主理论的基本理念和理论流派［J］. 教学与研究，2006（11）.

［57］陈家刚. 协商民主引论［J］. 马克思主义与现实，2004（3）.

［58］陈剩勇. 协商民主理论与中国［J］. 浙江社会科学，2005（1）.

［59］何包钢，陈承新. 中国协商民主制度［J］. 浙江大学学报（人文社会科学版），2005（3）.

［60］李火林. 论协商民主的实质与路径选择［J］. 中国人民大学学报，2006（4）.

［61］童庆平. 近年来我国协商民主研究若干观点辨析［J］. 上海市社会主义学院学报，2009（2）.

［62］虞崇胜，王洪树. 协商合作：未来民主政治发展的主流方向［J］. 江汉论坛，2009（10）.

［63］朱勤军. 中国政治文明建设中的协商民主探析［J］. 政治学研究，2004（3）.

［64］黄信瑜，胡建. 我国台湾地区公众在参与立法活动中的角色［J］. 行政法学研究，2012（4）.

［65］张维炜. 立法法修改：为法治引领改革立章法［J］. 中国人大，2014（19）.

［66］许崇德. 基本法的制定显示了中国人的智慧［N］. 法制日报，2009-09-29.

［67］许崇德. 基本法起草的民主协商精神［N］. 人民日报，2009-12-05.

［68］梁慧星. 正确认识物权法［N］. 学习时报，2006-03-27.

［69］李明舜. 反家庭暴力法（征求意见稿）公布是重大历史进步［N］. 中国妇女报，2014-11-28.

［70］李君如. 中国民主政治形式和政治体制改革［N］. 文汇报，2006-09-24.

［71］王超. 哈尔滨水价听证疑点重重［N］. 中国青年报，2009-12-10.

［72］常纪文. 关于立法协商的几个基本问题［N］. 中国科学报，2014-05-09.

［73］邱玉珍. 五十公益团体怒吼抢救烟害防治法［N］. 自立早报，1996-10-02.

［74］崔云飞. 网络调查：近八成网友建议个税起征点调到五千［EB/OL］.（2011-06-01）［2016-02-16］. https://www.chinanews.com.cn/cj/2011/06-01/3082388.shtml.

［75］周虎城. 立法网络听证的进步意义［N］. 南方日报，2012-12-06.

［76］肖小平，等. 百万网友"网络旁听"立法［J］. 公民与法治，2015（2）.

［77］余荣华. 北京探路政协立法协商［N］. 人民日报，2014-04-16.

［78］徐继昌. 南京市政协全程参与立法协商［N］. 人民政协报，2013-02-27.

［79］俞可平. 公民参与的几个理论问题［N］. 学习时报，2006-12-18.

五、外文类

［1］JOHN S. DRYZEK. Deliberative Democracy and Beyond: Liberals，Critics，

Contestations [M]. New York: Oxford University Press, 2000.

[2] JAMES BOMAN. Public Deliberation: Pluralism, Complexity and Democracy [M]. Cambridge: The MIT Press, 1996.

[3] A. GUTMANN, D. THOMPSON. Democracy and Disagreement [M]. Cambridge MA: Belknap Press of Harvard University Press, 1996.

[4] ROBERT A. DAHL. Democracy and Its Critics [M]. New Haven: Yale University Press, 1989.

[5] BOHMAN. Deliberative Democracy: Essays on Reason and Politics [M]. Cambridge: MIT Press, 1997.

[6] ELSTER. Deliberative Democracy [M]. Cambridge: Cambridge University Press, 1998.

[7] JOHN PARKINSON. Deliberating in the Real World: Problems of Legitimacy in Deliberative Democracy [M]. New York: Oxford University Press, 2006.

[8] ANDREAS KALYVAS. Democracy and the Politics of the Extraordinary-Max Weber, Carl Schmitt and Hannah Arendt [M]. Cambridge: Cambridge University Press, 2008.

[9] HAJER, MAARTEN A. Deliberative Policy Analysis: Understanding Governance in the Network Society [M]. Cambridge: Cambridge University Press, 2003.

[10] IRIS MARION YOUNG. Inclusion and Democracy [M]. Oxford: Oxford University Press, 2000.

[11] CASS R. SUNSTEIN. Democracy and Shifting Preferences [M] // D. Copp, et al. The Idea of Democracy. Cambridge: Cambridege University Press, 1993.

[12] JOSEPH M. BESSETTE. The Mild Voice of Reason: Deliberative Democracy and American National Government [M]. Chicago: University of Chicago Press, 1994.

[13] DAVID A. CROCKER. Ethics of Global Development: Agency, Capability, and Deliberative Democracy [M]. Cambridge: Cambridge University Press, 2009.

[14] ALAN HAMLIN, PHILIP PETTIT. The Good Polity: Normative Analysis of the State. Oxford: Basil Blackwell, 1989.

[15] DAVID MILLER. Is Deliberative Democracy Unfair to Disadvantaged Groups? [M] //Maurizio Passerin D'entreves. Democracy as Public Deliberation: New Perspectives. Manchester: Manchester University Press, 2002.

[16] THOMAS CHRISTIANO.The Significance of Public Deliberation [M] // James F.Bohman, William Rehge. Deliberative Democracy: Essays on Reason and Politics. Cambridge, MA: MIT Press, 1997.

[17] JOSEPH M. bessette. Deliberative Democracy: The Majority Principle in Republican Government [M] //Robert A. Goldwin, William A. Shambra. How Democratic Is the Constitution? Washington: American Enterprise Institute, 1980.

[18] CHRISTIAN HUNOLD. Corporatism and Democracy: Toward a Deliberative Theory of Bureaucratic Accountability [J]. Governance: An International Journal of Policy and Administration. Blackwell Publishers, 2001,14 (2).

[19] MATTHEW STEILEN. Minimalism and Deliberative Democracy: A Closer Look at the Virtues of "Shallowness" [J]. Seattle University Law Review, 2010 (33).

[20] GEOFFREY W.G. Leane. Deliberative Democracy and the Internet: New Possibilities for Legitimising Law through Public Discourse [J]. Canadian Journal of Law and Jurisprudence, 2010, 23 (2).

[21] BERNARD MANNIN.On Legitimacy and Political Deliberation [J]. Political Theory, 1987, 15 (3).

[22] ERIC GHOSH. Deliberative Democracy and the Counter Majoritarian

Difficulty: Considering Constitutional Juries ［J］. Oxford Legal Studies，2010, 30（2）.

［23］SHERRY R.ARNSTEIN. A Ladder of Citizen participation ［J］. Journal of the American Institute of Planners（JAIP）, 1969, 35（4）.

［24］SAMUEL FREEMAN. Deliberative Democracy: A Sympathetic Comment［J］. Philosophy & Public Affairs, 2000, 29（4）.

六、其他文献

（一）网络文献

［1］杨威. 个税方案征求意见今日结束　已收到超23万条建议［EB/OL］.（2011-05-31）［2016-02-14］. http://www.chinanews.com/cj/2011/05-31/3077672.shtml.

［2］刘海梅. 中国价格听证大事回顾［EB/OL］.［2015-06-28］. http://www.people.com.cn/GB/guandian/28296/1979219.html.

［3］中国互联网络信息中心. 第36次中国互联网络发展状况统计报告［R/OL］.（2015-07-23）［2016-02-14］. http://www.cnnic.net.cn/hlwfzyj/hlwxzbg/hlwtjbg/201507/P020150723549500667087.pdf.

［4］张海燕. 北大学者披露国务院研讨会聚焦拆迁条例六大问题［EB/OL］.［2015-02-24］. https://www.chinanews.com.cn/gn/news/2009/12-16/2021588.shtml.

［5］习近平. 在庆祝中国人民政治协商会议成立65周年大会上的讲话［EB/OL］.（2014-10-09）［2015-01-13］. http://www.cppcc.gov.cn/zxww/2014/10/09/ARTI1412841028191314.shtml.

［6］邹平学. 基本法是创造性的杰作［EB/OL］.（2015-03-28）［2015-12-20］. http://news.takungpao.com/opinion/highlights/2015-03/2958266.html.

［7］全国人大法律委员会. 关于《中华人民共和国物权法（草案）》修改情况的汇报［EB/OL］.（2005-10-28）［2015-06-10］. http://www.npc.gov.cn/npc/c1481/200510/5a05ca7af70343e18f2440cf952a2b3f.shtml.

［8］韩莹. 中国物权法立法轨迹［EB/OL］.（2005-07-04）［2015-06-09］. https://news.sina.com.cn/c/2005-07-04/10237124645.shtml?from=wap.

［9］吴坤. 物权法草案面世的台前幕后［EB/OL］.［2015-06-12］. http://npc.people.com.cn/GB/14957/3555544.html.

［10］沈路涛等. 汇八方意见　集百家智慧——物权法草案向社会公开征求意见工作综述［EB/OL］.（2005-09-05）［2015-06-10］. https://www.cctv.com/news/china/20050905/102561.shtml.

［11］齐彬. 关乎民众切身利益　中国物权法草案第四次审议［EB/OL］.（2005-10-22）［2015-06-08］. https://www.chinanews.com.cn/news/2005/2005-10-22/8/641804.shtml.

［12］韩大元. 物权法与中国社会主义和谐社会建设理论研讨会会议议程及发言［EB/OL］.（2006-02-25）［2015-06-09］. http://www.privatelaw.com.cn/Web_P/N_Show/?PID=53.

［13］朱景文. 物权法与中国社会主义和谐社会建设理论研讨会会议议程及发言［EB/OL］.（2006-02-25）［2015-06-09］. http://www.privatelaw.com.cn/Web_P/N_Show/?PID=53.

［14］全国人大常委会法制工作委员会. 各地人民群众对物权法草案的意见［J］. 中国人大，2005（15）.

［15］常纪文. 关于立法协商的几个基本问题［EB/OL］.（2014-05-13）［2015-05-28］. http://www.cssn.cn/fx/fx_cgzs/201405/t20140513_1156981.shtml.

［16］北京市千千律师事务所. 中国反家庭暴力大事记梳理（1990年—2017年）［EB/OL］.（2018-03-06）［2020-10-08］. http://www.chinadevelopmentbrief.org.cn/news-21018.html.

［17］北京人大政协双方首次正式尝试"立法协商"［EB/OL］.（2005-04-29）［2015-07-30］. https://news.sina.com.cn/o/2005-04-29/07165780929s.shtml.

［18］杜燕，尹力. 北京立法协商制度化，围绕工程质量相关条例建言

［EB/OL］.（2015–01–22）［2015–07–30］. http://www.chinanews.com/df/2015/01–22/6996637.shtml.

［19］延安政协. 建立立法协商制度与组织　提升地方立法工作民主化［EB/OL］.（2012–07–03）［2016–02–14］. http://www.yazx.gov.cn/xxzl/1524262929667059714.html.

［20］李昌鉴. 完善政治协商规程　实践人民政协软法建设［EB/OL］.（2010–11–19）［2015–12–16］. http://cppcc.people.com.cn/GB/34957/63646/13259797.html.

［21］林斐然. 市民半年3次露脸听证会，青岛物价局回应：报名人少［EB/OL］.（2015–11–18）［2016–02–14］. http://www.js.xinhuanet.com/2015–11/18/c_1117174236.htm.

（二）报告、政策、法律文件类

1. 劳动部.《工资集体协商试行办法》（2000年9号令）［R/OL］.（2000–11–08）［2015–12–13］. http://www.law-lib.com/law/law_view.asp?id=526.

2. 中共中央政治局.《陕甘宁边区施政纲领》（1941年）［R/OL］.［2015–12–13］. https://wenku.baidu.com/view/48f7751fb7360b4c2e3f6407.html.

3. 中华人民共和国国务院新闻办公室. "一国两制"在香港特别行政区的实践［R/OL］.（2014–06–10）［2015–12–13］. http://www.gov.cn/xinwen/2014–06/10/content_2697833.htm.

4. 北京市人大常委会. 2014年北京市人民代表大会常务委员会工作报告［R/OL］.（2014–01–19）［2015–12–13］. http://www.npc.gov.cn/npc/c1142/201401/90ea644363c142399e81ddb53ca179f3.shtml.

5. 中共中央办公厅. 关于加强政党协商的实施意见（2015）［Z/OL］.（2015–12–10）［2015–12–13］. http://www.gov.cn/xinwen/2015–12/10/content_5022453.htm.

6. 济南市人民政府办公厅政协济南市委员会办公厅. 关于印发济南市立法前协商工作规则的通知［Z/OL］.（2007–11–16）［2015–12–13］. https://

news.e23.cn/content/2008-03-19/200831900174.html.

7. 政协广东省委员会办公厅. 中共广东省委政治协商规程（2011）［Z/OL］. （2011-08-30）［2015-12-13］. https://www.gdszx.gov.cn/gzzd/content/post_9918.html.

8. 广东省人大常委会. 广东省地方立法条例（2006年）［Z/OL］. （2006-01-18）［2015-12-13］. https://www.pkulaw.com/lar.

9. 广州市人民政府. 广州市规章制定公众参与办法（2006年）［Z/OL］. （2006-07-20）［2015-12-13］. https://www.pkulaw.com/lar.

10. 广州市人民政府. 广州市人民政府规章制定办法（2002年）［Z/OL］. （2002-09-25）［2015-12-13］. https://www.pkulaw.com/lar.

11. 国务院. 行政法规制定程序条例［Z/OL］. （2001-11-16）［2015-12-13］. http://www.law-lib.com/law/law_view.asp?id=16619.

12. 国务院. 规章制定程序条例［Z/OL］. （2001-11-16）［2015-12-13］. http://www.law-lib.com/law/law_view.asp?id=16618.

13. 中共中央. 关于进一步加强中国共产党领导的多党合作和政治协商制度建设的意见（2005年）［Z/OL］. （2005-02-18）［2015-12-13］. https://ydzk.chineselaw.com/zxt/statuteDetail/detailPage/b28cc9b318ffea0fe702b18d1d7656e4.

14. 中共中央. 关于加强人民政协工作的意见（2006年）［Z/OL］. （2006-02-08）［2015-12-13］. http://m.law-lib.com/law/law_view.asp?id=139957&page=1.

15. 中共中央. 关于加强社会主义协商民主建设的意见（2015年）［Z/OL］. （2015-02-09）［2015-12-13］. http://www.xinhuanet.com//politics/2015-02/09/c_1114310670.htm.

16. 中共中央委员会. 十八大报告［Z/OL］. （2012-11-18）［2015-12-13］. http://cpc.people.com.cn/n/2012/1118/c64094-19612151.html.

17. 中共中央委员会. 十八届四中全会决定［Z/OL］. （2014-10-28）［2015-12-13］. http://cpc.people.com.cn/n/2014/1028/c64387-25926125.html.

后　记

　　本书是在笔者博士论文基础之上修改而成。在攻读博士学位期间，我的导师很早就关注到我国民主政治中协商民主问题，指出了协商民主是我国的政治制度特色，并建议笔者以此为题进行研究。为了较为全面深入地研究协商民主问题，笔者结合专业认真研读了协商民主和立法协商的相关文献，并在 2013 年下半年在北京市朝阳区委统战部挂职，对我国协商民主实践有了近距离的观察和较为深入的思考，在此基础上，撰写了博士论文。

　　近些年来，协商民主成为我国民主政治中的特色制度，在许多领域不断适用和发展。本书专门就立法协商进行研究，对立法领域的协商进行了较为全面的梳理，应该说是该领域为数不多的研究成果之一。本书的主要观点如下。

　　立法协商是协商民主在立法领域的表现形式。协商民主主要涉及立法和决策，有利于化解社会矛盾，促进社会和谐。现代社会是一个风险社会，风险体现为风险的人化和制度化，更多的是人为因素所导致的。在我国的社会转型期，社会矛盾较为突出，社会维稳成本较高。实践中一些矛盾的产生和激化主要原因是立法和决策未能尊重和落实公民的权利，缺乏与利益相关者的沟通而导致。而通过公众参与和民主协商，将技术置于民主控制之下，能够促进民主的合法决策，尽量以最大限度增加和谐因素。因此，协商的运用有利于改善立法和决策的质量，是一种社会管理创新。

立法协商是新近提出的概念，学者研究不多。但实践却走在前面，各地纷纷出台相关规定、意见和规程。然而各地规定极不统一，认识存在一定偏差等问题，限制了立法协商的发展，因此，需要加以规范，以达到立法协商之预期效果。本书对立法协商作了较为系统的分析，厘清了立法协商相关概念及认识误区，梳理了立法协商的理论基础，并进行类型化解析，这是本书的创新之处。

中国特色立法协商具有自主性和包容性。我国的立法协商具有独特的历史背景，不能以西方的标准来衡量它。民主的本质是人民当家作主，民主的形式不只是选举民主，协商民主也是重要的形式。中西民主立法二者在目标设定、功能、程序、面临问题等方面存在一定耦合性；但在发展路径、理论、内涵和地位等方面存在显著差异。立法协商也应该在此大背景下进行展开，同时它又建立在立法民主原则基础之上，是公众参与立法的深化，它对于落实公民知情权和参与权，化解社会矛盾，建立和谐社会意义重大。

我国立法协商实践中，存在诸如制度规定不完善，参与主体范围受限，暗箱操作风险以及效果有待提高等问题。因此可以借鉴西方协商民主的合理因素，建立选举民主、协商民主互为补充的民主立法体系。建立和完善立法协商配套措施和制度，需要培育公民的政治参与意识，保障公民的参与权；推行信息公开制度，保障公众的知情权；加强和规范立法博弈等。建立人大主导的立法协商体制，规范立法协商的基本要素，强化政党协商和人民政协参与立法协商，完善立法协商程序，以推进立法协商法治化，实现最大限度的共识和立法协商之效用。

基于协商民主本身理论宏大和复杂性，对于西方协商民主理论最新发展，本书研究还不够深入，敬请各位指正；对于我国的全过程人民民主在立法实践中的新发展，有待在后续研究中继续关注。在写作本书过程中，笔者参阅了大量的文献，少量没有一一详细列明出处，在此对文献作者表示谢意。

感谢笔者的导师和指导组其他老师，感谢我的同人对笔者的支持，对知识产权出版社龚卫女士和本书编辑所付出的辛勤工作，在此也表示衷心的感谢！